KB274621

내 마음의 그림자

내 마음의 그림자

내 마음의 그림자

신현복 지음
(한국교회와 가정을 연구하는 모임 대표)

이 책을

_______________ 님에게 드립니다.

마음이 약해질 때,
땅 끝에서 주님을 부르십시오.
그대 힘으로 오를 수 없는
저 바위 위로
그대를 인도하여 주실 것입니다.

_______________ 드림

차
례

추천의 글

신현복 목사는 내가 끔직이 아끼는 제자입니다. 아직은 치유목회나 위기상담이라는 말이 낯설게 들리던 신학생 시절, 도서관에 박혀 공부만 하던 그가 어느 날 갑자기 나의 품에 달려들었지요. 그리고 삶이 이래선 안 된다고, 신학이 이래선 안 된다고, 목회가 이래선 안 된다고 목놓아 절규를 했습니다. 의미가 없는 삶, 생명이 없는 신학, 치유가 없는 목회, 그것은 그에게 너무나 절망적인 현실이었지요.

이제 나는 더욱 확실히 공감할 수 있을 것 같습니다. 그가 꿈꾸는 한국교회의 참된 모습이 무엇이며, 그가 바라는 크리스천의 진정한 삶이 무엇인지를…… 신현복 목사는 반드시 그 꿈을 이룰 것입니다. 그는 타고난 상담자요, 신학자요, 목회자입니다, 하나님은 그에게 무궁한 잠재력과 창조력을 주셨습니다. 젊은이를 위해서뿐만 아니라, 한국교회 전체를 위해서 진실하고 소중한 그릇이 되리라 확신하며, 앞으로도 그의 길을 깊은 사랑의 눈으로 지켜볼 것입니다. 부디 이 귀한 책이 인생의 갖가지 그림자로 아픔을 머금은 채 도울 힘을 찾는 이들에게 치유의 선물, 생명의 선물로 다가가기를 빕니다.

1999년 새해 아침에

정태기 (한신대 목회상담학 교수
크리스천치유목회연구원 원장)

상처 입은 마음들이 왜 이렇게도 많은가!

소라 껍질에 귀를 기울여 본 적이 있나요? 어떤 소리가 들리던가요? 사람들은 저마다 시인의 마음이 되어, 소라에서 남태평양의 바다 소리가 들린다고 합니다. 소라의 속삭임 속에는 어떤 메시지가 깃들어 있는 걸까요? 분주한 도시 생활 속에 영혼마저 말라버린 현대인, 돌아갈 고향을 잃어 버린 21세기의 실향민들에게 무엇을 알리려고, 소라는 저 머나먼 순례를 감내하며 여기까지 달려 왔을까요? 살아 가는 데 여념이 없다 보니, 주변을 돌아볼 시간이 없었습니다. 소라의 소리는커녕, 바로 옆에 있는 이웃의 소리에마저 귀를 막은 지 오래입니다. 그것이 영혼을 잃어버린 현대인의 자화상이지요.

며칠 전 부산의 광안리 바닷가에 가 보았습니다. 코를 찌르는 밤 바다 냄새와 함께 쏟아져 오는 파도 소리 … 해변을 거닐며 오랫만에 속이 후련하고 심혼의 갈증이 축축히 적셔 드는 신선한 충격을 받았지요. 그것은 나의 메마른 가슴을 후비고 들어왔습니다. 무어라 외침의 소리가 들려 오는 것 같았지요.

지금, 무슨 소리가 들리지 않습니까? 옆에 있는 동료, 선·후배, 상사, 직원, 형님, 누나, 어머니, 아버지, 친구, 아내, 남편, 아이들 … 그들의 가슴에다 귀를 대고 가만히 기다려 보세요. 무슨 소리가 들리지요? 그것은 분명치는 않지만, 하나같이 상처 입은 소리들입니다.

이 땅에는 아픔의 소리들이 너무 많습니다. 그것은 현대를 살아가는 남녀 노소들의 등 뒤에 드리워지는 마음의 그림자이지요. 멀쩡한 그 형제에게서, 항상 웃어 보이던 그 자매에게서, 그렇게 그렇게 가슴 아픈 곡절이 있었는지 새삼 놀랍고 안타깝습니다. 사람들은 이야기를 해 보라고 하면, 저마다 아픈 사연들을 꺼내 놓습니다. 그것은 '상처(傷處)'들입니다. 유아, 어린이, 십대, 청년, 중년, 노년, 하나라도 예외가 없습니다.

특히 젊은이들을 보세요. 어쩌면 마음의 고통이 가장 큰 사람들이 이 땅의 젊은이들 아닐까요? 마음의 싱처를 지니고 실아온 이들이 학교나 직장이나 교회나 군대에서 공동체 생활을 하노라면, 그 마음의 상처 때문에, 생활의 적응을 잘 못하는 걸 쉽게 볼 수 있지요. 급변하는 현대 문명 속에서, 우리 젊은이들이 직면하는 문화적 이질감과 세대간의 갈등은 그 어디에서도 자신의 문제를 꺼내 놓고 치유받을 수 없는 외딴섬이 되게 합니다.

그것은 그야말로 상처 입은 심혼(心魂)의 짙은 그림자이지요. 여기서 말하는 '그림자'라는 용어는 정신분석학자인 융의 표현이기도 합니다. 그 자체가 부정적인 면을 띄우고 있으면서 동시에 긍정적인 역할도 해낼 수 있는 아주 창조적인 부분이지요. "외로워요, 그리워요, 괴로워요, 화가 나요, 미치겠어요, 죽고 싶어요! …" 우리의 그림자(shadow) 속에는 하나같이 기구한 사연들이 가득 차 있습니다. 그리고 그것은 이내 도와 달라는 애절한 부르짖음임을 알 수 있습니다. 그 상처 입은 마음들을 싸매 주고 치유하는 일이 무엇보다 절실한 시대이지요.

하지만, 우리 현대인은 이러한 아픔의 소리들에 너무 피상적으로 반응하는 것은 아닌지요. 으레 그런 고통쯤이야 하는 식으로 귀를 막아 버리는 것은 아닌가요? 교회도 그런 아픔을 너무 쉽게 생각하는 건 아닌가요? 심리치료나 상담은 일반 독자들이 접근하기에는 너무 어렵습니다. 그 중간 지점에서 학문과 현실의 다리를 놓는 작업이 필요합니다.

그 동안 이곳저곳에 발표한 글들을 읽으시고 보내 주신 성원에 감사드립니다. 많은 분들이 조금 더 자세하게 이야기해 줄 수 있겠느냐고 부탁들 하셨지요. 하지만, 그들의 반응에 고마워하면서도, 나 자신의 한계 때문에 계속 망설이다가, 그러면 진솔하게 내 마음의 그림자들이라도 속삭이듯 전해 드리면 도움이 되지 않을까 싶어서 용기를 낸 것입니다.

아무튼 이 책이 나오기까지 열린마당의 백성기 대표님, 적절한 사례 발굴을 위하여 자료를 제공해 준 분들과 꼼꼼하게 조언을 해 준 아내, 그리고 그 밖에도 세세한 도움을 준 많은 이들에게 진심으로 감사드립니다. 이 분야의 연구 자료가 거의 없는 척박한 현실에서, 지난 몇 년 동안 소중한 자료들을 찾아 내느라 밤샘을 수없이 해야 했지요. 몇 번 포기할까 생각했지만, 한 생명이라도 도움을 받을 수 있다면 좋겠다는 생각에서 그 동안의 엉성한 자료들을 모았습니다.

여러 가지 사정으로, 딱히 그 출처를 모르거나 밝힐 수 없었던 부분도 있는데 널리 이해해 주시기 바랍니다. 그리고 좋은 일에 쓰도록 자료를 선뜻 제공해 주신 분들에게는 깊이 감사를 드립니다. 중요한 것은 자료에 있는 남의 이야기가 아니라, 여러분의 마음 속에 드리워진 성처투성이 그림자들을 함께 용기 있게 들여다 보고 온전히 나음을 얻는 일이지요. 그리고는 참 자유인이 되어 상처 입은 이웃을 살리는 일에 동참하기를 바랍니다.

여기에서는 현대인의 마음을 그늘지게 하는 정서적인 문제 20가지를 득별히 선별하여 상담과 심리치료 차원에서 조명해 보았습니다. 이 시대의 사람들이 가장 고민하는 문제가 어떤 것인가를 그 동안의 상담 과정을 통해 하나씩 성찰해 본 것이지요. 젊은이들을 포함하여 현대를 살아가는 모든 이들을 염두에 둔 것이므로, 다양한 차원에서 치유의 도구로 쓸 수 있을 것입니다.

한 가지 기쁜 일은, 예전에 비하여 요즈음 부쩍 상담과 치유에 관심을 가지고 다가오는 이들이 많아졌다는 사실입니다. 참 바람직한 모습입니다. 이런 일에 비전과 열정을 가지고 소명을 다하려는 이들이 저마다 처한 삶의 자리에서 더욱더 많아지기를 바랍니다. 나아가, 이제부터는 서구의 것을 소개하는 수준에서 탈피하여, 우리의 독특한 상황과 한국적 정서가 깃든 창조적인 연구 결과들이 많이 나올 수 있었으면 합니다.

끝으로, 이 부족한 책이 성령의 도우심 속에서, 개인적인 묵상이나 소그룹 차원의 심층적인 대화를 통하여, 현대 사회에서 마음의 상처를 안고 속으로 울며 한숨으로 밤을 지새우는 이들을 온전히 치유하는 뜻밖의 선물로 다가가기를 두 손 모아 기도합니다.

1999년 새해 아침에

신현복

1. 어두운 기억의 저편
- 두려움의 치유

그 날 밤이었습니다. 아버지는 술에 잔뜩 취한 상태로 겨우겨우 자전거를 끌고 가파른 언덕길을 올라왔습니다. 이기지도 못하는 술에 이기지도 못하는 자전거, 그것은 이기지도 못하는 아버지의 영혼이었습니다. 아니나 다를까, 우리 식구들에게는 공포의 밤이 다가왔습니다. 아버지는 밤 열두시가 넘게 오셔서, 우리를 다 깨우더니─아니, 우리는 자고 있었던 게 아니었습니다. 밤이 늦도록 아버지가 안 오는 날엔, 영락 없이 공포의 밤이 오기에, 우리는 이불 속에서 숨을 죽이며 불안과 초조 속에 떨고 있었습니다. 외딴집을 지키는 우리 집 개들의 우짖는 소리가 예사롭지 않을 때, 바로 그 때가 공포의 시작인 것입니다─그리고 기어이 일판이 벌어졌습니다.

아버지는 그 늦은 시간에 어머니에게 밥을 차려 와라, 다리를 주물러라 했고, 우리는 선잠에서 모두 깨어날 수밖에 없었습니다. 급기야는 아버지와 어머니가 다투는 소리, 밥상이 날아가고 어머니가 심히 맞고 쓰러지는 소리에 집 밖으로 뛰쳐나갔습니다. 어머니도 도망치고, 우리들도 도망치고, 밤새 아버지의 그 무서운 얼굴을 피해 집 밖에서 두려움에 떨며 서럽게 울던 그 날 밤의 어두운 기억, 아, 너무나 너무나 괴로운 내 마음의 그림자입니다.

공포의 밤

영화 가운데 토드 솔론즈의 〈인형의 집으로 오세요〉와 카롤리네 링크의 〈비욘드 사일런스〉, 그리고 우리 소설 가운데 이순원의 〈아들과 함께 걷는 길〉과 김소진의 〈고아떤 뺑덕어멈〉등을 생각하면 공통적으로 떠오르는 형상이 있습니다. 그것은 아버지와 아들에 관한 진지한 탐구입니다. 두 세대 사이의 갈등과 오해, 그리고 화해와 일치야말로 이 시대 모든 가정에서 생생하게 드러나고 있는 삶의 언어들입니다. 그리고 그것은 나의 어린 시절을 송두리째 지배하려 했던 암울한 그림자이기도 합니다.

초등학교 4학년 때였습니다. 그 때까지 우리 집은 아버지가 학교 선생님인지라, 안정된 생활 속에서 단란하게 살아왔습니다. 그러나 할아버지가 빚과 함께 남겨 놓은 외진 산간에 과수원을 만들려고 이사 와서 황무지를 개간하는 사이, 우리 가족은 위기를 맞게 되었습니다. 서로에게서 멀어져 간 것이지요. 아버지도 어머니도 예전같이 우리를 돌보지 못했습니다. 오전 수업을 마치면 조퇴하고, 우리는 모두 뽕나무 밭에 들어가 돌을 추려 내는 일에 매달렸습니다. 일은 밤늦도록 계속되었고, 모두 지쳐 있었습니다. 아버지는 자꾸 술을 마셨고, 어머니는 아예 밭에서 살았지요. 나는 뭔지 모를 외로움에 시달렸고, 어느 날부터인가 친구

들의 환심을 사기 위해 먹을 것을 사다 주곤 했습니다. 밭에 난 수박도 따다 주고, 상점에서 껌을 통째로 사다 바치곤 했습니다.

그 날도 아버지의 호주머니를 뒤졌습니다. 친구들에게 또 뭔가를 사 주기 위해서였지요. 어김없이 탄로가 났고, 아버지는 계속되는 나의 행동에 너무나 화가 나서 나를 향해 달려들었지요. 순간, 나는 기겁을 하면서 있는 힘껏 줄행랑을 놓았는데, 아버지는 끝까지 쫓아왔습니다. 뒤를 돌아다보니, 아버지가 쫓아오다가 옆에 있는 갈퀴를 집어 들고 나를 향해 던지려 하는 것이었습니다. 한 20미터쯤 거리였는데, 그것이 날아와서 꼭 명중할 것 같은 예감이 들었습니다. 아니나 다를까, 여지없이 그 갈퀴가 도망치고 있는 나의 등을 명중시켰습니다. 그러나 그 순간 아팠는지 어땠는지, 지금은 전혀 기억이 없습니다. 다만 지금 걸리면, 아버지의 분노로 보아 뼈도 못추리겠구나 하는 생각에 죽어라 더 도망을 쳤던 것 같습니다.

얼마나 달렸을까? 한참을 와 보니, 아버지의 모습이 안 보였습니다. 나는 안심을 하고, 마을 구석에 있는 논 한가운데의 볏단 속으로 숨어 들어갔지요. 그리고, 그리고, 한참을 거기서 지냈습니다. 울다가 놀다가, 또 울다가 놀다가 … 물론 혼자였지요. 겁이 나기도 하고, 시럽기도 하고, 내가 왜 이러나 후회스럽기노 하고 …. 그 좁은 공간에서 한참을 숨어 있는데, 숨이 콱콱 막혀 왔지요. 손에 잡힌 벼 이삭들을 뜯고 또 뜯으며 이 생각 저 생각 하던 끝에, 슬그머니 바깥을 내다보았습니다. 석양(夕陽)이었습니다. 그 해지는 광경이 그렇게 쓸쓸할 수가 없었습니다. 난 이제 어떻게 하나. 태어나서 처음으로 나에겐 돌아갈 곳이 없다는 생각을 해 본 것도 그 때였습니다.

밤이 찾아오기 시작하는데, 그 들판 한적한 곳에 오롯이 나 혼자뿐이었습니다. 갈 데도 없었고, 지나가는 이도 없었습니다. 너무나 무서워지기 시작했지요. 완전히 칠흑 같은 밤이 되었는데도, 나는 그 볏단 곁에 웅크리고 앉아, 울 수밖에 없었습니다. 외로워서 울고, 서러워서 울고, 그리고는 무서워서 울고 ….

그건 공포, 그 자체였습니다. 그 날 밤의 공포, 그 두려움은 영 가시지 않는 내 마음의 잔영(殘影)입니다.

내일의 울음은 나의 두려움

아침을 열며, 상쾌한 마음으로 자리에 앉으면, 여러분은 제일 먼저 하는 일이 무엇입니까? 누구나처럼, 나도 가장 먼저 하는 일이, 어머니의 손때가 묻은 성서를 묵상하는 일과, 잉크 냄새가 채 가시지 않은 아침 신문을 읽는 일이지요. 그 가운데 코리아헤럴드의 앤 랜더스 칼럼을 꼭 읽어 보곤 하는데, 거기에는 현대를 살아가는 이웃들의 갖가지 상처와 고민에 대하여, 어렵지 않으면서도 속 시원한 내용으로 상담을 해 놓은 글들이 가득 차 있습니다.

그런데 어느 날, 흥미있는 글이 눈에 띄었습니다. 누군가가 그녀에게 물었는데, 그 동안 상담하면서 많은 사람들이 무엇으로 가장 고민하는 것 같더냐라는 질문이었습니다. 신기하게도 그녀는 전혀 주저함 없이 단번에 이렇게 대답했습니다.

"이 시대에 가장 많은 사람들이 아파하고 도움 받고자 하는 부분은 한마디로 '두려움'이지요."

나는 저으기 놀라지 않을 수 없었습니다. 삶에 대한 불안과 초조, 곧 두려움의 감정이 그렇게 많은 사람들을 억누르고 있는것

을 새삼 느낄 수 있었습니다. 그래서 여기서도 제일 먼저 우리의
주제를 '두려움'으로 하지 않을 수 없었습니다. 나 또한 전혀 주
저함 없이 말이지요.

> 균열된 길 위를 기는 나에게
> 혼란은 나의 묘비명인 것을!
> 성공은 안락한 곳에서의 웃음을 속삭이지만
> 내일의 울음은 나의 두려움
> 아, 내일의 울음은 나의 두려움.

언젠가 스물다섯 살인 김 군이 심한 감정적 고통 속에서 도움
을 받으려고 상담자를 찾아왔습니다. 그는 처음 이루어진 면담
에서 자신의 어머니와 아버지는 사는 동안 화목하지 못했고, 늘
이혼하겠다고 하더니 지금은 별거중이라고 했습니다. 그는 더
나아가서 아버지는 자기를 잘못했다고 비난하는 것 외에는 거의
관심을 보이지 않았다고 말했습니다. 그는 어려서부터 아버지의
사랑을 갈망했음에도 불구하고, 참다운 사랑을 받지도 못했거니
와 무섭기만 한 아버지에게 사랑을 표현하는 것이 매우 어려웠
다고 했습니다. 그는 자신의 어머니를 아버지에 의해 늘 억압당
하는 여성으로 묘사했습니다. 그의 어머니는 아들에게 사랑을
주었지만, 우울증과 여러 가지 유형의 공포 때문에 고생하고 있
었습니다.

김 군은 자신이 성공했다는 말을 들었을 때에도, 실패감과 자
신의 무가치감을 느낀다고 했습니다. 더욱 심각한 것은, 그가 때
때로 거의 공포감에 휩싸이는 듯한 강렬한 두려움을 경험한다는

것이었습니다. 그는 차를 탈 때에 충돌할 것 같은 두려움 때문에, 멈추라고 비명을 지르고 싶은 충동에 시달린다고 했습니다. 그는 또한 자신의 어머니처럼 병에 걸릴까봐 두려워했고, 아픈 사람들을 항상 피하려고 했습니다. 김 군은 자신의 삶이 두려움과 공포로 가득 차 있음을 보여 주었습니다.

하나님이 무서워요

생각 없이 앉아 있었다고 느꼈는데, 어느 순간 마음이 편하지 않고, 괜히 안절부절해 본 경험이 누구에게나 있었을 것입니다. 이렇듯 이유를 알 수 없는 불안은 그것이 어디에서 연유하든지 간에 앞으로 닥쳐 올 상황에 대한 두려움이지요. 예컨대, 길거리에 맛있는 음식을 파는 가게가 있는데, 주머니에 돈은 없고 배는 무척 고플 때, 당장 뛰어 가서 음식을 먹고 싶을 것입니다. 그러나 그래서는 안 된다는 도덕 관념이 이러한 생각을 행동으로 옮기는 것을 억제하는데, 이 때 사람은 불안을 경험합니다. 또한 죽음, 질병 등을 생각할 때, 사람들은 불안을 느끼게 되는데, 이러한 불안은 외적 상황에 대한 두려움을 느끼는 데서 오는 불안이지요. 곧 불안은 자기와 자기 자신을 둘러싼 상황의 변화에 대한 두려움에서 오는 마음의 불안정한 상태라고 말할 수 있습니다.

"골목길을 홀로 걸을 때, 가는 계절과 오는 계절이 맞물려 돌아갈 때, 팽그르르 하나의 나뭇잎이 떨어져 누울 때, 이웃 사람이 집을 높이고 땅을 넓혔다고 자랑할 때, 거울 앞에서 눈 밑의 주름을 발견했을 때, 이웃 나라의 전쟁 기사가 신문에 대문짝만하게 실렸을 때,

지구의 오존층이 점점 파괴되고 있다는 소리를 들었을 때, 어느 날 문득 나의 소유를 헤아려 보았을 때, 그리고 살아온 날들을 뒤돌아보았을 때, 슬며시 다가오는 잿빛 그림자, 그것은 미래에 대한 불안이고 두려움이다."

오인숙의 〈인생 50훈〉에 나오는 한 대목입니다. 그녀도 인생의 가장 본질적인 부분으로 고민하고 있는 것을 알 수 있습니다. 미래에 대한 두려움은 인생의 가장 큰 그림자요, 궁극적인 해답의 열쇠일 것입니다. 앤드류 레스터는 〈희망의 목회상담〉에서, "공황 발작(panic attack)은 불안의 한 형태로서 미래 시제가 인간의 조건에서 담당하는 역할을 잘 보여 주며, 공포에 따른 혼돈은 확실히 개인의 과거에 뿌리를 두고 있지만 임박한 파멸의 느낌과 함께 극심한 불안, 두려움, 공포를 가져다 주므로 혼돈의 미래 시제도 인정해야 한다."고 말합니다.

우리는 사실 '두려움'과 '불안'을 따로 떼어 사용하지 않습니다. 늘상 하는 말 가운데, 그 두 단어가 혼용되어 나타나지요. 어떤 이는 공포와 두려움을 구분하여, 분명한 외적 위협이 있을 때는 공포(dread)라는 말을 쓰고, 공포와 같은 느낌을 갖기는 해도 외적인 위협이 없을 때는 두려움(fear)이라는 용어를 쓰기도 합니다. 그렇다면, 불안(不安)이라는 말은 두려움과 걱정을 포함하는 좀더 넓은 개념이라고 해야 하겠지요. 여기서도 이러한 구분에 지나치게 중요성을 두지 않는 게 좋을 듯합니다. 아무튼 다음 장에서 걱정에 대하여 다루기 때문에, 여기서는 우리를 불안의 구렁텅이로 밀어 넣는 두려움의 요소에 대해서만 살펴 보려고 합니다.

이 두려움은 과연 누구에게 가장 큰 문제가 될까요? 두려움에는 남녀 노소가 따로 없습니다. 아이에서 노인에 이르기까지 참 다양하지요. 요즈음 우리 집 아이가 아침마다 난리를 피웁니다. 유치원에 안 가려고 그러는 거지요. 전날 밤, 아니 그 날 아침에만 해도 먼저 일어나서 옷도 혼자 다 챙겨 입고는, 막상 유치원 차가 집 앞에 올 시간이 되면, 마냥 울기 시작합니다.

그것은 일종의 분리 불안이지요. 자꾸 유치원에서 주는 밥이 먹기 싫다고 해서 편식이 아닌가 싶었는데, 실제로 그 근저에는 엄마와 떨어지는 것에 대한 두려움이 작용하고 있었던 것입니다. 내가 유치원에 간 사이, 엄마나 나에게 무슨 사고가 생기지나 않을까 하는 두려움 때문에 그런 행동이 나온다고 할 수 있습니다. 또 애를 운다고 방에 가두거나 혼자 두고 상점에 가는 일도 있는데, 그 때 혼자서 느끼는 공포는 평생토록 가슴에 기록이 된다고 할 수 있습니다. 어렸을 적, 귀신이나 문둥이나 뱀에 대한 두려움은 이미 잘 알려진 것이지요.

또 젊은이들은 미래에 대한 불안 때문에 두려워합니다. 자아 정체성이 문제입니다. 내가 어디에서 왔는지, 또 어디에 서 있는지, 그리고 어디를 향해 가고 있는지 … 삶의 의미와 목표에 대한 불안입니다. 불확실한 미래에 대한 두려움이기도 하지요. 특히 이 땅 한반도에서는 분단된 조국 현실 때문에, 군입대를 앞두었을 때 느끼는 불안이 있습니다. 철책이나 GP 안에서 적을 앞에 두었을 때에 느끼는 두려움도 부인할 수 없는 것이지요. 중년들은 폐경기를 전후하여 건강과 삶의 발자취 때문에 두려움을 느낍니다. 요즘 같은 상황에서는 실직이나 명예퇴직 문제로 직장인들이 느끼는 존재의 불안과 두려움이 한층 그 정도를 더하고 있지요. 마찬가지로 노년들도 죽음의 문제 때문에 인생(人生)에 대하여 아주 현실적인 두려움을 느끼고 있습니다.

딸을 하나 둔 젊은 부인이 있었지요. 문제는 이 부인이 임신을 하면, 계속해서 자연 유산이 된다는 것이었습니다. 어느 날, 그녀는 자신이 또 임신한 것을 알았습니다. 일 년 전에도 임신 4개월에 유산이 되었기 때문에, 그녀는 극심한 두려움에 사로잡혔습니다. 그녀는 소리를 지르면서 무섭다고 울기 시작했습니다.

"집에 있기가 무서워요. 벽에 예수님 성화를 걸어 놓았는데, 그것도 무서워요. 혼자 있기가 싫어요 … 사실은, 하나님이 … 나는 하나님이 무서워요."

알고 보니, 그녀의 아버지는 어머니와 다툰 후, 어머니가 집을 나간 사이에, 갑자기 거꾸러지면서 돌아가셨습니다. 그 때 집에는 어린 딸이었던 지금의 이 부인이 있었지요. 생전에도 그녀는 아버지가 웃는 모습을 거의 본 적이 없었습니다. 사람들이 그녀에게 아버지의 영정이 모셔진 방에 들어가 인사하라고 했지만, 그녀는 너무나 무서워서 들어갈 수기 없었고, 잠을 이룰 수도 없었습니다. 아버지가 그렇게 돌아가신 후, 엄마는 돈을 벌기 위해 직장을 다녔고, 그녀는 할머니 집에 맡겨졌습니다.

"나는 우리 부모와 이야기하며 있어 본 경험이 거의 없어요. 그래서 나는 아이가 태어나면 항상 같이 있어 주고, 친구 같은 부모가 되겠다고 결심했었지요."

그녀는 자기 아버지가 돌아가셨지만 슬프다고 울 수도 없었고, 그런데다가 어머니가 없는 상태에서 당한 아버지의 죽음에 대한 어린 아이의 충격을 누구에게도 이해받지 못하여, 무서움에 질린 마음 한 쪽이 고정되어 버린 것이었습니다. 할머니 집에 보내졌지만, 그 곳에서도 이야기할 상대는 없었지요. 그러면서 그녀는 나이가 들었고 결혼을 했습니다.

그러나 그 안에 자리잡은 두려움은 점점 그녀를 사로잡아, 결국은 습관성 유산이라는 육체의 허약함으로 나타나게 된 것입니다. 실제로 습관성 유산은 정신적인 스트레스와 두려움이 원인이 된다는 보고가 있지요. 그녀는 자신의 아버지에 대한 이미지로 하나님을 대하고 있었던 것입니다. 그가 가진 하나님 아버지에 대한 인상은 자신의 아버지, 바로 그 인상이었습니다. 항상 웃지 않고, 말하지 않고, 대화가 끊긴 채로 살다가 갑자기 돌아가신 그 아버지, 그 인상으로 느껴지는 하나님에게 그녀는 아무 말도 할 수가 없었던 것입니다.

거룩의 의미

"아스팔트 길이 끝나는 버스 종점을 지나면 고물 수집소가 있고, 그 뒤의 돌무더기 사이엔 야생 메밀꽃이 있다. 이 길을 지나 꽤 깊은 산 속으로 약수를 길으러 다닌다. 단조로운 생활 때문에 지금껏 이 일을 걸러 본 일이 없다. 혹시 밤늦게 집에 돌아온 날이라도 손전지를 들고 산엘 간다. 어릴 땐 무서움이 많았는데, 깊은 밤에도 이 산행(山行)은 무섭지가 않다. 적막한 어둠 속의 약수터에 앉아 있을 때면, 바로 곁에서 나는 소쩍새 울음소리를 자주 듣는다. 전짓불을 이리저리 비추며 새를 찾아 보지만, 그것은 결코 보이지 않는다 … 그 어둠에 혼자 있는 자신과 손에 든 손전지, 곁에서 우는 듯

하지만 결코 보이지 않는 소쩍새를 생각하였다."

이것은 이균영이 〈어두운 기억의 저편〉으로 이상문학상을 받고 그 수상 소감문에 토로한 내용입니다. 어둠 속에서 소쩍새의 울음 소리가 나는 것은 왜일까요? 아마도 이러한 경험은 우리 모두의 심혼에 드리워져 있는 한 줄기 그림자일 것입니다.

그렇다면, 어떻게 이런 두려움의 그림자를 치료할 수 있을까요? 흔히 사람들은 이런 두려움이라는 마음의 그림자를 달래려, 술에 의지하기도 하고 마약에 빠지기도 합니다. 또 사람들 틈바귀에 끼거나 일에 중독되어서, 그 두려움을 잊어 보려고도 하지요. 차를 샀을 때, 돼지머리를 놓고 절을 하는 것은 우리의 이런 두려움을 해소해 보려는 전형적인 몸짓이지요. 그러나 담력이나 정신력만으로 해결할 수 있는 것이 아닙니다. 괜한 헛기침, 진한 농담, 일관된 침묵, 끝없는 잠, 강박적인 취미 생활 등으로 두려움의 그늘을 애써 피하려고 하지만, 이런 식으로는 두려움의 그림자를 온전히 치유할 수가 없습니다. 거기에는 좀더 적극적인 대안이 필요합니다. 이사야 51장 12절의 말씀이 어쩌면 그리도 우리를 부끄럽게 하는지요.

"너희를 위로하는 이는 나, 바로 내가 아니냐? 그런데 죽을 인간을 두려워하며, 한갓 풀에 지나지 않는 사람의 아들을 두려워하는, 너는 누구냐?"

두려움을 느끼게 하는 어두운 자화상을 지니고 있는 사람은 자기에게 매우 엄격합니다. 자기를 애써 억압하지요. 삶에 여유라곤 찾아 볼 수가 없습니다. 신경질적이고 빈틈이 없으며, 정확하고 깐깐하기로 유명합니다. 그러나 그것은 모두 자신이 무시당하지 않을까 하는 데 대한 불안을 드러내는 모습들입니다. 그것이 더 큰 두려움을 가져오곤 하지요. 악순환입니다. 그 악순환의 고리를 끊을 수 있는 전향적인 조치와 결단이 필요합니다.

높은 곳을 두려워하고, 새로운 것을 두려워하고, 또한 그런 두려움 자체를 두려워하는 현대인들에게 그것은 풍토병이나 매한가지입니다. 이러한 두려움이 우리에게 닥치면, 아드레날린의 흐름을 증가시키고, 혈압을 상승시키며, 구토와 불면증을 일으켜서, 우리의 신체 기능을 위태롭게 하지요. 암도 두려움과 스트레스에 기인하는 면이 많습니다. 또 두려움은 신경 쇠약과 같은 정서적·정신적 고통을 가져오기도 하지요. 이렇게 두려움으로 믿음마저 흔들릴 경우, 그 영향은 결국 영적인 파탄에까지 미치게되지요.

반면에, 두려움은 우리에게 도움을 베푸는 친근한 벗이 될 수도 있습니다. 우리는 아기들이 어쩌다 칼을 가지고 놀 땐, 깜짝 놀라며 칼을 달라고 달래곤 합니다. 그 칼에 다칠 수도 있다는 것을 깨우치려 두려움을 인식시키는 것이지요. 놀이터에서 누군가 낯선 사람이 아이스크림을 사 준다고 할 땐, 절대로 따라가지 말라고 신신당부하는 부모가 많습니다. 인신 매매에 대한 경계심을 갖도록 두려움을 교육하는 것입니다. 십대들이 보충수업을 마치고 밤늦게 혼자 걸어 오는 것이 매우 위험하다는 이야기도 합니다. 성 폭행으로 평생 지울 수 없는 상처를 안을 수 있다는 부모의 염려가 두려움이라는 심리적 자극을 통하여 교육되는 것입니다. 이렇듯, 위험 상황에 대하여 경계하거나 실제로 위기를 모면하는 데 두려움이 긍정적으로 선용될 수 있지요.

또 두려움 때문에 좋은 일이 생길 수도 있고, 전혀 불가능하게 여겨지던 일들이 가능해질 수도 있습니다. 독재에 대한 두려움 때문에 민주주의가 꽃을 피우고, 차 밑에 깔린 아들이 죽을지도 모른다는 두려움에 상상 밖의 힘으로 차를 들어올린 이야기 들이 그것입니다. 인류 문화의 존속과 발전을 가능하게 하는 촉매제 구실도 두려움이 하고 있습니다. 질병에 대한 두려움 때문에 의술이 발전하고, 굶주림에 대한 두려움 때문에 첨단 농법이 개발되는 것이지요. 지구의 에너지 고갈에 대한 두려움 때문에 대체 에너지 연구와 환경 보호가 강조되며, 핵전쟁에 대한 두려움 때문에 평화와 인류애의 소중함이 널리 퍼져가는 것입니다.

이렇게 두려움은 우리 저마다의 믿음을 새롭게 되찾는 계기가 될 수도 있습니다. 삶의 의미와 목적과 기쁨을 잃을지도 모른다는 두려움 때문에 인간을 향한 하나님의 구원에 대하여 새로운 믿음을 갖게 됩니다. 나아가 두려움은 신앙 성장에 큰 동기를 부여합니다. 사실, 루돌프 오토라는 신학자는 〈聖스러움의 意味〉에서, 하나님에 대한 거룩 체험에서 없어서는 인 될 요소 가운데 하나로 두려움을 꼽았습니다. 그만큼, 두려움의 요소가 인간과 하나님과의 만남에서 필수적이라는 이야기이지요. 성경에서 전도서의 결론은 이렇습니다.

"하나님을 두려워하여라 … 이것이 바로 사람이 해야 할 의무다."
(12장 13절)

하나님을 경외하는 것이 지식의 근본이라는 말씀입니다. 두려움은 생각하기에 따라, 얼마든지 우리 인간에게 긍정적으로 다가올 수도 있다는 뜻입니다. 그런데 사실, 여기서 문제는, 이런 긍정적인 두려움이 아니라, 우리를 자유하게 하지 못하고, 마음의 평화를 송두리째 앗아가 버리는 어둠 속의 두려움을 어떻게 극복하느냐 하는 것이지요.

사랑엔 두려움이 없다

역시 그 날도 한밤중이었습니다. 부끄럽게도 나는, 소명에 큰 회의를 갖게 되었습니다. 건강도 몹시 나빠져서, 모든 것이 귀찮고 의욕이 없고 짜증만 나는 심각한 탈진 상태에 빠진 것이지요. 그저 하루하루를 보내다가, 급기야는 어느 날엔 만사를 제쳐 놓고, 그냥 시골로 내려와 버렸습니다.

그리고 며칠을 신음하며 앓았습니다. 아버지가 극구 반대하였던 신학의 길인지라, 단식 십오 일 만에 겨우 허락받은 신학을 중도에 이렇게 포기한다는 것은 참으로 어처구니 없는 행동이었습니다.

"그래, 내 이럴 줄 알았다!"

이게 아버지의 말씀일 줄 알았습니다. 그리고 불호령이 날 줄 알았습니다. 그러나 아버지는 침묵만 지켰습니다. 마음의 번민으로 며칠을 자다 말다 하며 앓고 있는데, 어느 날 밤 나의 발 밑에서 묘한 느낌이 일었습니다. 끙끙 앓는 내 발을 아버지가 졸리운 눈으로 뭐라뭐라 중얼거리면서 주무르고 있었습니다.

"주여, 주여 ….."

그것은 확실히 아버지였습니다. 나는 그 순간의 감정을 어떻게 표현할 길이 없습니다. 어렸을 적, 아버지가 술 마시고 오면 밤새 다리를 주무르느라, 원망도 많이 하고 좌절도 많이 했는데. 그 날 밤, 정반대로 아버지는 삶의 희망을 포기한 채, 몸과 마음의 병을 앓고 있는 못난 아들의 발을 주무르고 있었던 것입니다. 참으로 뜻밖이었습니다.

아버지의 사랑. 그것은 사랑이라고밖에 표현할 길이 없을 것 같군요. 그렇게 무섭게만, 그리고 멀게만 느껴지던 아버지! 아버지와 나 사이를 가로지르는 벽이 순간 와르르 무너지는 기분이었습니다. 오해도, 원망도, 미움도, 분노도, 그리고 상실감과 두려움도, 새로운 관계의 회복, 잃어 버린 부친의 회복이 있던 그 날로 나는 깊은 좌절과 아픔을 훌훌 털고 일어날 수 있었습니다. 생명의 에너지를 하늘로부터 공급받은 기쁨이 이만저만이 아니었습니다.

"사랑에는 두려움이 없습니다. 완전한 사랑은 두려움을 내쫓습니다. 두려움은 형벌과 맞물려 있습니다. 두려워하는 사람은 아직 사랑을 완성하지 못한 것입니다."(요한1서 4장 18절)

2. 뭘 먹지 차차차
- 걱정의 치유

"우리는 큰일을 앞에 두면, 오직 그 일로만 머리가 꽉 찹니다. 다른 아무 일도 생각나지 않는 거지요. 온 세상이 마치 그 일 때문에 있는 것 같은 착각마저 듭니다. 결혼을 앞둔 신부는 거리에 쏟아지는 노래도 자기를 축하해 주는 것으로 들립니다. 온 세상이 축복에 들떠 있는 것 같지요.

이런 일이야 좋습니다. 하지만, 시험이나 걱정거리가 닥치면 이런 정신 상황이 문제가 될 수 있지요. 결혼을 앞두고 좋은 건 색시입니다. 그 엄마는 기쁨보다 걱정이 더 많습니다. 세상만사가 걱정입니다. 그 일 외엔 아무 생각도 안 날 뿐더러 다른 일은 손에 잡히질 않습니다. 새벽부터 어디론가 사라지는 통에 식구들 아침을 고스란히 굶깁니다.

시험을 앞둔 학생도 마찬가지이지요. 걱정에 쌓여 무슨 일을 해도 마음이 편하지를 않습니다. 대뇌 회로는 공부 이외에 어떤 일도 해선 안 된다는 고정 관념에 사로잡혀 있기 때문입니다. 밥맛도 없고 잠을 잔들 편하지가 않습니다. 오직 공부만을 위해 생각하고 행동해야 합니다. 이런 정신 상황이 시험 하루 이틀 전의 일이라면 좋습니다. 주의 집중도 잘되고 능률도 오를 것입니다. 하지만 아직 한 달이나 남았는데, 벌써부터 이렇게 된다면 이건 문제입니다. 그 때까지 딴 일은 아무것도 못하고 시험 걱정만 한다면 시간이 아깝습니다. 대뇌 회로에 온통 시험 걱정으로 가득 차 버린 이상 딴 일을 하려 해도 안 되는 것입니다. 잠시 휴식 시간에 텔레비전을 보아도, 학생들은 책을 펴든 채 보고 있습니다. 봐도 건성이지요. 내용이 뭔지도 알 수 없고요. 그렇다고 공부가 되느냐 하면 그것도 아닙니다. 오히려 능률이 떨어지지요."

지레 걱정

이시형은 〈불확실성 시대의 결단〉에서 걱정에 사로잡힌 현대인의 자화상을 예리하게 꼬집었습니다. 우리가 얼마나 지레 걱정에 시달리면, 그런 걱정일랑 잊어버리자고 하는 노래가 인기가 있었겠습니까? 한창 유행하는 노래를 길거리에서 듣다 보면, 우리의 혀끝에서도 뱅뱅 도는 때가 있는데, 어느 날 나도 입 속에서 튀어나오는 노래말 한 소절 때문에 깜짝 놀란 적이 있습니다.

"근심을 버려 두고 다함께 차차차."

사람들은 고민과 걱정에 빠진 현대인의 모습을 예찬하기까지 합니다. 월간지 〈레이디경향〉의 어느 호엔가 부록으로 '지혜의 샘물에는 쉼표가 없다'에 나온 말입니다. "우리들의 생에서 고독은 역력한 광명이며, 근심은 무한한 은혜라고 시인은 말합니다. 생(生)의 곳곳에 쏟아지는 광명과 은혜가 없다면, 우리의 생은 자갈뿐인 산전에 비유되어도 마땅할 것입니다." 고민하지 않는 사람은 인간이기를 포기한 사람처럼 취급하기도 합니다. "그러므로 우리는 말하지 맙시다. 고독이나 근심을 어떤 외로움의 일부로 단정해서는 안 됩니다. 어떻게 외롭고 괴로운 것들로 말할 수 있겠습니까? 고독을 두려워한다든가 근심을 두려워하는 생을 꾸려 가는 사람들에게는 깊이 없는 생의 알맹이들로 채워질 것이 분명합니다." 물론 이렇게 우리의 삶을 빛내 주는 옥구슬 같은 걱정거리들이 없다고 할 수는 없지만, 그것도 우리가 극복해야 할 과제임이 분명합니다.

왜 이렇게 인간에게는 걱정 근심이 끊이질 않을까요? 무엇을 먹을까? 무엇을 입을까? 무엇을 마실까? 이런 일은 어떻게 해야 잘한다고 소문이 날까? 정말 말세가 된 걸까? 이러다가 전쟁이 일어나는 건 아닐까? 우리 애들이 오늘도 별 일 없을까? 이게 몹쓸 병은 아닐까? 무엇을 하면서 살아야 할까? 문화는 발전하는데 인간은 더욱더 마음의 평화를 잃어 가고 있습니다. 끊임없이 자신을 짓누르는 걱정 근심에서 벗어나려고 문화의 옷으로 치장을 해 보지만, 그 울타리를 벗어날 수가 없습니다. 있을 수도 없는 일까지 끌어안고 지레 걱정을 하는 것입니다. 내일의 염려로 오늘을 잠시도 쉬지 못한 채 불안하게 보내는 인간, 안식이 없는 삶의 고단함, 그것이 바로 우리의 자화상이지요.

헨리 나웬이 지적하고 있는 것처럼, 우리의 직업을 포함하여, 우리가 몰두하고 있는 문제들은 우리를 그것의 노예로 만들고 있습니다. 우리는 마음 속으로 이런 생각들을 하지요. "만일 내가 독감에 걸린다면 어떻게 하지? 만일 직업을 잃게 된다면 어떻게 하지? 만일 우리 아이가 제 시간에 집에 돌아오지 않으면 어떻게 하지? 만일 내일 먹을 음식이 부족하면 어떻게 하지? 만일 내가 누군가에게서 습격을 받게 된다면? 만일 전쟁이 터진다면? 만일 세상이 끝나 버린다면? 만일 … 한다면?" 이 모든 '만일' 때문에 우리의 마음은 걱정으로 꽉 차게 되며, 이 모든 '만일' 때문에 우리는 앞으로 일어날 수 있는 모든 일에 대비하여 무엇을 하고 무엇을 말해야 할지를 끊임없이 걱정하게 됩니다.

우리가 겪는 괴로움은 — 거의 대부분이 아니라면 — 상당 부분이 이렇게 우리가 몰두하고 있는 문제들과 관련된 것들입니다. 있을 수 있는 경력의 변화, 있을 수 있는 가족 간의 갈등, 있을 수 있는 질병, 있을 수 있는 재난, 있을 수 있는 핵 전쟁, 이런 모든 것들이 우리에게 걱정과 공포와 의심과 탐욕을 가져다주며, 우리를 초조하고 침울하게 만듭니다. 이 모든 것이 우리가 진정한 내적 자유를 누리지 못하도록 방해합니다. 우리는 언제나 우발적인 사건들에 대해 준비 태세를 갖추고 있기 때문에, 그 어느 순간도 전적으로 평안을 누릴 수가 없습니다. 그러므로 인간의 에너지가 대부분 이렇게 우리가 몰두하고 있는 두려운 문제들에 쓰여지고 있다고 해도 과언이 아닐 것입니다.

우리의 공동체적 삶과 개별적 삶은 오늘에는 거의 경험할 수가 없는 내일의 걱정들 때문에 매우 깊숙이 영향을 받고 있습니다. 신문과 라디오, 텔레비전이 우리에게 뉴스를 전달하는 방법은 끊임없는 비상 사태의 분위기를 조성합니다. 기자들의 흥분된 목소리, 무시무시한 사고와 잔인한 범죄와 사악한 행동들에 대한 편파적인 보도, 국내외에서 벌어지는 인간의 비참한 상태에 대한 계속적인 취재, 이런 것들 때문에 우리는 임박한 종말에 관한 넘치는 인식 속으로 서서히 빨려 들게 되는 것입니다.

요즘 같은 케이블 TV 시대에는 채널을 계속 바꾸어 가며 하루 종일 뉴스만 보고 있는 이들도 있는데, 우리가 얼마나 많은 걱정거리를 스스로 재촉하며 스스로 애물 단지처럼 달고 다니는지 곰곰이 생각해 볼 필요가 있습니다. 오늘자 신문 사회면을 보세요. 하나같이 감동을 주고 가슴을 따뜻하게 하며 삶의 보람을 느끼게 하는 것보다, 배신과 탄식, 전쟁과 범죄 등, 불면의 밤을 강요하는 것들 투성이입니다. 끝도 없는 이야기가 마음과 정신을 산란케 하고, 묵상과 기도에서 멀어지게 합니다.

눈만 뜨면, 현관 밑에 떨어진 신문 조각을 주워 들고, 좋은 소식(good news)이 아닌 나쁜 소식(bad news)부터 접하는 현대인, 이 나쁜 소식들 중 가장 나쁜 것은 바로 광고 사태입니다. 만일 우리가 이 책을 읽지 않고, 이 영화를 보지 않고, 이 연설을 듣지 않고, 이 신상품을 사지 않을 경우, 우리는 그만 매우 중요한 무엇인가를 놓쳐 버리고 말 것이라고 하는 광고들의 가차 없는 강요 때문에, 우리의 불안감은 더더욱 깊어만 가며, 이미 존재하고 있는 것들에 대한 그릇된 걱정들만 더욱더 키워 나가게 되는 것입니다. 우리의 직업과 우리가 몰두하고 있는 문제들이 우리의 외면적인 삶과 내부적인 삶을 가득 채우고 있습니다. 이것들 때문에 하나님의 성령께서 우리 안에서 자유롭게 숨쉬지 못하는 것이며, 이것들 때문에 하나님의 성령께서 우리의 삶을 새롭게 하시지 못하는 것입니다. 김남조 시인은 이렇게 노래했습니다.

그대의 근심 있는 곳에 나를 불러 손잡게 하라.

큰 기쁨과 조용한 갈망이 그대 그대 있음에.

기우 (杞憂)의 변

현대 사회를 휩쓸고 지나가는 거대한 토네이도를 보면, 바로 그 폭풍의 눈이 불안이라는 것을 알 수 있지요. 롤로 메이(Rollo May)에 따르면, 불안은 "이 시대의 가장 절박한 문제들 가운데 하나"입니다. 또 불안은 '이 시대의 공식적인 감정,' '모든 신경증의 기초,' '이 시대에 가장 만연한 심리 현상'이기도 합니다. 불안의 역사는 인간 존재의 역사만큼이나 오래되었습니다. 문제는 현대 생활이 복잡해지고 급속도로 변화함에 따라, 불안의 존재가 우리에게 더 부각되고, 그 영향력도 증가되고 있다는 사실입니다.

그리고 그 불안이라는 쌍두마차의 두 바퀴는 두려움과 걱정임이 분명합니다. 여기서 걱정은 지극히 현실적인 것입니다. 사실, 중요한 일들치고 걱정 없이 이루어지는 것은 없습니다. 걱정은 우리가 어떤 일에 적극적으로 뛰어들 수 있도록 우리 행위에 바람직한 동기를 부여하고 그 일을 달성하도록 도와 주기 때문이지요. 몸이 아파서 걱정을 한다든지, 직장 생활에서 갖는 깊은 관심과 집중력 때문에 걱정을 한다든지 하는 것은 당연한 것입니다.

하지만, 지나친 게 문제입니다. 위궤양, 피부 염증, 신경 쇠약 그리고 불치의 병에 이르기까지 지나친 걱정 때문에 생기는 것이 너무 많습니다. 지나친 걱정은 몸과 마음을 파괴하고, 삶의 의욕과 생동감을 앗아가 버립니다. 예수님이 마르다에게 하신 말씀처럼, 너무 많은 일로 염려하며 들떠 있다 보면, 정작 필요

한 일 한 가지를 놓쳐 버리기 쉽습니다.(누가복음 10장 41절)

기도할 수 있는데

그러면 어떻게 해야 걱정에서 벗어날 수 있을까요? 언더우드는 재미있는 방법을 몇 가지 소개하는데, 그 하나가 '걱정 목록표'를 작성하는 것입니다. 곧 자신이 걱정하는 모든 것을 종이 위에 항목별로 적고 주의 깊게 분석하는 것이지요. 그랬더니 놀랍게도 어떤 사람은, 자기의 생활 가운데 40%가 다가올지도 모르는 재난에 대한 걱정, 30%가 이미 확정해 놓은 결정에 대한 걱정, 12%가 몸과 마음의 병에 대한 걱정, 10%가 친구들과 자녀들에 대한 걱정, 8%가 즉각적으로 해결해야 할 문제들에 대한 걱정이었다는 것입니다. 그래서 목록표를 자세히 살펴본 뒤, 자기가 걱정하는 것 가운데 92%를 지워버렸다고 합니다. 걱정에 대하여 정직하게 직면할 수 있는 용기가 필요합니다. 그 실체를 분명히 파악하고 나면, 차차 그 모습이 왜소해질 것이고, 마침내 걱정의 그림자는 스스로 꼬리를 감추고 말 것입니다.

또 하나는 상상(想像)을 통한 치료입니다. 상상을 하면서 걱정거리들을 행복(幸福)이 넘치는 순간들로 형상화하는 것입니다. 걱정거리 대신 작지만 소중한 기쁨과 희망을 우리 삶에 대치시킴으로써, 걱정하는 버릇을 깨뜨릴 수 있다는 것이지요. 내일로 다가온 시험을 앞두고 '난 내일 시험에서 떨어질거야!'라고 생각하기보다, 즐거운 느낌을 줄 수 있는 이미지로 그 영상을 대치하는 것입니다. 곧 내일 시험이 끝나면 가장 좋아하는 일―독서, 여행, 스키, 운동, 쇼핑, 컴퓨터, 영화 등―을 하고 있는 자신의 행복한 모습을 형상화함으로써, 시험에 떨어질 것이라는 지레 걱정을 물리칠 수 있다는 것입니다.

　어떤 사람은, "걱정이라는 끔찍한 고통에서 벗어나는 가장 좋은 방법은 라디오를 끄는 것이고, 텔레비전 리모콘을 없애 버리는 것이며, '신문 사절'이라고 쓴 종이를 현관에 붙이는 것"이라고 말하기도 합니다. 실제로 요즘 미국에서는 'TV 없는 미국(TFA)'이라는 단체가 〈TV를 끄고 인생을 켜세요〉라는 텔레비전 안 보기 행사를 펼치고 있습니다. 청소년들의 모방 범죄, 가족 간의 대화 단절 등 텔레비전의 악영향을 극히 우려한 탓이지요. 그러나 이것은 슬픈 이야기입니다. 이 세계를 부정함으로써만 이 세상 안에서 살 수 있다는 뜻과, 인위적이고 자신이 유도한 평온을 통해서만 영적인 삶을 살 수 있다는 뜻이 담겨 있기 때문이지요. 영적인 삶은 오히려 그와 정반대입니다. 헨리 나웬도 지적했듯이, 참된 영성 생활은 세상으로부터의 도피가 아니라, 우리를 둘러싼 세계에 민감하게 의식함으로써, 세상에서 벌어지는 모든 일들이 우리의 명상과 기도의 일부가 되게 하고, 또 자유롭고 담대하게 반응하는 것입니다.

　문제는 이런 걱정거리들을, 그리고 그런 걱정거리를 짐지워 주는 대중 매체들을 바라보는 우리의 눈입니다. 여러분이 그것을 어떻게 이해하고 어떻게 받아들이며, 그것들을 어떻게 다스릴 수 있느냐가 중요합니다. 무엇보다도 먼저, 걱정은 결국 삶에 대한 두려움과 밀접한 관련이 있기 때문에, 공포를 믿음으로 대치시키려는 노력이 필요합니다. 베드로전서 5장 7절과 빌립보서 4장 6~7절의 말씀이 그것입니다.

"여러분의 걱정을 모두 하나님께 맡기십시오. 하나님께서는 여러분을 돌보고 계십니다 … 아무것도 염려하지 말고, 모든 일을 기도와 간구로 하고, 여러분이 바라는 것을 감사하는 마음으로 하나님께 아뢰십시오. 그리하면 사람의 헤아림을 뛰어넘는 하나님의 평화가 여러분의 마음과 생각을 그리스도 예수 안에서 지켜 줄 것입니다."

기도할 수 있는데 왜 걱정하십니까.
기도하면서 왜 염려하십니까.

기도할 수 있는데 왜 실망하십니까.
기도하면서 왜 방황하십니까.

주님 앞에 무릎 꿇고 간구해 보세요.
마음을 정결하게 뜻을 다하여.

기도할 수 있는데 왜 걱정하십니까.
기도하면서 왜 염려하십니까.

나는 이 찬양을 무척 좋아합니다. 소심한 성격인 나는, 걱정을 달고 다닌다는 말을 많이 들었습니다. 세상 근심 걱정 혼자 다 지고 가는 사람처럼, 왠지 모르게 얼굴이 굳어서 웃음이나 생기가 없었던 때도 있었습니다. 걱정을 터놓고 이야기할 상대도 없었고요. 중학교 시절, 매일 도시락 반찬으로 걱정 고민을 싸가지고 다니던 어느 날, 극동 방송에서 새로운 찬양을 소개하는 시간이 있었습니다. 오래 전 일이지만, 찌지직 찌지직 잘 잡히지도 않는 라디오에 귀를 쫑긋거리며 위의 찬양 가사를 받아 적었던 기억이 납니다. 그리고 그것을 시골 외딴 마을에 있는 교회에 가서 친구들에게 또 가르쳐 주고요.

그 때부터 나는 걱정스러운 일이 생길 때마다 이 찬양을 읊조렸습니다. 그 때마다 새로운 은혜와 평안을 경험하면서 말이지요. 무엇보다도 하나님께서는 걱정만 하고 기도는 하지 않는 나의 현실을 적나라하게 지적해 주셨습니다. 여러분은 어떻습니까? 인간 관계의 얽힘, 업무의 스트레스, 가정 생활의 갈등, 삶의 허무, 밤의 공포, 실직의 두려움, 불확실한 미래, 친구나 연인이나 부모 자식 간의 막힌 담을 놓고 우리는 왜 기도하지 않을까요? 왜 걱정에만 사로잡혀 있을까요? 아니, 좀더 분명히 말하자면, 왜 우리는 식사 때마다, 예배 때마다, 밤낮으로 기도에 매달리면서, 왜 기도라곤 전혀 안 하는 사람처럼, 걱정을 안고 살까요? 이 찬송은 많은 것을 일깨워 줍니다. 걱정이 밀물처럼 몰려올 때, 이렇게 마음의 평화와 확신을 가져다 주는 찬양을 듣고 불러 보는 것은 여러분에게 큰 힘이 될 것입니다.

뭐니뭐니해도, 여러분의 걱정과 관련하여, 가장 핵심적인 성경 구절은 마태복음 6장 25~31절에 있는, 주님의 말씀일 것입니다.

"그러므로 내가 너희에게 말한다. 목숨을 부지하려고 무엇을 먹을까 또는 무엇을 마실까 걱정하지 말고, 몸을 보호하려고 무엇을 입을까 걱정하지 말아라 … 너희의 하늘 아버지께서 이 모든 것이 너희에게 필요하다는 것을 아신다. 너희는 먼저 하나님의 나라와 그의 의를 구하여라. 그리하면 이 모든 것을 너희에게 더하여 주실 것이다. 그러므로 내일 일을 걱정하지 말아라. 내일 일은 내일이 맡아서 할 것이다. 한 날의 괴로움은 그 날로 족할 것이다."

완전한 평화

눈물과 한숨뿐인 세상이라고들 합니다. 잠시도 걱정을 떼어버리지 못하는 세상살이입니다. 전철마다 걱정을 싣고 달리고, 호주머니마다 걱정이 꽉 차 있으며, 가정마다 걱정의 식탁을 내놓습니다. 이런 상황에서, 주님은 어찌하여 걱정하지 말라고 하시는 걸까요? 그게 가능할까요? 중학교 때 국어 선생님이 어느 날 문득 칠판 가득히 큼직하게 써 주신 말씀이 생각납니다. '진인사 대천명(盡人事 待天命)'. 여러분이 어떤 일에 최선을 다했다면, 더 이상 여러분이 할 수 있는 일은 없습니다. 여러분이 걱정 근심에서 벗어나려고 성심껏 신뢰와 믿음을 쌓았다면, 그 다음은 모든 것을 그리스도께 맡기세요. 그분의 발 아래 여러분의 짐을 내려 놓으세요. 그분의 말씀에 겸허히 귀를 기울이고, 그분이 행하시는 일에 주목하세요. 하늘을 나는 새와 황혼이 깃든 들녘의 백합화까지도 돌보시는 하나님께서, 어찌 여러분의 평화를 빼앗는 숱한 걱정거리를 치유하시지 않겠습니까? 그분을 의지하면 평안을 누릴 것입니다.

"평안을 너에게 주노라. 세상이 줄 수 없는, 세상이 알 수도 없는 평안, 평안, 평안, 평안을 네게 주노라."

그분이 주시는 평안은 분명 세상이 주는 평안과 다릅니다. 그 평안은 세상의 시끄러운 대중 매체들이 전하여 주는 게 아닙니

다. 그 평안은 삶의 희망과 기쁨과 용기를 가져다 주는 기쁜 소
식으로부터 나오는 것이지요. 이사야 26장 3절의 기도는 그래서
바로 여러분을 향한 기도입니다.

　"주님, 주님에게 의지하는 사람들은 늘 한결 같은 마음을 가진
사람들이니, 그들에게 완전한 평화를 주시기 바랍니다."

3. 그래, 가끔 하늘을 보자
– 스트레스의 치유

"가슴이 두근두근 조여 오고, 숨이 막힙니다. 근육이 떨리는데, 팔다리가 부들부들 떨리는 거 있지요. 머리가 지근지근 쑤셔서 잠시도 안정을 누릴 수 없습니다. 밤잠을 서너 시간밖에 못 자고 계속 뒤척입니다. 갑자기 체중도 육 킬로그램이나 줄었어요. 세상에서 나 혼자만 잘못된 것 같아요. 어거지로 식사라도 해 보려고 하지만, 밥알이 모래알 씹는 것 같습니다. 자꾸 술 담배만 찾다 보니, 집안 꼴도 말이 아니고, 몸도 마음도 다 망가지고 있어요. 삶이 이렇게 허망할 수가 있나요? 무슨 잘못이 있어서 실직된 것이라면 몰라도. 아직도 한창 할 일이 많은데. 가족들한테 가장 미안합니다. 가장인 나만 보고 살아온 우리 식구들인데. 나 때문에 눈치 보며, 대화도 없고 웃음도 없어져 버린 집안 분위기가 너무 안 됐어요."

현대병의 주범

이것은 요즘의 경제 불황 때문에, 회사에서 실직을 당한 지 육 개월 된 중년 가장이 〈아침 마당〉이라는 텔레비전 프로그램에 나와서 토로한 내용입니다. 실업자뿐만 아니라, 은퇴를 맞은 이들에게서도 이와 비슷한 증상이 나타납니다. 그 방면의 전문가가 나와서 제안한 해결책은 다른 게 아니었습니다. ‘왕년에 내가’ 따위의 체면을 버리고, ‘왜 나만’이라는 부정적인 사고를 긍정적인 방향으로 고쳐 가며, 비교의식 없이 마음을 털어놓을 수 있는 친구를 만나고, 가족과 공감 어린 대화를 나누라는 것이었습니다. 오늘과 같은 상황에서는, 한 마디로 잘 먹고, 열심히 운동하고, 잘 자는 것이 최선의 길이라는 것입니다.

이 시대는 가히 ‘스트레스’의 시대라 할만 합니다. 하루에도 몇 번씩 우리 입에서는 “스트레스 받는다!”라는 말이 불쑥 나옵니다. 스트레스를 먹고, 스트레스를 입고, 스트레스를 마시고, 스트레스와 함께 현대 사회의 거리를 방황합니다. 이 ‘스트레스(stress)’라는 말은 물론 영어이지만, 이제는 텔레비전이나 아이스크림처럼 우리말이 되어 버렸지요. 남녀노소 할 것 없이 스트레스를 받습니다. 하는 일이 뜻대로 풀려나가지 않으면, 그것이 스트레스입니다. 출퇴근 시간에 콩나물 시루처럼 지하철에서 시달리는 것도 스트레스이고, 교통 체증으로 차 안에서 마냥 기다리는 것도 스트레스이며, 공부나 시험도 스트레스입니다. 학교에서 과제를 많이 내주어도 스트레스이고, 사랑하는 사람이 결별을 선언해도 스트레스이며, 사업이 안 되어도 또 너무 잘 되어서 눈코뜰새없이 바빠도 스트레스입니다. 실직이나 이혼 못지 않게, 승진이나 결혼도 스트레스가 될 수 있습니다. 흔히 서구에서는 스트레스의 제1 요인으로 배우자의 사망을 꼽는데, 우리 나라에서는 자녀에 대한 지나친 사랑과 기대 때문에 자식의 사망이 스트레스의 제1 요인으로 지적되기도 하지요. 아무튼 누구나 인생의 봄 여름 가을 겨울을 사는 동안, 긍정적이든 부정적이든 스트레스를 받게 마련입니다. 하지만, 그것이 누적되면 병을 가져옵니다. 만병의 근원이지요.

스트레스는 그야말로 지독한 '현대병(現代病)'이라고 할 수 있습니다. 바쁘게만 달려온 우리 현대인의 삶이 이렇게 아파하는 소리를 내는 것도 어쩌면 당연한 결과 아닐까요? 〈라 벨르〉라는 월간지 어느 호엔가 '어린 아이들도 스트레스를 받는다'라는 기사가 실려 있었습니다. 참 맞는 이야기인데, 우리 부모들이 간과하고 있는 건 아닌가 반성해 보았지요. 하긴, 형이와 명이, 우리 집 두 아이들의 자고 있는 얼굴을 바라보고 있노라면, 그들에게서도 "엄마, 나도 이럴 땐 스트레스를 받아요!" 하는 소리가 들립니다. 아이들의 눈높이에서 보았다면, 그런 소리를 감지할 수 있었을 텐데…. 최여량이라는 여덟 살짜리 아이에게도 이런 스트레스가 있었습니다.

"내겐 다섯 살짜리 남동생이 있어요. 개구장이 내 동생이 귀엽고 예쁘긴 하지만, 누나 말을 안 들을 때는 화가 나지요. 동생은 내 행동을 많이 따라합니다. 특히 내가 가지고 노는 것에 관심이 많아, 내 것을 빼앗으려 합니다. 기차를 가지고 놀면 기차를 달라고 하고, 자동차를 가지고 놀면 자동차를 달라고 합니다.

한참 신나게 노는데 와서 달라고 조르면, 나는 '싫어!' 하지요. 그래도 동생은 내 말을 듣지 않고 막무가내로 조르다가 빼앗으려 달려듭니다. 나는 동생을 한 대 때리지요. 그러면 동생은 큰 소리로 엉엉 울거나, 내게로 달려들어 때리려 합니다. '사이 좋게 놀아야

지, 왜 남매끼리 싸우니?' 동생 때문에 엄마 앞에 불려가 혼이 날 때, 난 기분이 무척 나빠집니다."

스트레스를 넘는 고개

여기서는 홈즈와 래(Holmes & Rahe)가 만든 표를 점검해 보도록 하지요. 그들은 기쁜 일이나 괴로운 일 모두가 생활의 변화를 의미하는 한 스트레스가 되며, 또한 생활 사건 하나하나의 심각성이 문제가 아니라, 그 사건들의 전체 영향 곧 생활 변화량이 문제가 된다는 사실을 밝혀 냈습니다. 그들이 이 생활 변화량을 측정하기 위하여 만들어 낸 것이 아래의 '사회 재적응 평정 척도'이지요. 이것을 '스트레스 수치 분석표'라고 부르기도 합니다. 아래의 표에서 스트레스 수치를 더한 결과 300 이상이 나오면, 그 중의 80퍼센트 이상은 신체적·정신적 질병에 걸릴 가능성이 있지요. 150~199이면 비교적 가벼운 생활 위기에 처해 있다고 볼 수 있고, 200~299이면 중간 정도의 위기, 300 이상이면 심각한 생활 위기라고 볼 수 있지요. 그러나 모든 스트레스는 어떻게 스스로 대처하고 통제하느냐 그리고 어떻게 서로를 지원하느냐에 따라서 극복할 수 있습니다.

<스트레스 수치 분석표>

생의 사건	스트레스 수치
배우자 사망	100
이혼	73
부부 별거	65

그렇다면 스트레스란 정확하게 무엇일까요? 스트레스란 긴장과 관련되어 있습니다. 새롭거나 불쾌하거나 위협적인 상황에 처했을 경우 느끼게 되는 것이지요. 스트레스는 위험이나 요구에 따르는 자동적인 신체적 반응이지요. 근육이 뻣뻣해지고, 혈압이 높아지고, 심장 박동이 빨라지고, 아드레날린의 분비가 많아지지요. 이것은 오랜 세월에 걸친 생존 반응이지요. 그 목적은 위험과 싸우는 데—또는 위험으로부터 도망치는 데—필요한 힘을 부여하는 데 있지요. 누구나 스트레스의 영향을 느끼고 있어요. 스트레스는 생활의 한 요소이지요. 어떤 스트레스는 여러분

에게 이로울 수도 있어요. 여러분이 삶의 도전에 좀더 잘 응하도
록 고무시켜 주기 때문이죠. 하지만 너무 지나친 스트레스는 여
러분의 육체적, 정신적 안녕을 해치게 된답니다. 바로 그 때문에
스트레스를 조절해야 하지요—스트레스가 여러분을 조절하지 못
하도록 말이죠.

여러분은 스트레스 조절법을 배울 수 있어요! 그러므로, 짜증
을 내지 말고 침착하세요. 화내지 말고 마음을 편히 가지세요.
들볶지 말고 잘 조절하세요. 기진맥진해지지 말고 상쾌하고도
새롭게 시작하세요. 기운을 다 써 버리지 말고 생동감 있게 움직
이세요!

이 스트레스가 여러분에게 미치는 영향은 어떤 것일까요? 날
마다 쌓여 가는 스트레스는 여러분에게 다음과 같은 영향을 미
칠 수 있답니다.

첫째, 신체적 영향이 있지요. 만일 여러분이 긴장을 완화시키
기 위한 단계를 밟지 않는다면, 여러분의 신체 내부에 긴장이 쌓
이게 될 거예요. 오랜 시간 동안 이렇게 쌓인 스트레스는 여러분
의 건강에 다음과 같은 영향을 미칠 수 있어요:궤양·알레르
기·혈압 증가·심장 발작·뇌졸증 등. 일부 연구자들은 암과
감기도 역시 스트레스와 관련된 것이라고 믿고 있지요. 스트레
스의 신체적 징후로는 신경 과민·손톱을 물어뜯음·수족 냉
증·근육 긴장·무기력·두통 들이 있어요.

또 정신적 영향이 있지요. 스트레스는 여러분의 생각에 영향
을 미치며, 정서적 건강에도 해를 끼친답니다. 스트레스는 생체

에너지를 소모시키고, 여러분을 변덕스럽고 성마른 사람으로 만들지요. 어떤 사람들의 경우에는, 스트레스에서 벗어나기 위하여 마약과 알코올 중독에 빠지는 경우도 있답니다. 스트레스는 다음에 관한 여러분의 사고 방식과 느낌에도 영향을 미쳐요. 스트레스는 여러분의 자존감을 공격할 수도 있고, 여러분이 가치있는 존재라는 긍정적인 느낌을 줄어 들게 만들 수도 있어요. 만일 여러분이 긴장을 완화시키고 '배터리를 충전시킬' 만한 시간을 갖지 않는다면, 스트레스 때문에 여러분이 원하는 방식대로 사람들과 관계를 맺는 일이 더욱더 어려워질 것입니다. 스트레스는 여러분이 주변의 활동과 사건들에 전적으로 참여할 수 있을 힘을 고갈시키지요.

스트레스의 심리적 징후로는 혼란·우울증·수면, 식사, 성 생활의 변화·기분 변화·알코올과 약물 사용의 증가 들을 들 수 있지요. 이런 신체적, 심리적 징후와 증상들에는 스트레스가 아닌 또 다른 원인이 있을 수 있답니다. 그러니, 이런 증상들이 지속될 경우, 의사에게 진찰을 받아 보세요.

"전에도 물론 늘 갖고 있었지만, 그것을 자연스럽게 표현할 만한 용기라고 할까, 그만한 마음의 자세가 갖춰지지 않은 것 같아요. 하고 싶긴 한데 할 용기가 없으니까 굉장히 자신이 초라해 보이고, 그런 시도를 할 때에는 늘 힘이 빠진 상태거나 허전한 상태거나 외롭다는 느낌이 들 때 했기 때문에, 어쩜 더 어려운 상태에서, 못하기 때문에 굉장히 피곤함을 느껴요. 모든 게 자신이 없어지고, 또 피곤하고, 요새 같으면 자는 것에 대해서도 편하게 잘 수 없는데, 그 때에는 피곤하면 피곤할수록 편하게 잘 수 없다는 생각이 많이 들었어요. 오늘 하루를 이대로 막을 내릴 수 없다는 생각이 들었기 때문에, 굉장히 심한 운동을 하거나, 밤에 다시 나가 버스 타고 시내를 돌아다니다가 들어온다거나, 그래야만 직성이 풀리고 잠을 좀 잘 수 있고, 아침에 늦게 일어나고 그런 우울한 기분을 많이 느꼈는데, 그런데서 빠져 나오려는 게 점점 더 몸을 피곤하게 하고, 힘겨웠던 것 같애요. 요즈음은 일찍 자고 일찍 일어나는 식으로 생활하거든요. 몸이 피곤해서 그런지 요즈음엔 그런 생각, 아 오늘 하루가 부족하다는 생각보다도, 내일을 위하여 오늘은 자 두자 하는 식으로 편하게 생각을 하며 자지요."

이것도 스트레스의 단면을 보여 주는 것으로서, 이장호·금명자의 〈상담연습 교본〉에 나와 있는 사례입니다. 그렇다면 이러한 스트레스의 원인은 무엇일까요? 여러분의 힘과 시간에 대한 압박과 요구는 삶의 모든 측면에서 비롯될 수 있지요. 하지만 스트레스의 원인은 주로 다음과 같은 요소들이지요. 먼저 여러분의 직업입니다. 마감 시간을 지켜야만 한다는 압박감, 너무 많은 업무나 너무 적은 업무, 상사나 동료들과의 갈등, 지루함 등은 해로운 스트레스를 발생시킬 수 있지요. 다음은 여러분의 개인적 삶입니다. 이혼, 질병, 사랑하는 사람의 죽음, 돈 문제—심지어는 결혼이나 갑작스런 재정적 횡재 같은 행복한 사건들까지도 여러분에게 압박감을 줄 수 있어요. 다음은 여러분의 주위 환경입니다. 날씨, 여러분 주변의 소음 정도, 대혼잡, 신체적 안전과 여러분 주변의 안락함—이 모든 것들이 긴장을 완화시킬 수 있는 여러분의 능력을 방해하는 요소랍니다.

스트레스 조절 프로그램

해로운 스트레스를 조절하기 위해서는, 개인적인 스트레스 조절 프로그램을 짜서, 오늘 바로 시작하세요! 스트레스를 줄이기 위한 방법으로 어떤 것을 선택하든지 간에, 다음과 같은 일반적인 규칙들을 꼭 명심하세요. 여러분이 즐길 수 있는 일을 하세요. 실내에서든 실외에서든, 혼자든 여럿이든, 여러분이 만족스러워 할 일을 하세요. 여러분만을 위한 시간을 따로 정해 두세요. 긴장 완화와 재창조에 대한 여러분의 욕구는 지극히 중요한 것이랍니다―날마다 긴장 완화와 재창조를 위한 시간을 갖도록 하세요! 그것에 마음을 쏟으세요. 거의 모든 스트레스 해소책들은 즉각적인 효과를 보여 준답니다. 하지만 여러분이 그러한 스트레스 해소 활동을 계속해서 지켜 나간다면 훨씬 더 큰 효과를 볼 수 있을 거예요. 여러분은 효과를 눈으로 보고 피부로 느낄 수 있을 거예요! 스트레스 조절 프로그램은 여러분의 육체적 건강도 강화시켜 줄 수 있어요. 정서적으로도 차이점을 확실히 느낄 수 있을 거예요. 여러분은 좀더 힘이 넘칠 것이고, 좀더 민첩해질 것이며, 여러분이 삶에서 원하는 것들을 좀더 쉽게 얻을 수 있을 거예요.

스트레스를 줄일 수 있는 방법들은 어떤 것일까요? 운동은 육체적 긴장과 정신적 긴장을 해소할 수 있는 멋진 방법이지요! 연구 결과들을 보면, 운동을 하는 동안에 (이른바 '엔돌핀'이라고 불리우는) 신경 안정제가 뇌에서 분비된답니다. 운동은 유쾌하게 긴장을 완화시켜 주지요―자연스럽게 말이죠! 산보, 수영, 조깅, 자전거 타기, 스키 타기 등을 고려해 보세요. 여러분이 매력을 느낄 수 있는 운동을 선택하세요. 대부분의 의사들은 매주 3~4회 정도에 걸쳐서 최소한 30분 정도는 강력한 운동을 할 것을 권하지요. 운동 프로그램을 시작할 때에는 다음과 같은 규칙들을 지키세요. 시작하기 전에 의사와 상담하세요. 매회 스트레칭과 워킹으로 워밍업을 하세요. 과도한 운동은 삼가세요-점차적으로 운동량을 늘려 가세요. 운동이 끝날 때마다 워킹과 스트레칭으로 진정시켜 주세요!

심호흡을 해 보세요. 올바른 호흡은 스트레스를 줄이기 위한 가장 효과적인 기술들 가운데 하나이지요. 우리의 호흡 방식은 근육의 긴장과 사고 방식과 감정에 영향을 미친답니다. 스트레스를 줄이기 위해 사용되는 여러 가지 호흡법 가운데서 두 가지를 소개해 드리지요. 첫째가 의식 호흡입니다. 먼저, 잠시 휴식을 취하세요. 몇 초 동안 여러분이 무엇 때문에 긴장하고 있는지 생각해 보세요. 그리고는 이런 생각들을 떨쳐 버리세요. 다음, 팔과 어깨를 느슨하게 펴세요. 천천히 코로 숨을 내쉬세요. 이제 복부 그리고 가슴에 공기가 꽉 차도록 깊이 숨을 들이쉬세요. 호흡이 규칙적으로 안정될 때까지 반복해서 천천히 숨을 내쉬세요. 될 수 있는 대로, 호흡 하나 하나에 정신을 집중시키세요. 편안하게 조절된 기분을 느끼세요. 다음은 신속한 방법입니다. 이 호흡은 여러분의 스케줄을 방해하는 일이 없이 언제 어디서나 가능하지요. 먼저, 팔과 어깨를 느슨하게 펴세요. 머리로 원을 몇 번 그리세요-처음에는 오른쪽으로, 그 다음에는 왼쪽으로 돌리세요. 눈을 감으세요. 숨을 깊게 들이쉰 다음 내뱉으세요. 반복하세요. 호흡에 정신을 집중하세요-스트레스가 되는 생각들은 뒤로 젖혀 두세요.

취미 곧 여러분이 정말로 즐기는 일을 하는 것-그리고 그 일을 정규적으로, 최소한 하루에 반 시간씩은 하는 것-이 스트레스를 줄이는 데 큰 도움이 될 수 있답니다. 여러분은 어떤 활동들이 창조적인 출구를 제공해 준다는 점과, 피로를 덜어 준다는 점, 그리고 여러분의 마음과 육체와 영혼을 소생시켜 준다는 점을 깨닫게 될 거예요. 다음과 같은 취미들을 한 번 고려해 보세요: 레이스 뜨기, 교회나 시정에 참여하기, 음악, 원예, 목공예, 회화, 요리. 잊지 말고 꼭 교육 프로그램이나 자원 봉사 활동이나 사회의 재창조 후원 활동들에 참여해 보세요.

그 밖에도, 현재 사용할 수 있는 몇 가지 다른 스트레스 조절 기술을 소개해 드리지요. 여러분에게 맞는 방법을 하나 찾아 보세요-그리고 그것에 계속적으로 집중해 보세요!

첫째는, 명상입니다. 오늘에는 수백만 명에 달하는 사람들이 정신력을 사용하여 스트레스를 줄이기 위해서 여러 가지 유형의 명상법을 실천하고 있답니다. 어떤 특정한 종교적 신념에 얽매일 필요는 전혀 없어요. 둘째는, 생체 자기 제어입니다. 생체 자기 제어 훈련은 우선 특수한 의료 기구들을 사용하여 여러분 신체의 스트레스 양을 측정합니다. 그러면 여러분이 이 정보들을 이용하여 일상 생활에서 받는 스트레스에 대한 여러분의 반응을 조절할 수 있도록 숙련된 지도자가 도와 줄 것입니다. 셋째는, 최면입니다. 이 기술은 사람을 편하게 만들어 주고 스트레스에서 벗어나게 해 주는 기술이지요. 또한 이것은 흡연이나 알코올 중독, 약물 중독, 과식 등 스트레스와 관련된 습관들을 깨뜨리는 데에도 사용할 수 있어요. 넷째는, 상상입니다. 이상적인 장소로 상상 여행을 떠나는 것은 긴장된 신경 조직을 완화시켜 주지요. 눈을 감고 심호흡을 한 다음, 10초 정도 여러분이 가고 싶은 곳에 가 있다고 상상해 보세요!

일상 생활에서 스트레스를 조절하는 데 도움이 될 만한 몇 가지 방법을 알려 드리지요. 충분한 수면을 취하세요. 그러면 확실히 힘차고 민첩하게 날마다 도전에 응할 수 있을 거예요. 현명하게 시간을 관리하세요. 날마다 날마다 해야 할 일들의 목록을 정하세요. 그러면 순서대로 효과적으로 일상적인 일들을 꾸려 나갈 수 있을 거예요. 한 번에 모든 일을 다 해내려고 애쓰지는 마세요. 현실적인 목표를 정하세요. 분노를 쫓아내 버리세요. 분노가 여러분을 이기게 내버려 두지 마세요. 차라리 몇 가지 유용한 육체적 활동에 몰두하세요. 가볍게 먹으세요. 가볍게 먹으면 기분도 가벼워지죠. 설탕이나 나트륨, 그리고 살찌는 음식들은 절제하세요. 과일과 채소, 그리고 자연 식품을 먹으세요. 걱정을 털어놓으세요. 신뢰할 만한 친구와 대화를 나누는 것은 여러분의 문제를 올바르게 파악하기 위한 좋은 방법이지요. 휴식을 취하세요! 가끔씩 여러분의 일에서 벗어나 휴식을 취하세요. 그러면 기분이 새로워지고 긴장도 풀릴 거예요.

스트레스 조절의 대용품을 찾지 마세요. 다시 말해서 알코올이나 약물이나 담배의 섭취를 줄여야-또는 배제해야-해요. 알코올은 잠깐 동안 스트레스를 잊게 해 주지요-하지만 정서적 긴장과 육체적 긴장을 지울 수는 없답니다. 카페인도 마찬가지

입니다. 커피나 차를 온종일 마시는 것으로 강렬한 힘을 지속시
킬 수는 있어요―하지만 마음을 편안하게 해 주지는 못하죠. 니
코틴은 또 어떻고요. 흡연은 잠시 동안 긴장을 이완시켜 주지만,
심장 박동을 빠르게 하고, 혈압도 높여 주고, 신체에서 산소를
빼앗아 가기도 하며, 스트레스를 줄일 수 있는 능력을 방해하기
도 하지요. 진정제나 신경 안정제도 안 좋습니다. 몇 분 동안 운
동을 한다든가 심호흡을 하는 것만으로도 효과를 누릴 수 있는
데, 왜 의사의 처방전도 없이 이런 약품에 의존하는 것일까요?

스트레스와 스트레스를 줄이기 위해 할 수 있는 일들에 관한
정보를 더 얻으려면 어디로 가야 할까요? 근처에 있는 정신 건
강 협회에 편지를 쓰든지 전화를 해서, 스트레스와 긴장 해소에
관한 정보를 요청하세요. 도서관도 있습니다. 요즘에는 스트레스
라는 주제에 관해 읽을 만한 책들과 잡지 기사들이 많이 있으니,
간과하지 마세요. 그리고 스트레스의 신체적 증상들을 무시하지
마세요. 의사를 찾아가 대처 방안에 관한 조언을 청하세요. 스트
레스와 관련된 문제들에 대한 충고와 참고 사항들도 요청하세
요. 많은 병원에서 특수한 스트레스 조절 프로그램을 실시하고
있지요. 그리고 그 밖에도 다음과 같은 중요한 정보 출처들이 있
습니다:정부 내 관련 기관들, 정신건강 센터, 성직자, 상담가,
건강증진 센터.

내 마음 고요히

그러므로 스트레스 조절법을 배우세요. 이런 묘책들이 있습니
다. 여러분의 삶에서 스트레스를 주는 상황을 인식하세요. 해로

운 스트레스의 원인들을 줄여 나가기 위하여 단계를 밟으세요. 여러분이 즐길 수 있는 스트레스 감소 기술을 발견하세요. 그리고 그 방법에 계속 몰두하세요. 오늘부터 여러분의 개인적인 스트레스 조절 프로그램을 시작하세요! 가끔은 하늘을 보는 마음의 여유가 필요합니다. 시인 김영랑이 노래하듯이, 내 마음 고요히 고운 봄길 위에 오늘 하루 하늘을 우러러 봄직합니다.

돌담에 속삭이는 햇발같이
풀 아래 웃음 짓는 샘물같이
내 마음 고요히 고운 봄길 위에
오늘 하루 하늘을 우러르고 싶다.

4. 울화통의 뇌관

- 분노의 치유

"여름에는 왜 증오가 무럭무럭 자라는지. 자연에서 학대받고 있
다는 느낌 때문일까. 녹음은 무성하게 푸르고 꽃들도 아름다운데,
여름은 증오를 키우고 오히려 인간의 생명을 빼앗아 가는 느낌이다.
태양의 삼투압. 태양이 내 생명을 빼앗아 모조리 흡수해 가 버리기
에, 나는 빨래처럼 앙상하고 버석버석 말려지는 느낌. 물기는 없고
살기만 남겨지는 느낌."

태양의 삼투압

위의 시(詩)는 김승희가 〈사랑이라는 이름의 수선공〉에서 자
신의 마음을 담담하게 내비치고 있는 부뷰이지요. 〈내 마음 속에
는 울고 있는 내가 있어요〉를 보면, 이런 이야기가 나옵니다.

"우리 부모님은 내가 세 살 때 이혼을 하시고, 나는 할머니와 아
빠 그리고 삼촌과 섬에서 생활을 했어요. 아빠는 술로 사시는 분이
었고, 어렸을 때의 기억이라면 많이 얻어맞은 기억이 납니다. 여섯
살 때쯤인가? 엄마 품이 너무도 그리울 때에, 아버지는 새엄마를 데

리고 오셨습니다. 난 그분이 새엄마인 줄 모르고, 그 동안 나를 떠나 있던 친엄마인 줄 알았지요. 어느 날, 우물에서 빨래하고 있는 새엄마를 보고 내가 달려가면서 '엄마!' 하고 부르자, 새엄마는 차가운 얼굴로 나를 보며 이렇게 대답했습니다. '내가 니 엄마냐?' '······' 이 장면이 분명하게 떠오르는 것이었습니다. 그러면서, 그 때의 아이가 내 안에서 울고 있는 그 슬픔을 그대로 느끼게 되었지요. 나는 울면서, 새엄마의 그 때 그 말이 얼마나 나를 깊이 아프게 했는지 깨닫게 되었습니다. 나중에 아버지는 할머니에게 나를 절대로 생모에게 주지 말라는 유언을 남기고 세상을 떠나셨지요.

몇 년 전까지, 나는 할머니와 함께 살다가 나의 친어머니에게 가게 되었습니다. 참으로 그리던 어머니였지요. 하지만, 그 어머니에게서 지금까지 그려 왔던 엄마의 상(像)을 느낄 수가 없었습니다. 나를 감싸 주고 울면서 안아 주어도 나의 마음이 풀릴 둥 말 둥 한데, 어머니는 계속 꾸중만 하시고 자주 화를 내셨습니다. 어머니는 자신의 성격이 이렇게 된 것이 '다 네 아버지 탓'이라며 아버지를 원망하시곤 했는데, 그 말이 나는 정말이지 듣기가 싫었습니다. 어머니는 그 후 재혼을 하고 잘 살고 계십니다. 나는 어머니의 모든 것을 이해하고 사랑하려 했지만, 자꾸만 돌아가신 아버지 욕을 하고, 나에게 짜증을 내고, 내가 아빠 편드는 것을 못마땅하다며 나를 미워하는 어머니를, 나를 거절한 새어머니보다도 어느새 더욱 원망하고 있음을 알았습니다.

술을 드시긴 했지만, 누구보다도 나를 사랑하신 아버지! 그리고 이제는 돌아가신 아버지인데, 그 아버지를 미워하고, 그리고 당당하게 내게 엄마의 수고를 모른다는 둥 그런 말들을 하는 어머니를 도저히 용서할 수가 없었어요. 내가 얼마나 오랫동안 어머니를 그리워하고, 어머니 없는 시간이 나에게 얼마나 허무한 시간들이었는지, 어머니는 전혀 생각하지 않는 것 같았습니다 … 무엇으로도 녹이기 어려운 분노로 차가워진 마음이 내 안에 있었습니다."

분노의 심리학

분노란 무엇일까요? 그것은 우리 모두가 때때로 느끼는 강력한 그러면서도─전적으로 정상적인─감정입니다. 분노는 우리가 다음과 같이 말할 때 느끼는 것이지요.

"당신 태도가 날 진짜 열 받게 하고 있어."
"너 같은 놈 정말 싫다."
"내가 진짜 그랬다고?"
"네가 계속 그런 식으로 나오면, 나 미쳐 버릴 것 같아."
"그럴싸한 네 농간에 내가 이 지경까지 됐다구."

왜 분노에 대하여 아는 것이 중요할까요? 그것은 오늘 우리 사회에서 가장 다루기 힘든 감정이 분노이기 때문이지요─그러나 그것이 그런 식으로 다루어져서는 안 됩니다. 분노를 표현하는 것은 도움이 될 수도 있지요. 우리는 분노를 통하여 '불끈'함으로써, 우리가 불가능하다고 생각했던 장애물을 극복하고 목표를 성취할 수 있어요. 분노를 표현하는 것은 해로울 수도 있지요. 우리가 우리의 분노를 무시하거나 부적합하게 표현할 경우, 우리와 다른 사람들이 그것 때문에 상처를 받을 수 있어요. 사람마다 적극적인 방법으로 '분을 가라앉히는' 방법을 배울 필요가 있습니다.

왜 분노하나요? 몇 가지 분노의 공통적인 원인이 있지요.

첫째는, 좌절입니다. "진짜 못해 먹겠네. 난 수학이 싫어, 결코 좋은 점수가 안 나올거야!" 둘째는, 상처입니다. "나한테 어떻게 그런 말을 할 수 있어? 난 네가 날 사랑하는 줄 알았는데." 셋째는, 짜증나게 하는 일입니다. "너 이번 주 늦은 게 세 번째야!" 넷째는, 실망입니다. "소풍 갈려고 다 준비해 놨는데, 비가 올게 뭐람!" 다섯째는, 괴롭힘이지요. "내 뒤에서 좀 떨어져. 도대체 왜 이렇게 집적거리면서 못살게 구는 거야." 여섯째는, 위협입니다. "이봐, 행운을 차지 마. 이런 기회가 또 없다구."

분노에 대한 신체 반응은 어떤가요? 분노 때문에 실제로 '피가 끓어오른다'거나 우리 눈이 격노하여 '충혈된다'거나 하는 것은 아니지요. 그러나 그것 때문에 몸에 어떤 변화들이 야기되는 건 사실입니다. 일어나는 증상들은 이런 것이지요. 곧 좀더 많은 당과 아드레날린이 혈관 속으로 흘러들어 가지요. 심장 고동이 더 빨라지고요. 혈압이 올라가지요. 피의 흐름이 빨라져요. 근육이 긴장되고요. 달리 표현하자면, 몸이 행동에 필요한 에너지를 발생시키면서, 컨디션이 매우 나빠지지요. 이 에너지가 우리에게 유리하게 작용하거나 불리하게 작용할 수 있는 방법을 배우세요.

분노는 우리의 친구가 될 수도 있고, 적이 될 수도 있지요. 그것은 모두 우리가 그것을 어떻게 표현하느냐에 달려 있지요. 분노를 인정하고 적절하게 표현할 수 있는 법을 앎으로써, 우리는 목적 달성, 문제 해결, 급박한 일의 처리, 우리의 건강 보호를 위한 도움을 받을 수 있습니다. 하지만, 분노를 인정하고 이해하는 데 실패하면, 건강 문제, 긴장, 사고, 인간 상호간의 문제에 부딪치게 되지요.

통제되지 않는 분노는 위험할 수 있어요. 그것은 다음과 같은 것을 유발하지요. 첫째, 범죄입니다. 때때로 강간, 재산 파괴, 살인 그리고 그 밖의 다른 범죄 행위의 이면을 보면 분노가 숨쉬고 있음을 알 수 있지요. 둘째는, 학대입니다. 예컨대, 분노를 자제하지 못하는 부모가 아이에게 심각한 육체적·정서적 손상을 가할 수 있지요. 셋째는, 더욱 폭력적인 행위이지요. 일례로, 타인에게 분노를 터뜨림으로써 그들을 통제하는 데 성공하는 사람은 계속해서 분노를 즐기게 됩니다. 분노가 더 강하게 싹트면 싹틀수록, 육체적인 폭력의 기회도 증가하지요.

여러분의 분노를 어떻게 다룰 수 있을까요? 다음과 같은 단계를 따르세요. 무엇보다도 먼저, 여러분의 분노를 인정하세요. 그리고 그것을 여러분 스스로 수용하세요. 기억할 것은, 분노란 정상적인 인간의 감정이기 때문에, 그것에 대하여 부끄러워하거나 죄책감을 느낄 필요가 전혀 없다는 사실입니다. '숨어 있는' 분노의 표징들, 곧 긴장된 근육, 사고칠 우려, 좌절감이나 실망감, 비꼬는 경향 들에 대하여 주목하세요.

둘째로, 원인을 확실히 파악하세요. 여러분의 분노에는 원인이 있지요. 부주의한 운전자가 여러분의 차를 받았을 때처럼, 그 원인이 분명할 때도 있지만, 어떤 때는 분노의 원인이 처음 생각했던 것과 다를 수도 있어요. 이를테면, 바퀴가 터졌다고 애꿎은 바퀴를 찰 때가 있지요. 그러나 실은 고장난 잭을 고쳐 놓지 않았던 자신에 대해 화를 내고 있는 것입니다.

셋째는, 해야 할 일을 결정하세요. 그리고 그 결정을 밀고 나가세요. 여러분이 해야 할 일은 상황에 따라 다를 것입니다. 그러나, 일반적으로, 여러분이 해야 할 일은 여러분의 분노를 야기한 문제나 상황을 해결하려면 어떤 선택이 필요한지 결정하는 것이지요. 예를 들면, 분노를 직접적으로 표출하는 것이 유익을 가져다 줄 것 같은가, 아니면 더 해를 끼치게 될 것 같은가를 곰곰이 생각해 보세요. 여러분이 선택한 것을 이행하기 위하여 적극적인 단계를 밟으세요. 피할 수 없는 짜증거리―교통 지옥, 지하철의 연착, 만원버스 등―에 대하여 화를 안 낼 수 있는 방법들을 배워 놓으면, 여러모로 도움이 될 거예요.

분노와 맞닥뜨릴 때 침착하세요. 여러분의 동기를 이해하세요. 주장을 분명하게 하세요. 도움을 찾으세요. 하지만 개인적인 면을 앞세우지 마세요. 쟁점을 회피하지 마세요. 비난하지 마세요. 말 없이 뾰로통하지 마세요.

발끈하는 성질을 제어하는 다른 방법들은 어떤 것일까요? 성질 급한 사람을 좋아하는 사람은 아무도 없습니다. 그러므로, 여러분이 조금이라도 성질이 나는 것을 느낄 때는 유머, 육체적인 활동, 휴식과 기분 전환, 다른 활동이나 아이디어를 모색해 보세요.

누군가 다른 사람의 분노가 위험 수위에 다다를 때, 여러분은 침착하세요. 신중하세요. 잘 들어 주세요. 분노의 원인을 곰곰이 생각해 보세요. 맞대응하지 마세요. 구타나 가혹 행위를 막을 수 있는 지혜가 여기 있습니다.

마음의 평정

"우연이의 저러한 마음이 찌르레기 아저씨와 형 그리고 노인의 상처, 원한, 그리움, 외로움 들과 내통하고 교신하면서 그것들을 받아들여 마음의 무늬 위에 짜아넣고, 그 상처와 그리움을 무너진 삶에 작용하는 긍정적인 힘으로 바꾸어 나가는 과정은 이 소설의 가장 중요한 대목일 것이다 … 희망과 따스함이 그 상처와 무너짐 속에서 돋아나지 않는 한, 기만적인 지우개를 들고 그 상처를 지우려는 '청산'은 코흘리개의 장난질이거나 또 다른 밤을 불러들이는 예비 음모에 불과할 것이다.

희망과 따스함은 어떻게 싹터 오는가? … 그 희망과 따스함은 상처나 무너짐의 반대말이 아니다. 그 말들의 관계는 서로 적대(敵對)하지 않고 앞서거나 뒤따르지도 않는다. 그것들은 서로에게 발생 근거를 의지하면서 나란히 가는 말들이다. 그러므로 그 말들은 말이 아니라 삶이며, 살아서 꼼지락거리는 희망과 따스함이다. … 그는 두 갈래의 삶의 길이 합쳐지기를 꿈꾼다. 그 합쳐짐 위에서만 무너진 삶의 재건은 가능할 것이었다. '나는 지금까지 꾸준히 이 복수의 질을 높이는 작업에 내 정신을 바쳐 왔다. 나는 복수 이상의 무엇을 원한다. 그 길만이 내가 이 세상에 대항할 수 있는 진정한 복수이다. 또한 그 길만이 유일하게 남은 자기 완성의 기회라고 생각하고 있다.'"

이것은 양귀자의 〈희망〉에 나오는 말입니다. 결국, 분노는 건

강한 인간의 감정이지요. 여러분이 확실히 해야 할 것은 이런 것
입니다. 곧 여러분 자신과 다른 사람들 속에 있는 분노를 인정하
는 법을 배우세요. 여러분이 내는 분노의 실제적인 이유를 이해
하세요. 여러분의 분노를 표현할 수 있는 건강하고 건설적인 방
법을 발견하세요.

5. 별을 헤는 밤
- 그리움의 치유

별 하나에 추억과

별 하나에 사랑과

별 하나에 쓸쓸함과

별 하나에 동경과

별 하나에 시와

별 하나에 어머니, 어머니,

어머님, 나는 별 하나에 아름다운 말 한 마디씩 불러 봅니다.

소학교 때 책상을 같이 했던 아이들의 이름과 패(佩), 경(鏡), 옥(玉), 이런 이국(異國) 소녀들의 이름과, 벌써 아기 어머니 된 계집애들의 이름과, 가난한 이웃 사람들의 이름과, 비둘기, 강아지, 토끼, 노새, 노루, '프랑시스 잠', '라이너 마리아 릴케', 이런 시인들의 이름을 불러 봅니다.

이네들은 너무나 멀리 있습니다.

별이 아스라이 멀듯이.

어머님,
그리고, 당신은 북간도(北間島)에 계십니다.

나는 무엇인지 그리워
이 많은 별빛이 내린 언덕 위에
내 이름자를 써 보고
흙으로 덮어 버리었습니다.

가을 밤 자정이 훨씬 넘은 시간, 온달의 휘황찬람함이 창문에
내리비치자, 잠을 이룰 수가 없었습니다. 이불을 박차고 동산에
올랐습니다. 그리고 밤하늘의 정경에 한없이 취했습니다. 그리움
과 함께. 윤동주는 그 밤을 별을 헤며 꼬박 지새워야 했습니다.
그에게도 무엇인지 그리움이 가득했기 때문이지요. 중국 당(唐)
시대의 시인 이백(李白)에게도 달밤의 그리움이 있었습니다. "잠
결에 눈을 뜨니 / 마루 아래 하얀 달빛 / 달빛인가 서리인가 /
눈 비벼 내다보네 // 고개를 들면 / 횅한 달만 높고 / 일렁이는
집 생각에 / 힘없이 고개 숙이네." 시인 이종택의 그리움도 산
너머 계신 어머니를 향하여 사무치고 있습니다.

산 너머 저 하늘이 그리운 것은
멀고 먼 고향이 그립기 때문.

멀고 먼 고향이 그리운 것은

고향의 어머니가 그립기 때문.

고향의 어머니가 그리운 것은
어머니보다 더한 사랑이 없기 때문.

한 마리 새가 되어

3사관학교에서 군사 훈련을 받던 시절, 옥상에 올라가 봄 하늘
에 흘러 가는 구름을 바라보며 아내와 아이들과 부모님의 얼굴
이 겹겹이 떠올라 못내 그리움에 가슴이 타들던 때가 있었습니
다. 과연 내가 그들을 다시 만날 수 있을까? 다시 만난다면 무슨
말부터 해 줄까? 침대 머리맡에 그리운 얼굴 사진들을 넣어 놓
고, 보고 또 보고, 보고 또 보고 했던 시절이 생각납니다.

듣고 싶은 그 목소리
사랑을 실어 나르는 달빛의 소리.
듣고 싶은 그 목소리
행복을 적셔 나르는 우유빛 소리.

듣고 싶어라. 듣고 싶어라.
깨물어 주고픈 떨림의 소리.

찾아와 주면 반가우련만
전화라도 걸려 오면 내 마음 바다가 되련만
그냥 잘 있느냐는 소리일지라도
내 마음 깊은 호수가 되고도 남으련만

은은하고 다소곳한 내 마음의 노랠 띄우련만
달콤한 울림 소리에 내 영혼 맑고도 맑아지련만.

무얼 하고 있을까.
지금 이 시간
무얼 하고 있을까.

눈꽃 속의 이별

인간을 가장 초조하게 하는 것은 무엇일까요? 흘러가는 시간을 의식할 때 인간은 가장 초조해지는 것이 아닐까요? 둥근 시계판 위를 맴돌 듯 일상을 보내며 그 틀 속에서 벗어나지 못하다가도, 어느 날 기다림을 잉태하게 될 때 갑자기 길어진 시간의 흐름에 가슴 태우기도 합니다. 인간에게 가장 긴 시간이 있다면, 그건 기다림의 시간일 것입니다. 세월을 헤아리는 고통의 시간은 약속에 따른 기다림의 시간이지요.

"혜수는 남진을 이년 여 동안 볼 수 없게 되었다. 이별의 기차를 기다리는 동안, 그녀의 눈가엔 눈물이 핑 돌았고, 그녀의 마음 속에는 세찬 공허감이 몰려 들었다. 나중에 그녀가 나에게 말했다. '난 내가 그를 미치도록 그리워할 거라는 걸 알았지요.'

또 어떤 어머니도 이와 비슷한 감정을 표현했다 : '내 아들이 대학 간다고, 군대 간다고 떠나갔을 때, 난 자부심과 슬픔이 뒤죽박죽된 느낌이 들었어. 정말이지 내가 그를 그리워할 게 뻔했어. 그는 십팔 년 이상이나 매일 내 삶의 일부였어. 그가 떠난 자리에 커다란 구멍이 남겨졌지.'"

이별은 삶의 한 부분입니다. 특히 이리저리 떠돌아 다닐 수밖에 없는 현대 사회에서는 더욱더 그렇지요. 친구들이 멀리 이사를 가고, 친척들이 멀리 이사를 가며, 우리 또한 멀찍이 이사를 갑니다. 다 큰 아이들은 대학에 간다고, 군대에 간다고, 또는 일자리를 찾는다고 집을 떠납니다. 가족들은 주어진 일 때문에 뿔뿔이 흩어집니다. 남편들은 아내들과, 아이들은 부모들과, 친구들은 친구들과 이별을 합니다. 자신들의 존재의 숙명인양 이사를 밥 먹듯이 함으로써, 이별의 고통을 참아야 하지요.

우리 집 큰아이인 형이가 처음 이사 와서는 영 유치원에 재미를 못 붙였습니다. 이유가 있었지요. 이 년 동안 집안 형편 때문에 벌써 네 번이나 유치원을 옮겼기 때문입니다. 학교 선생님이었던 아버지를 따라서 나도 이사를 자주 다니면서 그 후유증을 톡톡히 맛보았는데, 우리 아이는 나보다 더 심한 경우였습니다. 이별 연습. 유치원생인 아이에게 너무 가혹한 훈련이 되었던 것 같습니다.

사귈 만하면 떠날 준비부터 해야 하는 사람들이 참 많습니다. 아마도 대부분의 직업 군인들이 그렇게 살고 있을 것입니다. 회사원도, 선생님도, 공무원도, 때에 따라서는 긴 이별 짧은 만남의 인생 곡선에서 슬픔의 모래성을 쌓아 가고 있는 건 아닌지요. 때로는, 그 슬픔이 참 깊게 느껴져 손에서 모든 것을 놓게 하는 수도 있습니다.

이별은 우리 모두에게, 곧 노인이나 젊은이, 부모나 친척이나 조부모, 이웃이나 친구 들에게 영향을 끼칩니다. 이별이 변화의 한 형태이기에, 그것은 고통을 잉태합니다. 어떤 이들은 육체적인 증상을 경험하기도 하고, 어떤 이들은 깊이 파고드는 고요한 공허를 인식하기도 합니다.

함께 모이거나 따로 떨어지는 것은 삶의 자연스런 리듬 가운데 일부이지요. 이러한 움직임-합치거나 헤어지는 것-은 강렬한 감정을 불러일으킵니다. 그러나 올바른 시각에서만 바라본다면, 이러한 감정들을 통하여 우리가 사랑하는 사람의 진가를 더 깊이 알고 더 깊이 이해할 수 있지요. 이별의 고통에 대처하는 법을 배우는 것은 쉽지 않습니다. 시간이 걸리지요. 우리는 고통 때문에 쇠약해질 수도 있으나, 반면 이별을 고요한 성장과 개인적인 발견의 기회로 삼을 수도 있지요. 관계마다 고유한 성격과 특질을 지니고 있습니다. 다음과 같은 제안들은 친구, 배우자, 친족, 연인, 가족 등 모든 관계, 곧 애정의 끈으로 함께 묶여진 모든 관계들에 해당되는 내용입니다.

그렇다면 어떻게 해야 이런 그리움을 치유할 수 있을까요? 무엇보다도 먼저, 여러분의 상실감과 슬픔을 받아들이세요. 슬픔과 공허감-심할 경우 분노나 두려움-은 중요한 어떤 사람과 헤어졌을 때 느낄 수 있는 지극히 정상적인 감정입니다. 그리워하는 사람의 독특한 좋은 면과 중요성을 새롭게 인식할 수 있도록 여러분의 감정에 솔직해지세요. 이별의 고통은 여러분이 나누고 있는 독특한 유대감과 여러분의 삶 속에서 그것이 얼마나 중요한가에 대하여 말하고 있습니다. 사랑하는 사람을 그리워하는 것은 여러분이 함께 해 온 관계의 가치와 시간의 중요성을 명확하게 인식할 수 있도록 도움을 줄 수 있습니다.

지금은, 예전처럼 삶을 나눌 수 없다는 사실을 받아들이세요. 여러분은 단지 서로 간에 즉각적인 후원과 교우 관계를 나누지 못할 뿐입니다. 여러분의 관계가 위협받는다거나, 여러분의 사랑이 식을 리는 없습니다. 지금, 이렇게 헤어져 있는 동안, 여러분이 삶을 나누는 방법이 다를 뿐이지요.

둘째로, 관계를 지탱하여 주는 길을 발견하세요. 일기를 쓰세요. 여러분이 다시 만났을 때 나누고 싶은 사건, 꿈, 성취, 실패, 놀라움, 관심사 들을 기록하세요. 헤어져 있는 동안 사랑하는 사람과 대화를 지속하기 위하여 일기를 사용하세요. 여러분의 일기는 사적인 공간이므로, 마치 그 사람이 그 곳에 여러분과 함께 있는 것인양 생각과 느낌을 긴밀하게 나눌 수 있지요.

편지를 쓰세요. 사랑하는 사람에게 편지를 보내라고 부탁하세요. 서로에게 여러분의 느낌이 어떤지 그리고 이별이 여러분과 일상사에 어떤 영향을 끼치는지 말하세요. 편지는 하루, 한 주, 한 해까지도 보관이 가능하고, 보고 또 보고 할 수 있습니다. 여러분이 놀랐을 때 도움을 받을 수 있고, 외로울 때 친구가 될 수도 있습니다. 편지는 멀리 떨어져 있는 여러분의 친구를 여러분의 마음과 정신 한가운데로 데려올 수 있지요. 편지에 기록된 말 한 마디 한 마디가 어찌나 힘이 되는지요. 여러분의 편지에는 여러분이 나눈 사랑이 포함되어 있습니다.

또 다른 실제적인 아이디어는 서로의 목소리가 녹음된 카세트 테이프를 주고받는 것입니다. 서로의 목소리를 듣는 것은 굉장한 일이지요. 전화를 걸 계획을 세우고, 여러분의 한결같은 따스함과 친밀함을 나눌 수 있는 때를 고대하세요. 다른 사람의 삶에서 중요한 날들을 놓치지 마세요. 특별한 경우들을 기억하는 것은 여러분이 떨어져 있는 순간이라 하더라도 그 사람과 그 곳에 함께 있는 방법이지요.

누군가를 그리워할 수 있는 능력과 여러분이 그렇게 그 사람을 그리워한다는 것을 알게 하는 능력은 여러분이 나누는 관계의 중요성을 확인해 줍니다. 토마스 머튼은 〈시(詩)의 나라 열여덟 가지〉의 "저녁: 장거리 전화"에서 이렇게 말합니다.

우리는 잃어 버린 두 개의 세상 안에서
방황하고 있는 반쪽짜리들이다.

셋째로, 홀로 시간을 보내는 것을 즐기세요. 홀로 있는 시간은 언제든지 개인 성장을 위한 기회이지요. 외적인 기대나 요구에 영향을 받지 않은 채, 여러분 자신에게 더 가까이 다가가서 여러분을 되돌아볼 수 있습니다. 고독의 자리는 읽고, 명상하고, 자연의 장대함을 알고, 또 고요의 심포니를 즐길 수도 있는 기회를 제공합니다.

공허함을 채우느라 이리 뛰고 저리 뛰는 것보다, 독자적인 활동을 지속하고 개체 인간으로서 정체성을 공고히 할 수 있는 능력을 테스트하세요. 누군가를 그리워하는 동안에, 여러분 자신의 삶을 풍요롭게 하는 일에 집중하세요. 여러분의 재결합이 신선한 흥분과 기쁨으로 불타오를 것입니다.

당연히, 여러분이 사랑하는 사람이 없는 동안 시간을 재구성할 때 조절이 있을 것입니다. 창조성의 모판으로서 갈등 그 자체를 사용하세요. 여러분이 정교하게 그 시간을 쓴다면, 헤어짐의 시간은 선물입니다.

넷째로, 참여하고 있는 일을 계속 하세요. 움츠러들지 마세요. 다른 이들의 삶 속에 여러분의 일부를 투자하세요. 옛 친구들에게 다가가면서, 새 친구들도 만드세요. 좋은 후원망을 세우세요. 다른 사람들과 함께함으로써, 여러분이 특별한 누군가를 그리워할 때라도, 삶에 의미 있는 고리를 유지할 수 있지요.

여러분이 할 수 있는 일은 상대를 인정하고 그 진가를 알며 우정을 지속하는 것입니다. 거기서 더 나아갈 수가 없습니다. 하나님의 완벽한 계획에 따라, 그 어떤 사람도 항상 여러분의 필요를 모두 다 만족시켜 주지는 못할 것입니다. 헤어짐의 시간은 여러분과 타인에게 사귀고 접촉하고 유대를 강화할 수 있는 기회를 제공합니다. 이런 신선한 사귐은 여러분의 시야를 넓히고 여러분의 자존감과 안전감을 튼튼하게 해 줍니다.

다섯째로, 기억을 재생하세요. 유감스럽게도, 우리에게 가장 중요하다고 생각되는 사람들을 당연하게 대하기가 쉽습니다. 상대가 없는 기간, 여러분은 평소와는 다른 방법으로 사랑하는 사람의 가치를 생각해 볼 수 있는 기회를 갖게 됩니다. 여러분이 헤어져 있는 동안, 여러분의 안목이 열립니다. 다른 때라면 친밀함과 일상성 때문에 묻혀 버릴 수도 있는 특성과 덕목을 인식하게 됩니다. 기억들을 통하여 여러분은 사람들을 마음과 정신 속에 떠올릴 수 있지요. 그들은 친밀한 관계를 잃지 않도록 여러분을 내적으로 붙들어 맵니다. 회상은 여러분 사이의 유대를 강화합니다.

헨리 나웬은 『하나님께 가까이, Reaching Out』에서 이런 고백을 하고 있습니다.

"살아오면서 나는 내 친구들이 곁에 있을 때보다 곁에 없을 때 더 가까이 있는 것 같은 묘한 느낌을 가져 본 적이 서너 번 있었다. … 일시적인 부재(不在)로 생기는 거리를 통하여 나는 그들의 성격 너머를 볼 수 있었고, 인간으로서의 위대함과 아름다움을 들여다 보게 되었다. 그것은 우리가 나누는 사랑의 토대를 형성했다."

여섯째로, 미래를 바라보세요. 누군가를 그리워한다는 생각은 기대를 불러일으킵니다. 여러분은 자연적으로 다음에 함께 만날 때를 계획하기 시작하지요. 그 계획을 구체화하세요. 여러분의 시간을 의미 있게 만드세요. 무엇을 할 것인지 또 어디를 갈 것인지 계획을 짜되, 너무 빡빡하게 짜지는 마세요. 여러분의 시간을 자연스럽게 넓혀 가세요.

여러분의 이별이 길어질 것 같으면, 일어날 수 있는 불가피한 변화들을 예견하세요. 삶은 고정되어 있는 게 아닙니다. 떨어져 있는 동안, 여러분은 저마다 크고 작은 변화의 소용돌이 속에서 여러분을 여러분답게 만들 새로운 경험들을 하게 될 것입니다. 준비하세요—모든 것이 똑같을 것이라고 기대하지 마세요. 변화에 적응하세요. 변화는 성장을 가리킵니다. 예견되고 존중된다면, 이러한 변화들은 여러분의 관계를 풍요롭게 하고 여러분을 더 가깝게 만들 것입니다. 참고 견디세요. 여러분이 관심을 기울이기에, 다시 되풀이하여 서로 나눌 것도 많을 것입니다.

"내가 내 초소에 버티고 서서 기다려 보리라 ….

네가 본 일은 때가 되면 이루어진다.

끝날은 반드시 찾아온다.

쉬 오지 않더라도 기다려라.

기어이 오고야 만다."(하박국 2장 1~3절)

깊어 가는 마음

"형태는 종종 몇 달씩 배를 타고 순항을 하는 젊은 해군 장교였
다. 다음은 그의 아내의 말이다 : '형태 씨를 지독히 그리워하다 보
니, 비록 그것 때문에 상처를 입긴 하지만, 그가 돌아올 때면 언제
든지 새로운 차원의 관계로 발전되곤 합니다. 떨어져 지내면서 우리
는 우리의 관계가 얼마나 튼튼한지를 보고 느끼게 되며, 우리가 서
로 안에서 얼마나 끔찍이 사랑하고 있는지를 정말로 알게 됩니다.
그것은 서로에 대한 우리의 믿음과 책임을 새롭게 하는 기회를 갖
다 주지요.'"

나는 이 젊은 아내의 말이 사실이라는 것을 입증할 수 있습니
다. 제3사관학교에서 3개월 훈련을 마치고 집에 와서 아내를 만
났을 때, 서로에 대한 감정은 우리 스스로를 뛰어넘는 것 같은
영적 책임을 느끼게 했습니다. 서로를 고통스레 그리워했던 경
험을 통하여 우리는 서로를 돌볼 수 있는 우리의 깊은 능력을
깨닫게 되었습니다. 우리와 타인에게, 돌봄의 투자와 이별의 고
통은 우리가 그 길을 따라 발견하는 것에 비하면 아주 작은 것
입니다.

여러분의 이별을 이러한 관점에서 보도록 노력하세요. 여러분
자신이, 사랑하는 사람과의 관계의 튼튼함에 대하여 무엇을 발
견할 수 있는지 놀라게 될 것입니다.

6. 이방인
– 소외의 치유

"막내인 저는, 언니나 오빠보다 공부를 잘해, 항상 엄마 아빠에게 칭찬을 받았죠. 그래서 형제들과 저는 보이지 않는 두터운 벽을 쌓아 놓고 지낸답니다. 어쩌다 형제들과 말다툼이라도 하면, 형제들은 언제나 '그래, 넌 공부도 잘하고, 네 위엔 좋은 배경(부모님)이 있으니 좋겠다. 어떻게 너하고 우리하고 같겠니?' 하면서 저를 비난하곤 합니다. 고등학교에 와서도 여전히 그래요. 제가 이름 있는 고등학교에 다닌다며, '네가 제일이야, 너만 잘났어! 우리같이 거지 같은 학교에 다니는 애들하고 상대가 되니?' 항상 이런 식이에요. 전이럴 땐 너무 참을 수 없어 울거나 언니 오빠들에게 대들죠. 그럼 혼나는 것은 늘 저구요. 부모님은 필요 이상으로 절 속박하시죠. 어쩌다 공부하고 다른 책을 읽고 있으면, '그게 공부냐? 그게 밥 먹여 주냐? ….' 도대체 이해할 수가 없어요. 전 부모님과 말하기도 싫어요. 우선 부모님과 이야기를 하면, 항상 내 머리를 조이는 말만 해요. '우리 막내는 서울대 수석이야!' 이저쿵 저러쿵, 나사로 내 머리를 마구 조여 오고 있어요. 이런 말을 형제들이 들으면, 또 그 말이 꼬투리가 되어 말다툼 할 때마다 나와요. 그래서 전 외톨이가 되죠. 외톨이가 싫어 형제들에게 접근하면 싫다는 내색을 하고 대화에 끼워 주지를 않아요. 그럼 전 그냥 포기해 버려요.

언제나 그래요. 가까이 가고 싶어도 그럴 수가 없어요. 언니 오빠 들은 서로 이해해 가면서 자기의 비밀을 다 말해요. 하지만 저에게 는 말해 주지 않아요. 어쩌다 형제들 앨범이나 노트에서 그것을 알 아 그런 얘기가 나올 때 내가 끼어 들면, 표현은 않지만 싫어 한다 는 것을 느낄 수 있어요. 그러면서 더 감추고들 해요. 이제 가족들 하곤 마주 대하기조차 싫어요. 그래서 나 혼자 틀어박혀 있으면, 엉 뚱한 구실을 붙여 저를 병신 만들어 버리곤 합니다.

전 어쩌면 좋아요? 가족들이 진짜 내 가족 같지가 않아요. 난 이 집의 이방인 같아요. 아니, 이방인이에요. 너무 지겨워요. 웃고 떠들 고 하기도 싫어요. 다 미워요. 이해하기가 너무 힘들어요. 나도 가 족들을 사랑할 수 있고, 또 형제들과 즐겁게 놀 수 있는 권리가 있 잖아요. 하지만 그걸 인정해 주지 않고, 아무도 함께 어울려 주지 않아요. 왜 그럴까요, 왜? 왜? … 난 형제들보다 잘난 것도 없고 못 난 것도 없고, 형제들과 똑같은데…. 왜 나를 외톨이로 만드는지 이 해하기가 어려워요. 이해할 수가 없어요. 전 가출도 생각해 봤고, 깡패도 되려고도 생각해 봤어요. 하지만 도저히 그럴 수가 없었어 요. 그것은 내 자신이 용납하질 않거든요. 요즘은 한숨이 나오고 마 음이 답답하고 괴로워요."

영혼의 어두운 밤

가슴 아픈 사연이 아닐 수 없습니다. 〈십대들의 쪽지〉에 나오 는 이야기인데, 단란하고 화목해야 할 가족 관계에서도 소외의 그림자가 드리워져 있다는 사실은 가히 충격적입니다. 그러나 그것이 바로 우리 이웃, 아니 우리 가정의 모습일 수도 있습니다.

언젠가 〈동물의 왕국〉 퀴즈 프로그램을 보면서, 침팬지 사회에도 소외의 문제가 있음을 알 수 있었습니다. 밀림에서 서열 1위인 인터로키가 자기 자리를 넘보는 서열 2위 쿨란데일의 도전을 물리치기 위하여 사냥감을 시케나 사바나 리쿠자 같은 딴 동료들에게는 나눠 주면서도 쿨란데일은 얼씬도 못하게 하고 완전히 따돌려 버리는 것을 보았지요. 정글의 세계에서도 소외는 참으로 비참한 현실이었습니다.

동물도 그러한데, 인간 사회야 오죽하겠습니까? 인간은 누구나 소외의 고통을 겪습니다. 소외는 인간이 반드시 처하게 되는 하나의 상황으로서, 나이·성·인종·문화·사회 경제적인 수준·역사상의 시기 등, 그 어느 부분에서도 예외가 없이 찾아 오지요. 소외는 인간에게서 참 치료되기 어려운 부분입니다. 보비 커닝햄에 따르면, 인간으로서 우리는 소외의 고통에서 적당히 버텨 나갈 수 있는 정교한 방어 기제와 방법들을 개발합니다. 하지만, 소외는 늘 내면에 잠재되어 있으면서 언제든지 그 모습을 드러내며, 우리의 개인적·관계적·영성적 삶의 중심 상태를 잠식할 준비가 되어 있습니다.

롤로 메이도 암시하듯이, 현대인의 분노와 절망에는 두 가지 주요한 원인이 있는데, 그것이 바로 존재의 의미 상실과 외부 세계의 상실이지요. 틸리히라는 신학자는 죄(罪)의 본질을 설명하면서 이러한 소외 개념을 적용하였는데, 이것은 인간 존재의 상하고 깨어진 일면을 나타내는 것입니다. 죄에 대한 그리스도교적 이해는 특정 행위나 행동에 관한 정의를 넘어서서, 인간 존재의 상태 곧 소외 상태라고 이해합니다. 마찬가지로 존 매커리도 소외를 존재, 특히 개인 저마다와 타인들과의 관계를 맺어 가려고 애쓰는 인간 실존의 '장애 상태'라고 간주하였지요. 틸리히처럼, 그도 가장 심각한 소외는 하나님과 분리되는 것이라고 말합니다.

요즈음에는 소외에 대한 시각이 점차 세상과 자연에 대한 인간의 관계 측면에까지 강조되고 있습니다. 판넨베르그가 지적하듯이, 자기-소외와 동시에 일어나는 하나님으로부터의 소외는 자연 세계로부터의 소외와 인간 사회로부터의 소외를 고려함으로써 보완되어야 합니다. 인간 소외의 경험은 언제나 버림받은 듯한 느낌을 동반합니다. 소외를 느낀다는 것은 소중하고 사랑하며 필요하다고 여기는 그 누군가에게서 또는 그 무엇으로부터 분리됨을 느낀다는 것입니다. 그리고 버림받음을 느낀다는 것은 조화롭고 화목하며 친근하게 느꼈던 그 무엇인가로부터 뿌리 뽑힌 듯한 느낌을 갖는다는 것을 뜻하지요. 이런 깨어짐과 분리됨과 뿌리 뽑힌 듯한 감정은 일종의 버림받음의 결과로서 가장 자주 경험되는 감정입니다. 버림받는다는 것은 고아가 된 느낌, 밖에 내버려진 느낌, 그리고 뒤처진 느낌을 뜻합니다.

에덴 동산의 이야기가 그런 사실을 잘 대변해 줍니다. 아담과 이브의 타락, 그에 따른 추방, 이것은 모든 인간의 이야기이며, 모든 인간이 져야 할 짐이며, 처해 있는 상태입니다. 심리학자들은 그것을 모체로부터의 분리, 또는 분리와 개별화 과정, 또는 자기-대상의 내면화라고 설명하지요. 영성의 대가들은 이것을 영혼의 어두운 밤이나 절망의 수렁으로의 모험이라고 예리하게 묘사하기도 합니다.

인간은 본질적으로 공감받고 싶어하는 욕구에서 벗어날 수 없으며, 자신들이 기대어 의지하면서 사는 이들에게 공감받지 못할 때에는 깊은 상처를 받는 취약성을 갖고 있습니다. 유아가 부모와의 관계에서 공감받지 못해 생기기 시작한 감정의 틈이 바로 소외와 버림받음을 경험하는 시발점이 되지요.

코핫은 자기-대상 관계로서 부모와 유아 사이의 중요한 공감적 관계를 언급했습니다. 자기-대상 관계란 유아를 돌보아 주고 달래 주며 정서적으로 안정되게 보살펴 주는 등 유아 스스로 할 수 없는 심리적 역할을 제공해 주는 타인 곧 자기-대상에게 의존하는 관계입니다. 본디 이 자기-대상(self-object)이라는 말은 대상관계 이론에서 사용하는 용어로서, 유아의 거울 역할을 해 주는 주요 대상을 의미하며, 주로 부모가 그 역할을 떠맡습니다. 유아는 자기의 확장으로서 자기-대상을 경험합니다. 그러므로 유년기에는 부모들이 각 개인의 가장 중요한 자기-대상이 되는 것이지요. 청소년기에는 점점 또래 집단이 중요한 자기-대상이 되어갑니다. 그리고 성인기에는 배우자와 친구들, 직장 동료들을 자기-대상으로 경험하게 될 것입니다.

그러므로 이러한 자기-대상들에게 지속적으로 적절하고 믿을 만한 경험을 하게 되면, 인간은 자신의 내면 세계에 긍정적인 구조를 갖게 되어, 자신이 가치있는 존재라고 생각하게 되지요. 반면에, 이러한 자기-대상들에게서 무관심하고 적대적이고 지나치게 비판적으로 취급받게 되면, 인간은 자신의 내면 세계에 부정적인 구조를 갖게 되고, 수치감과 무가치함과 상처를 느끼게 될 것입니다.

나 홀로 집에

　여러분은 매컬리 컬킨이 나온 영화 〈나 홀로 집에〉를 재미있게 보았을 것입니다. 거리마다 캐롤이 울려 퍼지는 성탄의 시기, 그 때 그 영화를 보며 무엇을 생각했나요? 나는 그 영화를 보면서 무엇인지 모를 감정이 되살아나는 것을 느꼈습니다. 그것은 어두운 옛 기억과 관련된 것이었지요.

　초등학교 때 도벽으로 고생한 것을 말한 바 있습니다. 부모님의 관심권에서 벗어난 나는 뭔가에 홀린 듯 자꾸 동료들에게 먹을 것을 사다 주고, 과수원에서 나는 과일도 따다 주고, 어떤 때는 상장까지 갖다 주기도 했지요. 그들에게 인정받고 싶은 심정에서, 그들 사이에 끼고 싶은 바람에서 그랬던 것 같습니다. “사 주면 받아 먹고, 나중에 와서 말하라”는 것이 선생님의 지시였다는 것을 나중에야 알고서, 무척 서글펐었습니다. 친구들 사이에 끼고 싶은데, 모두가 다 나를 따돌리고 있다는 생각에 괴로워했지요. 믿을 사람이 하나도 없다는 생각이 들기도 했습니다.

　그 날은 아예 금족령이 내려졌습니다. 전 날 아버지가 소중히 여기던 금빛 저금통을 깨서 아이들에게 먹을 것을 잔뜩 사다 준 결과였지요. 전날 오후, 어머니는 학교까지 찾아와서 담임 선생님에게 자초지종을 말씀했고, 급기야는 선생님이 학생들이 다 보는 앞에서 나를 운동장 한 쪽으로 부르더니, 내 손이 문제라며 담뱃불로 지지려고 하였습니다. 어머니는 저 쪽에서 바라만 볼 뿐 아무 말씀도 없었습니다. 창피한 것은 둘째 치고, 너무 외로웠습니다. 왜 내가 이래야 하는지 도무지 알 수가 없었습니다.

　하루 종일 나는 학교에도 못 가고, 집 뒷뜰에서 혼자 공기 놀이를 하고 있었습니다. 여자들이 학교에서, 또는 누나들이 집에서 재미있게 하던 놀이를 남자인 내가 흉내내고 있을 때의 그 기분, 도저히 어떻게 형용할 수가 없었지요. 아무도 없었습니다. 나 홀로 집에 있었습니다. 어머니도, 아버지도, 식구들도, 친구들도, 모두가 나와는 다른 세계에 있는 것 같았습니다. 나만이 홀로 이방인처럼, 모두에게 따돌림을 당하며 이렇게 정상적인 삶을 누리지 못한다는 게 서글펐습니다. 내 모습이 스스로도 너무 처량하게 여겨졌습니다. 나는 왜 이럴까 하는 생각이 물밀듯 파고들었습니다.

"현복아!"

어디선가 나를 찾는 할아버지의 음성이 들렸습니다.

"예?"

나도 모르게 앞뜰 쪽으로 뛰쳐나가 보았습니다. 아무도 보이지 않았습니다. 이상하다 생각하면서도, 나는 다시 뒷뜰로 와서 공기 놀이를 시작했습니다. 그런데 잠시 후, 또 나를 부르는 소리가 들려 왔습니다.

"현복아!"

"누구세요?"

또 앞뜰로 뛰어가 보았지만, 아무도 없었습니다. 외딴 집이라 누가 오면 인기척이 나고 개들이 서로 짖어대며 난리법석을 피우는 법인데, 너무 이상했습니다. 앞뜰엔 바람만이 고요히 지나고 있었습니다.

나는 그 경험이 무엇을 뜻하는지 지금도 잘 알지 못합니다. 어떻게 생각하면, 너무 마음이 공허해서 헛것이 들렸나 생각되기도 하고, 또 어떻게 생각하면, 어린 것이 너무 외롭게 노는 꼴이 불쌍해서 하나님께서 천사를 보내신 것은 아닐까 생각해 보기도 합니다. 그러나 분명한 것은, 그 날을 계기로 나의 도벽이 말끔히 사라졌다는 것입니다. 어찌 보면, 더욱 결정적인 계기는 다음 날 새벽이었습니다. 무슨 소리가 나서 잠을 깼는데, 머리맡에서 어머니가 울고 있었습니다.

"하나님, 아들 하나 바라보고 살아가는데, 이렇게 갈피를 못잡고 방황하니 어찌하면 좋습니까? 아기 때 벽장에서 떨어진 가위에 코를 다쳐 기절을 했을 때, 목숨만 살려 주시면 하나님의 일을 시키겠다고 서원하여 살려 주셨는데, 이렇게 에미 속을 썩히니 차라리 그 때 데려가 버리지 그러셨습니까? 제발 이 아이를 바른 길로 인도해 주십시오."

나는 도저히 어머니의 울부짖는 그 기도를 듣고만 있을 수가 없었습니다. 벌떡 일어나서 어머니 품 속으로 달려들었지요. 그리고 어머니 가슴에 안겨 마냥 울었습니다. 그 때 생각에 어머니의 가슴이 어쩌면 그렇게 따뜻한지 놀라웠습니다. 마치 먼 길을 여행하고 돌아온 순례자처럼, 나는 그 품 속에서 그 동안의 지치고 곤한 몸과 마음을 녹일 수 있었습니다. 가정의 따스한 공간, 특히 어머니의 포근한 품을 잃어 버린 채, 친구들 사이에서 그리고 가족들 사이에서 외로움과 소외감에 시달려야 했던 상처들이 한 번에 치유되는 것을 느낄 수 있었습니다.

담아 주는 그릇

동화작가이자 시인인 정채봉이 〈그대 뒷모습〉에서 들려 준 이야기가 있습니다. 서열이라는 군대 친구에 관한 것인데, 그는 논산 훈련소에서 함께 훈련을 받을 때 '고문관'으로 통했다고 합

니다. 느릿느릿 팔자 걸음을 걷던 서열이, 조교들한테 눈알이 돈다고 그렇게 혼이 나고서도 씨익 암소처럼 웃던 서열이, 그 서열이 하나로 해서 소대원들이 단체 기합을 밥먹듯 받았나 봅니다. 오죽했으면 훈련이 끝날 즈음, 소대원들 간에 제일 듣기 싫어했던 욕이 "서열이 하고 같은 부대에 배치 받을 놈"이었을까요?

전방 부대로 배속받는 날이었답니다. 트럭 위에 앉아 가면서 보는 산이 왜 그렇게 악산(惡山)으로 보이던지, 게다가 그 날은 진눈깨비까지 날리고 있었습니다. 트럭의 맨 바깥 쪽에 앉아서 한기와 갈증에 덜덜 떨고 있는데, 안쪽에 앉아 있던 서열이가 자기와 바꿔 앉자고 하더라는 거예요. 오줌이 마렵다고 했는데, 자리를 바꿔 앉고서도 그는 앞단추를 끄르거나 어쩌거나 할 기미를 보이지 않는 걸 보고, 갑자기 가슴 저 안쪽이 더워지는 것을 느꼈답니다.

그 다음 날부터 정채봉 시인은 서열이와 잠자리를 함께했는데, 한 매트리스 위에 담요를 같이 펴고 아침이면 담요 양쪽 귀를 서로 나눠잡고 개키면서, 사단 보충대에서 연대 대기병 속으로 흘러들어 갔습니다. 대기병 생활을 하는 동안 누구는 사역으로 뽑혀 갈까 봐 PX 막사나 군종과 근처를 어슬렁거렸는데, 서열이는 자진해서 취사 사역을 나다니곤 했답니다. 놀면 더 춥고 더 배고프다는 것이었지요. 서열이는 취사장에서 일을 마치고 돌아올 때면 담요 속에서 몰래 누룽지를 건네 주기도 했다나요. 그 후, 운좋게 서열이와 대대와 중대까지 같은 곳에 배치를 받고서, 땅굴이 맨 먼저 발견되었다는 고랑포에서 졸병 생활을 시작했답니다.

그런데, 봄에는 산골 안개가 짙고, 여름에는 소나기가 자주 지나가고, 가을이 짧고 겨울이 긴 어느 날 밤이었답니다. 이쪽 저쪽 총소리가 콩 볶듯 일어나고 조명탄 불빛이 꽃수처럼 퍼져 나가더라는 거예요. 잠복 나간 수색조와 침투해 들어온 저들 사이에 총격전이 벌어진 것이었습니다. 정채봉 시인은 아마 그 때 중대 본부에서 일직 근무를 서고 있었나 본데, 은근히 걱정이 되는 게 잠복 나간 수색조에 끼어 있는 서열이 때문이었답니다.

아뿔싸, 걱정하던 대로, 상황이 끝나고 철수하는 대원들 가운데 서열이 얼굴이 없더라는 거예요. 인솔한 소대장 말로는 철수할 때까지 틀림없이 서열이가 있었다는데, 먼동이 틀 때까지도 나타나지 않았답니다. 얼마나 놀랐겠어요? 철책에 있어 본 나에게는 충분히 상상이 갑니다.

그런데, 어이없게도 연대장, 대대장, 중대장 할 것 없이 안절부절하고 있던 차에 땀에다 흙에다 뭐에다 흠뻑 젖은 서열이가 그 몰골을 철책가에 드러내더라는 거예요, 참. 화가 머리끝까지 솟은 중대장이 서열이를 불러서 다그치지 않았겠어요? 헌데, 글쎄, 머뭇거리던 그가 차렷 자세로 더듬더듬 털어놓은 내용은 가관이었답니다. 철수할 때 얼마 만큼 걸어오다 보니 깜박 잊고 온 기관총의 받침대가 생각나더라는 거예요. "그건 논 세 마지기 값이여!" 평소 귀에 못이 박히도록 일러 주던 사수의 말이 떠올라서 그냥 올 수가 없었대나 뭐래나….

그래서 혼자 몰래 남아서 날이 밝기를 기다렸다가 기관총의 받침대를 찾아서 가지고 오는 길이라는 서열이. 그는 그 다음 날 곧바로 열흘짜리 포상 휴가를 받았답니다. 넓적한 얼굴에 코가 풀썩 꺼진 서열이가 휴가를 떠나며 정채봉 시인에게 남긴 말, "열흘 휴가 기간을 너하고 반틈씩 나눠서 가믄 더 조컨는디…."

얼마나 가슴 따뜻한 이야기인지요. 이런 이야기는 예나 지금이나 사람의 마음을 울립니다. 요즘에 왕따니 고문관이니 하는 이야기가 사회적인 문제로 떠오르고 있습니다. 그런데 우리가 지금 주변에 있는 이런 소외된 사람들에게 어떤 자세로 다가가고 있습니까? 그들의 굼뜬 행동과 어눌한 말투를 탓하기 전에, 우리는 왜 그런 이들을 따뜻하게 받아 주지 못하는가를 생각해 봅니다. 대상관계 심리학자인 비온이 말하듯, 우리 집단에서는 서로가 서로를 위하여 따뜻하게 담아 주는 그릇이 필요합니다. 그래야 공동체가 살아납니다. 그래야 소외된 사람들이 없이, 모두가 함께 치유를 경험하고 성장할 수 있지 않겠습니까?

어우러짐의 축제

예수님도 바로 그런 소외된 사람들을 위하여 아픔 마음을 가지신 분입니다. 나그네와 과부와 고아, 몸과 마음이 병들어 신음하는 사람들, 세리와 창녀, 한 떨기 불꽃처럼 힘이 없는 가난한 사람들, 신앙 양심을 지키려는 마음이 깨끗한 사람들, 그들은 모두 당시 소외 계층에 속한 사람들이었습니다. 예수님은 그 소외된 이들과 함께 우셨고, 함께 아파하셨습니다. 오늘 우리가 속한 공동체에서 이렇게 우리 시야 밖에 멀찍이 떨어져 있는 이들이 있다면, 예수님의 뜻을 본받아 그들에게 따뜻한 위로와 용기를 건네 줌이 옳을 것입니다. 너무 우리끼리만 앞서 달리지 말고, 그들의 느린 걸음도 기다려 줄 수 있는 포근한 여유가 그립습니다. 뒤떨어진 그들의 배낭을 동료들이 기다렸다가 같이 매 주는 모습이 눈에 선합니다. 그래서 모두 함께 소외와 절망을 딛고,

생명과 희망을 나눌 수 있었으면 합니다. 여러분이 속한 곳에서
부터 이렇듯 한데 어우러짐의 축제가 일어나기를 고대해 봅니
다.

7. 어느 비오는 날의 오후
- 외로움의 치유

"창 밖에도 안에도 어디에도 저의 마음을 안주할 곳이 없군요. 지금의 제 마음을 누구에게도 털어놓을 수가 없군요. 어떻게 주체할 수가 없습니다. 외로워 보신 적이 있나요? 극심한 외로움과 홀로 있다는 이 느낌이 죽을만치 괴롭도록 제게 밀려옵니다. 너무나 긴 시간 동안 계속 이어져 온 그 고통에 이제 차라리 반항아가 되고 싶습니다. 지금의 제게 가장 필요한 것이 무엇인 줄 아세요? 사랑, 사랑이에요. 지극히 목말라 하고 사랑에 굶주린 제겐, 지금 아무런 의욕도 없습니다. 학교에 안주하지 못하는 마음, 집에선 괜찮지만 학교에서 느끼는 외로움의 고통은 끔찍하리만치 큽니다. 마음을 함께 할 수 있는, 서로 이해할 수 있는 친구가 제겐 없거든요. 하나같이 괜찮다 싶은 애는 그저, 제 친구가 아닌, 대화나 가끔 하는 공적인 동료일 뿐이랍니다. 그리고 다른 친구들은 통 말도 하기 싫을 만큼 답답하고 이해할 수 없는 애들 뿐입니다. 늘 찌푸린 인상에 연방 '아유, 미치겠어!' 그런 말만 하는 애들만이 지금 제 곁에 있습니다. 정이라곤 하나도 없이, 오히려 마음에 부담만 가고 스트레스만 더 쌓입니다.

친구를 사귀기란 너무 힘이 들어요. 지난 일 년간을 혼자 다녔어요. 반의 일원이긴 했지만, 제가 서글프거나 힘들 땐 아무도 주위에 없는 걸 느낄 때 …, 상상할 수도 없을 만큼 괴롭기 그지 없습니다. 처음 몇 달간은 공부만 열심히 하면서 처음의 성적을 유지하며 견뎠어요. 그러나 항상 외롭다는 생각이 가득했어요. 더 이상 참을 수 없는 한계, 그 한계에 달했나 봐요. 제 마음을 남들에게 털어놓을 수 없는 제겐 모두가 차갑게 느껴졌고, 그것이 너무 길어서 이제 모두가 밉게만 느껴집니다. 저의 연약함을 알고 겉으로 강한 척했으나, 더 고립되고 늘 극심한 외로움을 느끼고 있습니다. 지푸라기 하나라도 잡고 싶은 심정으로, 저는 저보다 못한 친구들에게 다가갔어요. 제 속에 있는 것들을 얘기하고 함께 수다라도 떨면 그런 맘이 없어질 줄 알았습니다. 근데 그게 아니었습니다.

2학년이 되고 몇 달 간, 죽음보다 더 무섭고 혹독한 외로움에 거의 매일을 눈물이 바짝 마를 정도로 울었습니다. 누구에게 얘기하면 제 심정을 이해하겠습니까? 너무도 괴로운 어느 날, 엄마가 우는 저를 보시고 속상해 하시며, '도대체 왜 그러니?' 하고 물으셨습니다. 지금처럼 말씀은 못 드렸지만, '혼자인 것 같아서 괴로워!' 하고 간신히 말한 것 같습니다. '그깐 친구들 다 소용없어. 너만 공부 열심히 해서 대학 들어가면 친구 많이 생겨.' '집에 와서 엄마하고 놀자, 응? 공부만 해라!' 엄만 별 이유도 안 되는 터무니 없는 것들로 공부는 않고 저러고 있다고 이해할 수 없다는 심정으로 속상해 하셨습니다. 이런 친구 문제를 엄마가 이해하시길 바란다는 것 자체가 어려운 것이겠지요.

저는 공부하면서 끊임없이 극심한 외로움을 느꼈고, 제 마음을 나눌 친구가 한 사람도 없었으면서도, 남들 눈에 추해 보이지 않기 위해 아무렇지도 않은 듯이 얘기하고 또 침묵 속에 앉아 고립되어야 했습니다. 너무나 혹독한 고립감에 하루 저녁은 교실에서 뛰쳐나와 학교 벤치에 앉아 펑펑 울었습니다.

이 세상에 외로움만큼 무서운 것은 없을 거예요. 도든 의욕과 의미와 목표를 상실하게 해 버리니까요. 이젠 성적은 성적대로 떨어져, 성적도 인간 관계도 주체할 수가 없을 정도예요. 그냥 집에서 혼자 있거나 공부하지 않을 땐 그래도 그 문젤 잊을 수 있지만, 책을 펼치게 되면 늘 학교에서의 자신이 의식되어 미칠 것만 같아요. 부모님이나 제삼자의 입장에서 보면 아무것도 아닌 문제가 제겐 이렇게 뼈저릴 수가 없습니다. 외로움을 느끼지 않고 공부를 열심히 할 방도가 없을까요? 전 어떻게 해야 할까요? 그냥 참고 견디란 말은 하지 마세요. 주체할 수가 없습니다. 타락해 버릴 것만 같아요.

육체의 아픔보다 정신의 아픔이 얼마나 더 고통스러운 것인지…. 허탈하고 괴로운 맘에 흐르는 건 눈물…뿐입니다. 저만이 이렇게 모가 나 버렸을까요? 의지할 곳 없는 흐트러진 심정으로 이 글을 띄워 봅니다. 이해해 주실까요…? 저는 어떻게 해야 다시 일어나게 될까요? 제게 도움 좀 주셔요."

'홀로'와 '함께'의 변증법

인간을 가장 견디기 어렵게 하는 것은 무엇일까요? 햇살이 반짝거리는 거리를 걷고 있다가도, 질펀한 삶의 외침들로 떠들썩한 시장 속에서도, 빨간 촛불이 타들어 가는 카페 안에서도, 그리고 때로는 너와 마주 앉은 자리에서도 가슴에 통증을 느끼게 하며 스쳐가는 아픔은 무엇일까요? 끝없는 광야에 갈기를 접고 긴 목을 빼고 서 있는 말의 형상처럼 그것은 막막한 아픔입니다.

외로움. '너'에게 건네는 언어는 늘 과녁을 떠난 화살처럼 어긋났고, 인간은 늘 외롭습니다. 네가 내 옆에 있음에도 외롭습니다.

외로움이라는 고통스런 경험을 살펴 보는 일은 결코 쉬운 일이 아닙니다. 사람들은 될 수 있으면 외로움을 멀리하고 싶어합니다. 하지만 외로움은 살아가면서 어느 순간에든 누구든지 겪게 되는 경험입니다. 어린 시절에 반 아이들에게 사팔뜨기라고 놀림을 당하거나, 사춘기 시절에 친구들에게 전혀 인기가 없었을 때, 여러분은 외로움을 느꼈을 것입니다. 학교 기숙사나 야영장이나 군대의 내무반에서 집이 그리워졌을 때, 또는 자신의 힘으로 어쩔 수 없었던 부당한 규칙에 분개했을 때, 외로움을 느꼈을 수도 있습니다. 대학을 다니던 젊은 시절에 주위 모든 사람들은 점수에만 연연해 하고 좋은 친구란 눈을 씻고 보아도 없었을 때, 또는 서클에서 아무도 여러분이 내놓은 제안에 관심을 기울이지 않을 때 그런 감정을 느꼈을지 모릅니다. 공들여 준비한 강의에 학생들이 아무런 반응을 나타내지 않았을 때, 또 훌륭한 취지를 담은 설교를 하는데 회중들이 졸고 있을 때, 그런 외로움을 느꼈을 수도 있습니다. 여러분은 현재도 매일 매순간 그런 감정을 느끼고 있는지 모릅니다. 곧 모임을 할 때나, 회의 중에, 상담 중에, 사무실에서 일하는 긴 시간 동안에, 단조로운 노동을 하고 있을 동안에, 또는 따분한 책에서 눈을 떼고 멍하니 다른 곳을 바라보고 있을 때, 그런 외로움이 가슴을 후비고 들어오는 것을 느낄지도 모릅니다.

외로움은 가장 보편적인 인간의 경험 가운데 하나입니다. 전

철 속에서 신문을 펴들고 입을 다물고 있거나 공상 속에 멍하니 딴 데를 쳐다보고 있는 사람들, 낯선 사람에게 말을 걸려는 사람은 아무도 없고 … 불만, 자살, 알코올 중독, 두통, 위통, 아랫등뼈의 통증, 수많은 교통 사고 … 수 차례나 파티를 열고 다정한 회합을 갖고 난 뒤에도 남는 것은 공허와 서글픔, 오히려 안 왔으면 싶을 정도로 외로움만 더 느끼게 되는 모임들, 조건없이 사랑해 줄 사람은 아무도 없으며 자신을 드러내면 낼수록 이용당한다는 느낌, 거절당함과 비아냥거리는 웃음과 버릇없는 말, 툭 쏘아붙이는 말과 차가운 침묵 … 외로움에 사무치게 만드는 사회의 단면들이지요. 가장 친밀한 관계일지라도 경쟁과 겨룸의 일부가 되어 버린 세계에서 살고 있다는 사실을 우리는 점점 더 느끼게 됩니다. 연대성에 입각한 공동체 의식을 이상으로 삼고 있는 문화를 경쟁적인 개인주의와 조화시키려는 이 세계에서, 어린이와 청소년, 성인과 노인 모두가 외로움이라는 이 전염성 강한 질병에 걸릴 가능성이 더 높아 가고 있습니다.

도대체 외로움이란 무엇일까요? 그것은 여러분의 삶과 관계에서 무엇인가를 놓치고 있다는 감정이지요. 그런 것을 친밀함이나 수용이나 이해라고나 할까요. 우리는 모두 때때로 외로움을 느끼지요. 외로움의 영향을 받는 이들은 젊은이, 결혼 적령기에 있는 이, 노인, 결혼한 사람, 독신인 사람, 별거중인 사람, 이혼한 사람, 홀로된 사람, 그 밖의 온갖 윤리적·경제적·교육적 집단들을 들 수 있습니다. 외로움은 파괴적일 수도 있지요. 어떤 사람들은 외로운 감정에 대하여 알코올이나 다른 약물들을 남용함으로써, 난잡한 성생활을 함으로써, 아니면 다른 자기 파괴적인 행위로써 반응하지요.

　홀로 있다는 것과 외로움을 탄다는 것은 같은 게 아니랍니다! 사무실이나 집이나 빈 대기실에 혼자 있을 때, 여러분은 마음을 불안하게 하는 외로움으로 괴로워할 수 있지요. 그러나 그런 때라도 조용히 홀로 있음을 누릴 수 있습니다. 강의를 듣고 있거나 교실에서 가르치고 있을 때, 영화를 보고 있거나 기분좋게 재잘거리고 있을 때, 여러분은 외롭다는 울적한 감정을 느낄 수도 있습니다. 하지만 그 때야말로 홀로 있음의 고요한 중심으로부터 말하고 듣고 봄으로써 깊은 만족을 맛볼 수도 있습니다. 우리 주변에 있는 사람들 가운데 불안한 사람과 평안한 사람, 쫓기며 사는 사람과 자유롭게 사는 사람, 그리고 외로운 사람과 홀로 있음을 누리는 사람을 구별하기란 쉽지 않습니다. 마음 속에 홀로 있음을 누리고 살 때, 우리는 다른 사람들의 말과 다른 사람들의 세계에 주의 깊게 귀를 기울일 수 있습니다. 그러나 외로움에 쫓겨 살 때는, 자신의 갈급한 필요에 즉각적으로 만족을 가져다 줄 수 있는 말이나 사건들만을 고르려고 하는 자신의 모습을 볼 수 있을 것입니다.

　이렇듯, 외로움(loneliness)과 홀로 있음(solitude)은 차이가 있는 것입니다. 그러기에 홀로 있으면서도 외로움을 타지 않을 수 있습니다. 아니면, 사람들에게 둘러싸여 있으면서도 무척 외로워할 수 있습니다. 홀로 있다는 것이 고통스러울 수도 있지요. 어떤 사람들은 홀로 있을 때 불안해 하고 당황스러워하면서, 자신이 무엇을 어떻게 해야 할지 확신이 없습니다. 또 어떤 사람들은 홀로라는 사실을 알고 놀라거나 지레 겁을 먹기도 하지요. 하지만, 평화스러울 수도 있습니다. 또 어떤 사람들은 자신들의 '홀로 있는' 시간이 생산적이고 긍정적이라는 사실을 발견하지요. 그들은 그것을 삶을 반성하고, 감사하며, 사물을 균형있게 보는 데 사용합니다. 많은 사람들은 자신들의 '홀로 있는' 시간을 하나님과 가까이 지내는 데 사용하지요. 하나님께서 늘 우리와 함께 계시기 때문에, 우리는 결코 진정으로 혼자가 아닙니다. 하나님의 끊임없는 사랑을 아는 것이야말로 여러분이 평화를 느끼는 데 중심적인 일이지요. 칼릴 지브란은 〈예언자〉에서 이렇게 노래합니다.

"함께 노래하고 함께 춤추고 함께 즐거워하되 서로 홀로일 수 있게 하라. 마치 수금의 줄이 따로 떨어져 있으나 같은 음악으로 함께 울리듯이 함께 서 있되 너무 가까이 하지는 마라. 성전의 기둥은 따로 떨어져 있으며 떡갈나무와 사이프러스나무는 서로의 그늘 속에서는 자랄 수 없기 때문이니라."

외로움에 관한 몇 가지 공통적인 원인이 있습니다. 첫째는, 슬픔입니다. 죽음으로 한 사람을 잃는 것 때문에―예기된 것이었거나 예기치 못한 것이었거나 간에―보통 외로움의 감정을 느끼게 되지요. 둘째는, 분리입니다. 우리는 육체적으로나 감정적으로 배우자나 친구와 분리될 수 있지요. 셋째는, 실패나 실패에 대한 두려움입니다. 어떤 이들은 사업이나 직업이나 개인이 모험을 해서 세운 기업이 실패함으로써 친구나 존경을 잃을 것이라고 느낍니다. 넷째는, 친구와 공동체의 결여입니다. 잦은 이사나 직업의 변화 때문에 지속적인 관계 형성이 어려워질 수 있지요. 다섯째는, 의사 소통의 결여입니다. 사람들을—친한 사람들까지도—이해하거나 이해받는다는 게 쉽지 않지요. 여섯째는, 다른 문제들입니다. 나이가 들어가고, 직업이 불만족스럽고, 경제적인 문제가 생기는 등 갖가지 위기와 변화 때문에 외로움을 탈 수 있지요.

사람들은 외로움에 대하여 어떻게 반응할까요? 다양한 방법으로 나타날 수 있습니다. 첫째는, 활동하지 않는 것입니다. 어떤 사람들은 자신들에게 유감을 느낀 나머지, 새로운 활동이나 새로운 사람을 만나는 것을 꺼립니다. 그들은 사람들이나 기회들에 접근하는 것을 멈추어 버리지요—그들은 이미 형성되어 있는 관계들마저 끊어 버리려고 할 수도 있어요. 둘째는, 과도한 활동입니다. 어떤 사람들은 자꾸만 일을 만들어 냄으로써 외로움을 회피하려 하지요—그들은 끊임없이 바쁘고 끊임없이 사람들에 둘러싸여 있을 수 있는 일을 꾸며 내지요. 그들은 오랜 시간 일을 하고, 한가한 순간이 생길 때마다 무슨 할 일이 없나 또 계획을 잡곤 하지요. 셋째는, 동기를 부여받습니다. 어떤 이들은 외로움을 영적·정서적 추진력으로 만들지요. 외로움을 통하여, 여러분 자신과, 여러분의 세계와, 여러분 삶 속에서 펼쳐 갈 하나님의 뜻에 부합하기 위하여 다시 새롭게 노력하는 일에 불을 지필 수도 있지요.

성서 시대 이후로, 우리는 줄곧 외로움의 도전을 받아 왔지요. 역사를 들여다 보면, 사람들은 곳곳에서 상황에 따라 외로움이라는 고통을 느껴 왔음을 알 수 있답니다. 성서는 우리에게 많은 예를 제시해 주지요. 여기 몇 가지 예를 보여 드립니다.

"주님, 저를 돌아다 보시고, 저에게 은혜를 베풀어 주십시오. 저는 외롭고 괴롭습니다. 원수가 제 마음에 고통을 더하니, 저를 이 아픔에서 건져 주십시오. 주님, 제 기도를 들어 주시고, 제 부르짖음이 주님에게 이르게 해 주십시오. 제가 고난을 받을 때에, 주님의 얼굴을 숨기지 마십시오 … 제가 누워서, 잠 못 이루는 것이, 마치 지붕 위의 외로운 새 한 마리와도 같습니다 … 제 사는 날이 기울어지는 그림자 같으며, 말라 가는 풀과 같습니다."(시편 25편 16~17절 :102편 1~11절)

또 마리아와 마르다는 오라비 나사로의 죽음으로 심각한 슬픔과 외로움에 빠졌지요(요한복음 11장 20~32절). 하나님의 말씀이 육신이 되었을 때, 예수님도 모든 인간이 느끼는 그런 외로움을 느끼셨어요. 이 땅에서 마지막 날들을 보내시면서, 예수님의 고난은 더 강렬해졌지요. 예수님은 배반을 당해 잡히시기 직전, "두려워하며 괴로워하셨지요." 그분은 동산으로 올라가 기도하실 때, 세 명의 제자에게 이런 말씀을 남기셨습니다 : "내 마음이 괴로워 죽을 지경이다. 너희는 여기에 머물며 깨어 있어라."(마가복음 14장 33~38절) 십자가 위에서 가장 고통스러운 순간에는, 예수님은 이렇게 부르짖으셨습니다 : "나의 하나님, 나의 하나님, 어찌하여 나를 버리시나이까?"(마가복음 15: 34)

오늘 사람들은 성서에 나오는 사람들이 느꼈던 것 가운데 몇 가지 똑같은 이유로 외로움을 타고 있지요. 종종, 우리의 경쟁적이고 빨리빨리 병에 걸린 세계 때문에, 우리의 외로움이 가중되기도 하지요. 그러므로, 홀로 그리고 타인과의 관계에서 평화를 발견할 수 있는 길을 배우는 것이 꼭 필요합니다.

외로움을 통하여 여러분은 성장하고 배울 수도 있습니다. 여러분은 외로울 때마다 오히려 고무되어, 여러분과 하나님과의 관계를 확장하고 심화할 수 있습니다. 하나님은 위로와 개인적인 평화의 참된 근원이시지요. 만일 여러분이 하나님께 인도받기를 바라는 맘으로 나아오면, 영적 성장으로 나아가는 길이 열릴 것입니다. 또 여러분 자신을 사랑하는 법을 배움으로써 타인을 사랑할 수 있습니다. 홀로 있는 시간을 받아들이고 즐긴다는 것은 여러분 자신에게서, 여러분의 능력에 대해서, 하나님과 세상에 대한 여러분의 관계에서 편안함을 느낀다는 것을 뜻하지요. 만일 여러분이 자신을 사랑하고 받아들이는 법을 배운다면, 타인에게 자신을 더욱 잘 내어줄 수 있지요.

그리고 내적 자원을 발견할 수도 있습니다. 외로움을 극복하는 것은 하나님께서 여러분에게 선물로 주신 재능과 강점을 사용하는 것을 뜻하지요. 여러분이 삶을 향상시키려 애쓸 때, 하나님께서 주신 독특한 능력을 훨씬 더 많이 발견하여 사용할 수 있지요. 저마다 발견해서 사용해야 할 기술들이 있는 거예요. 나아가, 관계를 위한 실제적인 기대를 형성할 수도 있습니다. 자기 자신을 좀더 잘 안다는 것은 여러분과 타인과의 관계에서 참된 가능성-그리고 한계-을 받아들인다는 거예요. 무엇보다도 먼저, 여러분과 하나님과의 개인적인 관계가 평화로운 삶의 중추적인 부분이지요. 개인으로서 여러분의 평화는 다른 사람의 책

임이 아닙니다. 시인 이해인 수녀에게는 누군가의 기침 소리가
들리나 봅니다.

누군가 내 안에서
기침을 하고 있다.
겨울나무처럼 쓸쓸하고
정직한 한 사람이 서 있다.

그는 목 쉰 채로
나를 부르지만
나는 선뜻 대답을 못해
하늘만 보는 막막함이여.

내가 그를
외롭게 한 것일까.
그가 나를 아프게 한 것일까.

겸허한 그 사람은
내 안에서
기침을 계속하고

나는 더욱 할 말이 없어지는
막막함이여.

외로움을 통한 성장의 몇 가지 단계가 있습니다. 여러분은 외

로움을 여러분의 삶에 긍정적인 영향을 끼치는 것으로 사용할 수 있지요. 첫째, 외로움을 받아들이고, 그것으로부터 '도망'치려고 하지 마세요. 여러분이 한가한 시간이 날 때마다 뭐 또 할 일이 없나 살피거나, 혼자일 때 만날 친구가 없나 찾고 있다면, 여러분이 외로움을 회피하려 하고 있다는 징후이지요. 끊임없이 일에 매달린다고 해서 외로움을 치유할 수는 없답니다. 그것은 외로움을 더욱 심화시킬 수도 있지요. 기억하세요. 평화로운 마음을 지닐 수 있는 비결은 여러분의 내적 감정이 외부 활동을 지향하지 않는 데 있습니다.

둘째, 여러분 자신에게 정직하세요. 여러분의 강점과 약점을 인정하세요. 예컨대, 여러분이 다른 사람들과 관계 맺는 방법을 곰곰이 생각해 보세요. 여러분은 남의 이야기를 잘 들어 주는 쪽입니까? 큰 소리로 말하거나 도중에 말을 가로막음으로써 사람들을 통제하고 있는 것은 아닙니까? 집단에 갓 들어 온 새로운 사람들, 예컨대 군대의 신병이나 대학 또는 직장의 새내기 들에게 잘 다가가는 쪽입니까? 다른 사람의 의견을 존중합니까? 여러분의 실제적인 상을 그려 보는 것은 여러분 자신을 받아들이는 데 그리고 평화를 발견하는 데 중요합니다.

셋째, 죄와 불안전함에 대한 하니님의 용서를 받아들이세요. 하나님께서 용서를 통하여 주시는 평화를 받아들이세요. 예를 들면, 여러분이 실수를 저질렀을 때, 그것을 인정하세요. 하나님께와 사람들에게 도움과 용서를 구하세요. 하나님의 약속을 받아들이고 죄를 멀리하면서, 과거보다는 미래를 바라보세요. "우리가 죄가 없다고 말하면, 우리는 스스로를 속이는 것이요 … 우리가 우리의 죄를 자백하면, 하나님은 우리의 죄를 용서해 주시

고, 모든 불의에서 우리를 깨끗하게 해 주실 것입니다."(요한1서 1장 8~9절)

넷째, 여러분의 목적과 노력에 대하여 융통성을 지니세요. 하나님께서 여러분을 받아들이시듯이, 여러분 자신을 받아들이세요. 하나님께서는 여러분의 능력 이상의 것을 기대하지 않으십니다. 이를테면, 여러분은 성경공부 집단을 인도하는 것보다 아픈 이들을 위로하는 일을 더 잘할 수 있습니다ー또는 그 반대일 수도 있지요. 실수를 통하여 배우고 다시 시도하세요!

외로움을 통하여 성장할 수 있는 길이 몇 가지 더 있지요. 먼저, 타인에게 가까이 다가가는 것입니다. 타인에게 다가가서 여러분을 내어 주는 것을 통하여, 열린 마음과 세상에 대한 끊임없는 참여를 보장받게 되지요. 예컨대, 병원이나 장애인을 돕는 특수 기관에서 자원 봉사를 하는 것은 타인을 섬기는 훌륭한 일이 될 수 있지요. 동시에, 그런 일을 통하여 여러분 자신의 문제를 균형 있게 보게 되기도 하고, 사람들과의 적극적인 접촉을 통하여 여러분의 자아상을 향상시킬 수도 있지요. 예수님은 "섬김을 받으러 오신 것이 아니라 섬기러"(마태복음 20장 28절) 오셨습니다.

둘째로, 여러분 삶의 모든 면에서 행동을 취하는 것입니다. 여러분의 능력과 신앙을 가정에서, 학교에서, 직장에서, 군대에서ー여러분이 지금 속해 있는 공동체 어디에서든지ー행동으로 옮기세요. 예를 들면, 여러분의 동료들과의 의사소통을 제한하거나 한 가지 주제로 대화를 못박지 마세요. 그것이 스포츠든, 텔레비전이든, 아니면 사업이나 업무 이야기든 상관없습니다. 기회가 생기면, 새로운 방법으로, 새로운 사람들과 함께, 여러분의 생각과 여러분 자신을 나누세요. "적게 심는 사람은 적게 거두고, 많이 심는 사람은 많이 거둡니다."(고린도후서 9장 6절)

셋째로, 우정을 맺고 유지하는 것입니다. 좋은 친구가 되는 데는 시간, 정력, 이해심 따위의 아주 많은 요소들이 필요하지요. 다른 이들이 여러분이 즐기고 있는 활동에 참여할 수 있도록 초대하세요. 대화를 나누어야 할 필요가 있는 사람을 알고 있거든 시간을 만들어 보세요. 여러분은 상대방에게서 여러분이 생각하고 있는 것보다 더 많은 공통점이 있음을 알 수도 있을 것입니다. 단, 여러분이 그런 사실을 발견할 기회를 스스로 마련한다면 말이지요.

넷째로, 홀로 있는 시간을 계획하는 일입니다. 여러분의 삶을 평가할 시간—영감, 영적 지도, 영적 안식, 기도, 반성, 묵상을 위한 시간—을 만들어 보세요. 날마다—단 몇 분이라도—홀로 있는 시간을 일부러 만들어 보세요. 정기적으로—매주 또는 격주로—더 오랜 시간을 계획해 보세요. 여러분은 홀로 있는 시간을 회피하는 대신, 그 시간이 얼마나 보배로운가를 알게 될 것입니다.

다섯째로, 도움을 구하는 일입니다. 다른 사람들이 여러분의 외로움을 치유할 수 없다고 할지라도, 그들의 도움과 후원을 통하여 큰 차이를 맛볼 수 있지요. 교회 지도자나, 후원 집단이나, 공동체 대표들을 만나서, 그들의 제안을 들어 보세요.

하나님을 섬기는 공동체에 참여하는 일을 통하여 다른 사람들과 어울리세요. 첫째는, 예배입니다. 신앙 공동체 안에서 다른

사람들과 하나님의 사랑을 찬미하세요. 둘째는, 성경 공부입니다. 세상에서 여러분이 처한 삶의 자리와 그리스도인으로서 여러분이 지니고 있는 기회를 좀더 잘 이해해 보도록 노력하세요. 신앙의 성장은 개인의 성장과 비례합니다. 셋째는, 소집단 활동입니다. 교회의 소집단에 참여함으로써, 생산적인 활동에 집중하는 데 도움을 받을 수도 있고—여러분과 같은 관심사를 지니고 있는 타인들과 친구 관계를 맺는 데 도움을 받을 수도 있지요. 넷째는, 개인적인 접촉입니다. 교회의 온갖 활동 속에서 여러분 주변에 있는 타인들에게 가까이 다가가세요. 교회를 일시 방문한 이들이나 새신자들을 여러분이 환영받고자 하는 대로 기꺼이 맞아들이세요. 다섯째는, 자녀들이 친밀한 관계의 기쁨을 나누는 것을 도와 주세요. 그들이 자신들의 믿음을—그리고 자신들을—타인들과 나누는 데 좋은 본보기가 되어 주세요.

결국, 외로움을 통하여 여러분 자신과 평화로울 수 있도록 노력하세요. 무엇보다도 먼저, 외로움은 때때로 모든 이에게 닥쳐오는 삶의 한 요소라는 사실을 받아들이세요. 여러분 자신과 여러분의 감정을 이해하세요. 여러분과 하나님과의 관계를 넓혀 가세요. 여러분 주변에 있는 이들에게 가까이 다가가세요. 예수님이 이렇게 말씀하셨습니다:"아버지께서 나와 함께 계시니, 나는 혼자 있는 것이 아니다."(요한복음 16장 32절)

넌 혼자가 아니야

낙엽 지는 가을, 어느 비 오는 날 오후, 왠지 마음이 쓸쓸해집니다. 지금까지 살아온 인생이 허망하게 느껴지기도 합니다. 무엇 하나 부여잡은 것 없이, 허공에다 손짓만 일삼은 것 같은 이 계절에, 우리 인생은 외로움을 느낍니다. 마음을 깊이 주고받을 수 있는 사람도 없고 아무도 관심 가져 주는 이 없을 때, 아끼고 사랑하던 대상이 떠나 버렸을 때, 그 외로움은 뼈 속까지 파고듭니다. 한 이불 속에서 잠을 자면서도 마음이 통하지 않고 이상이 맞지 않고 대화가 통하지 않으면, 부부라도 외롭기는 마찬가지입니다. 젊은이들만 중시하는 사회 풍조 때문에 노인들은 노인들대로 외로워하고, 기성 세대에게서 소외당하는 기분 때문에 젊은이들은 젊은이들대로 외로워 안달입니다. 인간은 온통 외로움을 앓는 존재요, 이 세상은 외로움의 열병(熱病)으로 하늘마저 구멍나 버렸습니다. 이러한 때 주님은 어디에 계시는 것일까요? 누군가 여러분을 위해 기도하는 소리가 들리지 않습니까?

당신이 외로이 홀로 남았을 때
당신은 누구에게 위로를 얻나.
주님은 아시네. 당신의 마음을
그대 홀로 있지 못함을.
조용히 그대 위해 누군가 기도하네.
네가 홀로 외로워서 마음이 무너질 때
누군가 널 위해 기도하네.

어떤 젊은이가 매우 어려운 시련을 맞이했습니다. 사귀던 연인과 헤어진 뒤, 생활에 적응이 잘 안 되고, 책을 보아도 머리에 안 들어오고, 사람들 사이에서도 관계가 안 좋아지고, 하는 일마다 실수 투성이었습니다. 모두가 자기를 외면하는 것 같고, 스스로도 자신이 맘에 안 들었습니다. 그야말로 자기는 외딴 섬이었습니다. 그러다 어느 날 꿈을 꾸었습니다. 해변가에 두 발자국이 나 있는 모습이었습니다. 그는 당황했습니다. 지난 번 자신이 행복했을 때도 같은 꿈을 꾸었는데, 그 때는 분명 네 발자국이었고, 스스로 생각에 두 발자국은 내 것이고, 다른 두 발자국은 자신과 동행하시는 하나님의 것이라고 확신했었지요. 그런데 이번엔 두 발자국뿐이라니, 그는 하나님이 원망스러웠습니다. '내가 행복할 땐 늘 같이 계시더니, 내가 좀 힘들다고 하나님마저 날 버리시는가?' 그가 고민과 실의에 빠져 있을 때, 하나님의 음성이 들려왔습니다. "아들아, 그 두 개의 발자국은 네 것이 아니다. 그것은 내 발자국이란다. 네가 하도 힘들어 하길래, 쓰러질까 봐 내가 너를 업고 가는 중이란다. 지금 넌 혼자가 아니란다!"

8. 초대받지 않은 손님
- 우울증의 치유

"내 몸의 상처가 곪아터져 악취를 내니, 이 모두가 나의 어리석음 때문입니다. 더 떨어질 데 없이 무너져 내린 이 몸, 온종일 슬픔에 잠겨 있습니다. 허리에 열기가 가득하니, 이 몸에 성한 데라고는 하나도 없습니다. 이 몸이 이토록 쇠약하여 이지러졌기에, 가슴이 미어지도록 신음하며 부르짖습니다."

이것은 구약성서의 시편에 나오는 탄식인데, 가만히 듣고 있노라면, 그 우울의 깊이를 헤아릴 수 있을 법합니다. 상처가 어찌나 오래됐던지 썩어 악취가 날 정도로, 시인은 슬픔의 골짜기를 마냥 헤매고 있습니다. 그 상처는 육체의 상처를 넘어서, 심혼에 깊게 패여진 상처임을 미루어 짐작할 수 있습니다. 성경을 보면, 우울을 경험했던 이들이 많습니다. 모세, 다윗, 사울, 아히도벨, 엘리야, 바울, 엘리 등이 그렇습니다. 우울증은 결코 남의 이야기가 아닙니다. 아마 현대인의 마음을 멍들게 하는 가장 무서운 병인지도 모릅니다.

뻥 뚫린 마음의 공허

최인호의 〈작은 마음의 눈으로 사랑하라〉에는 이런 글이 있습니다. 몇 년 전부터 일 년에 몇 차례씩 파도처럼 우울증이 찾아오곤 하는데, 특히 한여름철에는 이 증상이 심해져서 연중 행사 같은 손님이 반갑지 않게 다가오곤 한다는 것입니다.

"우울증이 다가오면 완전히 딴사람처럼 되어 버려 내 마음 하나를 주체하지 못해서 쩔쩔매곤 한다. 사람 만나기가 싫어지고 일에 대한 의욕이 사라진다. 잠이 제대로 오지 않고 침울해지곤 한다. 침울하면 자연 말수가 적어지고 표정이 어두워지는데, 이상하게도 이럴 때는 기도도 제대로 되지 않는다. 기도를 열심히 하면 우울증이 사라질 것을 분명히 알고 있으면서도, 기도하고 싶은 마음이 사라져 버린다. 마음은 불 꺼진 난로처럼 싸늘하게 식어 버린다.

제일 큰 피해자들은 물론 가족들이다. 내가 침울한 표정으로 누워 있으면 온 집안에 먹구름이 깔린다. 우울증도 전염되는지 온 집안이 생기를 잃어 버린다. 참으로 미안하지만 그렇다고 일부러 명랑한 체 떠벌릴 수도 없고, 그러지 않아도 살기 힘든 이 인생살이에서 아내에게, 딸에게, 아들녀석에게 이른바 아비라는 존재가 밝은 희망을 주는 존재가 되지 못하고, 어두운 절망감을 전염시키는 바이러스적 병원균이 되어 버리는 것 같아 미안해서 견딜 수가 없다.

우울증이 찾아 오면 자연 술을 찾게 된다. 나는 위스키와 같은 독주를 좋아하는 편이어서 머리맡에 위스키 병을 놓고 지낸다. 잠잘 때면 서너 잔 마시고서 잠이 들곤 했는데, 이것도 버릇이 되는지 술기운이 없으면 쉽게 잠이 들지 못한다. 아이들은 내게 알코올 중독이 된다고 아우성이지만, 그 정도로 알코올에 탐닉하는 편은 아니니까 걱정하지 말라고 하면서도 자꾸 술을 의지하게 된다.

아침에 일어나면 하루가 막막하다. 하루하루가 건너지 못할 사막처럼 느껴진다.”

우울증은 보는 관점에 따라 다양하게 정의될 수 있습니다. 일반적으로 우울할 때 심신의 상태를 살펴 보면, 육체의 신진 대사와 몸의 상태, 곧 근육이나 침샘의 활동까지도 우울증의 영향을 받습니다. 우울증이 말이나 운동 신경에만 국한된 것은 아니지요. 우울이란 슬프고 실망된 기분입니다. 여기에 불쾌한 감정, 피로감, 무력감, 흥미 및 의욕 상실, 정신 활동 및 일반 활동력의 감퇴, 자책감, 허무감, 자포 자기와 갈등이 포함됩니다. 나아가 피해 망상과 비관적 망상, 자살 기도 등이 포함될 수 있습니다. 우울증이란 이러한 증상들 때문에 정상적인 생활을 영위할 수 없는 상태를 말하지요.

우울증은 인간의 정신, 영의 모든 부분에 영향을 미치는 파괴적인 병입니다. 우울증으로 인한 고통은 다리가 부러졌을 때 경험하는 육체적 고통보다 더욱 쓰라립니다. 하지만 다리가 부러졌을 때와는 달리 우울증으로 인한 고통은 아주 서서히 나타나지요. 수많은 사람들이 육체의 아픔보다 우울증이 더 고통스럽다는 것을 깨닫지 못한 채, 우울증 때문에 수많은 고통에 시달리고 있습니다. 우울증은 한 마디로 정의내리기 어려운 단어입니다. 사람들은 우울증을 감정의 미묘한 흔들림에서 정신병에 이르는 행동의 스펙트럼으로 간주합니다. 우울증은 하나의 증상이자 질병이며, 또한 반작용입니다. 그것은 무엇인가가 잘못되었다고 우리의 주의를 불러일으키는 하나의 경고장치이지요. 우울증

은 생(生)에 대한 반작용, 특히 삶에서 경험하는 많은 상실에 대
한 하나의 반작용입니다. 우울증에는 언제나 이유가 있습니다.

브리스터의 〈현대인의 절망과 희망〉에 보면, 이런 이야기가
나옵니다.

"어느 해 3월, 줄리아 던 양이 목사의 주의를 받게 된 것은, 그녀
가 자신은 은혜에서 멀어져 용서받을 수 없는 죄를 범했다고 믿고
있었기 때문이다. 그녀는 가정을 잠시 떠나, 간호사인 그녀의 동생
과 살고 있었다-고민과 별거 자체가 도움을 요청하는 부르짖음일
수 있다. 어떠한 신학적인 진리도 그녀를 위로할 수 없었다.
어느 날 저녁, 그녀의 자매는 줄리아가 아무 말도 안 하고 집에
들어오지 않았다는 사실을 알았다. 줄리아는 집에서 몇 구간 떨어진
곳에 있는 기차 선로 위에 엎드려 누워 있는 채 발견되었다. 그녀는
자신이 가정에 욕을 끼쳤다고 믿었기 때문에, 자기는 죽어야 한다고
생각하고 있었다. 친지나 친구들에게 작별 인사도 없이, 그녀는 용
서받을 수 없는 자로서의 심리적 단절감을 경험했다. 죽고 싶다고
하면서, 그녀는 거세게 돌아가는 거대한 기차 바퀴 아래서 온몸이
박살이 날 때까지 기차 선로에서 떠나지 않겠다고 소리쳤다 … '내
죄는 너무 커서 하늘도 어쩔 수 없어. 그러므로 내 고통은 내가 다
스리지 않으면 안 돼!'"

우울증의 원인을 깊이 파고 들어가 보면, 우울증 유발의 주요
원인으로 풀리지 않고 축적된 분노의 앙금이 있지요. 우리는 가
정에서나 학교에서 또는 교회에서 분노의 감정을 나타내는 것이

용납되지 않는 사회에서 살아왔기에, 분노의 감정을 억압하는 데 익숙해져 있습니다. 그래도 쌓인 감정을 다른 용납될 수 있는 방법으로 발산할 수 있는 사람은 비교적 건강하게 살아갈 수 있지만, 어디에서도 지금까지 계속 축적되어 온 억울한 분노의 앙금을 표출할 기회를 갖지 못한 사람에게서는 우울 증상이 나타나는 것을 보게 됩니다. 의욕이 사라져 버리고 마음은 간절한데 육신이 전혀 말을 듣지 않는 상태의 저 밑바닥에는 풀리기를 기다리는 한(恨)의 응어리가 도사리고 있음을 알아야 합니다. 여기에서 언급하는 우울증이란 어떤 충격적인 사건 후에 오는 우울증을 말하는 것이 아니라, 이유 없이 심리적인 고통을 느끼며 자신의 능력과 행동에 장애가 나타나는 것을 의미합니다. 병적 우울증은 병적 불안을 동반하는 것이 보통인데, 이런 우울증은 외부의 어떤 대상을 향해서 발산되어야 할 분노가 자신을 향해 파괴적인 힘을 행사하는 데서 오지요.

미너스는 〈행복은 선택입니다〉에서 우울증의 원인이 되는 두 가지 감정적 요인을 제시하였습니다. 첫째로, 자기 가치의 상실 곧 낮은 자존감입니다. 부모의 지나친 과보호나 무관심 속에서 성장한 아이는 낮은 자존감을 갖게 되며, 이는 참기 어려운 짐이 되고, 자신에 대한 분노가 점점 커지면 병적인 우울증으로 깊어만 갑니다. 또한 지나치게 엄격한 부모, 냉정하게 자신의 요구를 받아들이지 않는 어머니, 무기력하고 수동적인 아버지, 또는 아버지가 안 계시거나 잦은 출장으로 자녀들과 시간을 같이 보내지 않는 가정에서 자란 아이 역시 낮은 자존감 때문에 우울증에 빠지기 쉽습니다. 둘째로, 다른 사람과의 사교성의 부족, 다시 말해서 외로움입니다. 설리반은 대인 관계와 그 역할에 대하여 많은 연구와 저술 활동을 한 정신과 의사로서, 다른 사람과의 사귐이 부족한 것이야말로 정신적 고통의 절대적인 원인이라는 사실을 알아 냈습니다. 외로움은 우울증과 같은 뜻의 말은 아니지만, 확실히 우울증에 빠지는 이유가 됩니다. 외로움을 느끼는 사람들은 자신을 거절했다고 생각하는 사람들에 대하여 원망을 쌓아갈 뿐만 아니라, 거절당했다는 느낌 때문에 자신에 대한 원망을 쌓습니다. 이런 사람은 동료나 절친한 친구의 죽음을 허락하신 하나님께도 심한 불만을 품지요. 이렇게 쌓여진 원망은 생화학적 변화를 가져와 우울증을 일으키는 것입니다. 우울증이 오늘날 비정상적인 정서의 가장 일반적인 형태일지라도, 그것은 다른 성인들에 비해 성인 아이(adult child―어떤 부분에서 어른과 같이 생각하거나 행동하는 아이를 가리키거나 아직도 해결되지 않은 어린 시절의 문제를 안고 있는 성인을 말한다.)들에게서 더욱 자주 나타납니다. 우울증 분야의 전문가들은 성인 아이들이 유년기의 상실을 슬퍼하므로 그와 같이 된다고 믿고 있습니다. 그들은 다른 사람이 가지고 있는 그런 정상적인 가정 생활, 곧 부모와의 친밀감이나 유대감, 수용받음 같은 정서적인 삶을 자신들은 빼앗겼다고 느끼지요.

우울증에 빠진 사람 대다수는 부정적인 고정 관념에 사로잡혀 있습니다. 이러한 고정 관념은 우울증을 더욱더 고착시킵니다. 하트는 〈우울증 상담〉에서, 모든 종류의 우울증에 나타나는 주요 증상들에 대하여 다섯 가지 특징을 언급하였습니다. 첫째로, 기분이 슬프고 왠지 불행하고 '침체된 느낌'을 가집니다. 둘째로, 생각이 늘 부정적이며 미래에 대하여 늘 비관적인 생각을 갖습니다. 죄책감에 대한 자기 부정의 생각을 자주 갖게 됩니다. 흥미와 동기를 상실합니다. 일의 능률과 집중력이 감퇴되며, 심지어는 기억 장애까지 나타납니다. 심할 경우에는, 자살할 생각까지 하게 됩니다. 셋째로, 신체의 에너지가 감퇴되고, 행동이 비틀비틀하게 되며, 느려지면서 짜증을 내게 됩니다. 용모 치장에 둔감해집니다. 넷째로, 여러 가지 신체적 증상들이 나타납니다. 식욕 상실, 체력 감퇴, 변비, 수면 장애 또는 과잉 수면, 성욕 상실 등이 나타납니다. 다섯째로, 슬픔이 가장 주된 기분 장애이지만, 많은 우울증 환자는 두려움, 불안, 긴장감, 불확실성 그리고 우유부단함 등을 갖게 됩니다.

우울증의 치유

이러한 우울증의 그림자를 치유하기 위해서는 다음과 같은 노력이 필요하지요. 첫째, 어떤 형태의 우울에는 신체적 원인이 있을 수 있으므로, 성인 아이들은 우울의 원인을 잘못 판단하지 않도록 주의하여야 합니다. 곧 뇌 속에 분비되어야 할 화학 물질이 결핍될 때, 우울에 시달릴 수 있습니다. 이것은 신체적 문제로 그런 행동을 보였던 역기능적 부모를 가진 성인 아이들에게서 나타날 가능성이 큽니다. 알코올 중독자의 음주나 학내적인 사람의 격분 등은 뇌세포의 이상으로 인한 울병(鬱病)에 따라 촉발되었을 수도 있습니다. 이럴 때는 정신과 전문의를 찾아 도움을 받아야 합니다.

둘째, 바람직한 비탄입니다. 몇몇 전문가들은 성인 아이들이 '억제된 내적 비탄 과정'을 겪는다고 주장하고 있습니다. 이 용어가 의미하는 것은, 그들이 마음 깊은 곳에서 유년기의 상실을 비통해 한다는 것이지요. 그들은 자신이 실망한 것에 합당하게 비통해 할 수 없었으므로, 분노나 죄책감에 휩싸입니다. 이는 성인 아이들을 일생 동안 과거의 수인(囚人)으로 살아가게 하는 저주와 같습니다. 이것이 사실이라면, 슬픔은 비탄적인 반응이므로 성인 아이들이 우울에 빠지기 쉬운 경향을 설명해 줍니다. 부모에게서 받는 따뜻한 격려의 말이나 자애로운 포옹 같은 것을 갖지 못한 채 성장하여, 그 때문에 우울해져서 흐느끼거나 깊은 고통을 받았을지 모릅니다. 전문가들은 이렇듯 자신이 상실한 감정에 대하여 비탄할 필요가 있다고 말합니다. 자신의 유년기에 대하여 생각하거나 이야기하거나 검토해 볼 때, 감정이 흐르는 그대로 놓아 두어야 합니다. 실망, 슬픔, 분노, 죄의식, 두려움, 불안과 같은 비탄의 단계에 합당한 일련의 감정이 나타나게 될 것입니다. 이러한 감정을 경험하게 될 때, 비탄은 물러가고 평온하게 과거를 수용할 수 있습니다.

셋째, 슬픔을 나누세요. 비밀을 털어놓을 친구를 가진 사람은 스트레스와 우울에 좀더 잘 대처합니다. 비밀을 마음 속에 숨겨 둘 때, 절망이 엄습하지요. 자신의 솔직한 감정을 남에게 내보이는 것은 자신에게 정직해지도록 하며, 마음의 어두움을 몰아낼 구멍을 열어 줍니다.

넷째, 언어 습관의 전환입니다. "나는 형편없어," "나는 제대로 할 수 있는 게 아무것도 없어," "하나님은 나의 죄를 절대로 용서하지 않으실 거야." 이런 말은 사실 지성이 하고 있는 말이 아닙니다. "아이고, 죽겠네" "미치겠네" 등 우리가 고쳐야 할 언어 습관이 한두 가지가 아닙니다. 사소한 말 한 마디이지만, 영혼을 병들게 하는 말들이지요. 그것은 감성이 지성에게 하는 말입니다. 부정적인 감정은 부정적인 생각을 낳는다는 것을 자신에게 상기시킬 때, 우리는 그러한 생각을 심각하게 받아들이는 것을 거부할 수 있지요. 병적 우울을 지닌 경우에는 부정적인 생각을 제어할 수 없으며, 그것을 그대로 받아들이게 됩니다. 그러나, 보통 우리의 사고는 감정에 영향을 미칠 수 있습니다. 비록 감정은 "그건 허튼 수작이야"라고 말할지라도, 기분이 저조할 때 마음을 긍정적인 생각으로 채움으로써, 우리의 영성적·지성적 자원을 활용할 필요가 있습니다. 희망, 은혜, 사랑, 용서에 관한 말들이 우울증에 걸린 성인 아이를 즉각 변화시키지는 않을지라도, 장기적으로 볼 때 그러한 암시는 큰 의미를 지니지요.

이민규는 〈마음대로 되지 않는 마음의 비밀〉에서, 우울증에서 벗어날 수 있는 네 가지 방안을 제시하고 있습니다. 첫째로, 삶이 언제나 공정하지 않다는 것을 받아들이는 것입니다. 삶은 언제나 공정해야 한다는 신념이 강할수록, 그것이 지켜지지 않는 상황에서는 분노하고 좌절합니다. 불공정할 수 있는 것이 삶임을 받아들이세요. 둘째로, '하필이면 왜 내게…'를 '왜 나라고…'로 바꾸어 생각하세요. 늘 안 좋은 일이 생길 때마다 '왜 하필 내게…'라고 생각하면 억울해지고 우울해집니다. 그러나, '나라고 그런 일을 당하지 말란 법은 없지 않은가'라고 일반적으로 생각하면 기분이 달라지지요. 셋째로, 우울한 일에 집착하기보다는 좋아하는 일에 몰두하세요. 우울한 사람들은 돌이킬 수 없는 사건들만 계속 생각하는 경향이 있습니다. 이런 생각을 바꿔, 먹고 싶은 것을 먹는 것, 사고 싶은 것을 사는 것, 그 동안 하지 못했던 취미 생활에 관심을 갖는 것 등에 관심을 가지세요. 그 어떤 것이라도 좋습니다. 비록 가치가 없어 보일지 몰라도,

신세를 한탄하고 있는 것보다는 낫습니다. 넷째로, 사소한 일에도 감사하며 즐거운 일이나 희망 찬 사람들과 어울리세요. 억압된 분노에 사로잡혀 있으면, 감사하지 못하고, 매사에 자기 방어적이거나 자기 중심적이어서 고립되기 쉽습니다. 사소한 일에도 감사하며 언제나 마음 속에 희망을 품고 사는 사람들과 어울리는 일이 쉽지는 않겠지요. 하지만, 점차 관계를 지속시켜 나아가려는 자세가 중요하지요.

인간의 우울증만큼, 단순하고 방어적으로 접근되는 주제도 아마 없을 것입니다. 대부분 우울증의 원인이 억압된 분노에 있다 하더라도, 모든 우울증이 그 한 가지 원인 때문에 생기는 것이 아니기 때문에, 어느 하나로만 해결되지는 않습니다. 일반적으로 우울증 치료에 관한 가장 유망한 최근의 접근으로 인지 치료가 있습니다. 인지 치료는 아론 벡(Aaron Beck) 박사가 창안한 치료 방법이지요. 그는 우울한 사람에게서 나타나는 왜곡된 사고를 교정하기 위하여, 열두 주 치료 프로그램을 만들었습니다. 곧 자신이 열등하고 무가치한 존재라고 보는 사고, 세상이 좌절과 불만으로 가득 찼다고 보는 사고, 그리고 미래란 희망이 없다고 보는 사고 등을 교정하는 프로그램을 만들었고, 커다란 실효를 거두고 있습니다.

우울을 다스리기 위한 방법은 여러 가지가 있습니다. 신체적인 원인에 따른 우울이라면, 먼저 우울증으로 신체적인 고통이 올 수 있음을 인식하고, 충분히 휴식할 수 있는 기회를 가지세요. 안정을 위하여 일상적인 생활을 포기하고 장기간 휴양하는 것보다는, 가벼운 산책과 운동이 기분 전환에 더 도움을 줍니다.

정신적인 원인에 따른 우울이라면, 삶의 자신감을 상실하고는 있으나 속으로는 회복하려는 힘이 있다는 것을 인식하세요. 의욕 없고 무기력하나 속으로는 외부에 민감한 반응을 하고 있음을 깨달으세요. 잘못된 결과를 모두 내 탓으로 돌리지 마세요. 겉으로 남의 도움을 받기가 싫더라도 끝까지 거절하지는 마세요. 영적인 원인에 따른 우울이라면, 하나님께서 나를 버렸다거나, 하나님께 벌 받는다고 생각하지 마세요. 자기 의(義)에 빠져 판단하지 마세요.

무엇보다도 공허로 구멍 뚫린 여러분의 마음 속에 들어 있는 내용이 무엇인지 찾아야 합니다. 내면의 문제를 보는 것은 고통스러운 일입니다. 그러나 그 고통 때문에 내면의 문제를 덮어둘 순 없습니다. 영적 자존감을 회복하세요. 비록 우울한 기분에 사로잡혀 세상 사람들에게 가치 없는 사람으로 인식될지라도, 여러분이 하나님의 은혜로 세워진 사람임을 긍지로 여기세요. 하나님께서 보시기에 나는 누구인가, 나에게 하나님은 누구인가를 분명히 하세요.

하나님의 마음을 읽으세요. 하나님께 합당한 사람이 되세요. 내가 만나는 사람이나 상황에 대하여 하나님의 생각이 무엇인지 알아보세요. 우리가 낙원에 살고 있을지라도 하나님께서 함께하시지 않으면 그 곳은 가장 위험한 곳입니다. 반대로, 광야에 있을지라도 하나님께서 함께하시면 그 곳이 가장 안전한 곳입니다.

우울증을 치료하는 사람들에는 심리학자, 정신과 의사, 사회복지사, 심리치료사, 정신건강 전문가 들이 있지요. 여러분이 속해

있는 지역 사회에서 도움을 받을 수 있는 곳으로는, 지역사회 정신건강 센터, 일반 병원, 정신 병원, 정신건강 클리닉, 가정문제 상담소, 자가-도움 집단, 자살예방 핫라인, 학교와 직장 들이 있습니다.

혹 여러분이나 여러분이 아는 사람이 우울증의 증상을 보이면, 다음과 같이 조치하세요. 첫째, 건강 문제를 다루는 사람들을 찾아 가서, 우울증에 관한 종합적인 진단과 대화를 해 보고, 필요시 위탁이나 추천도 받으세요. 둘째, 이해심이 깊은 친구와 대화를 나누세요. 특별한 문제가 있다면, 관련된 사람들과 가능한 한 충분하게 논의를 하세요. 셋째, 여러분 자신에 대하여 너무 많은 것을 기대하지 마세요. 어려운 목표를 설정하는 것이나 너무 많은 책임을 떠맡는 것을 피하세요. 넷째, 가장 좋아하는 활동, 저녁 외출, 여행, 방문 등을 위하여 휴식을 취하세요. 다섯째, 여러분을 옥죄어 오는 업무의 긴장을 풀고, 쉼을 누리며, 잠도 더 잘 자기 위하여 몇 가지 운동을 하세요. 운동 프로그램을 시작하기 전에, 건강 전문가와 상의하세요. 마지막으로, 그 밖의 스트레스나 급박한 변화를 피하세요. 그런 것들이 너무 많은 긴장을 만들어 내지요.

그러므로 우울증에 대하여 다음과 같은 것들을 배우세요. 첫째, 우울증에 대한 사실들—그 원인, 유형, 처방을 이해하세요. 둘째, 우울증의 증상들을 인식하세요. 셋째, 도움을 받을 수 있는 곳을 알아 두세요. 넷째, 우울증이 심각하거나 지속적이라면, 전문적인 도움을 구하세요. 우울증이 삶을 망치게 할 수는 없습니다!

생명의 샘물

쿨럭쿨럭 잘 떨어지지도 않는 기침 감기 같은 우울의 밑바닥을 헤매고 있습니까? 그렇더라도 삶의 희망을 버리지는 마세요. 오히려 그 밑바닥에서부터 한 가닥 생명의 샘물을 길어올리세요. 날 때부터 보지도 듣지도 못했던 헬렌 켈러, 여러분보다 더 어려운 처지이면서도 끝까지 희망을 잃지 않았던 그녀는 자신의 유명한 수필에서 이렇게 쓰고 있습니다.

"봄이 오면 나는 벚나무의 가지를 손으로 더듬어 봅니다. 벚나무 등걸 속으로 흐르는 물을 나는 손끝으로 느낄 수 있습니다. 여러분들은 하루에 한 시간씩만이라도 장님이 되거나 귀머거리가 될 수 있다면, 저 벚나무의 꽃과 저 나뭇가지를 날아다니는 새의 울음소리를 보고 들을 수 있는 사소한 기쁨이야말로 최고의 은총임을 깨닫게 될 것입니다."

9. 죽음에 이르는 병
- 자살 충동의 치유

신문을 보면, 짜증이 날 때가 많습니다. 이럴 수밖에 없는 것인가 안타깝습니다. 오늘 아침 조간을 펼치자마자, 그리 낯설지는 않지만 충격적인 사실이 또 한 번 보도되고 있었습니다.

"한 학교에 다니는 여중생 네 명이 고층 아파트에서 동반 투신자살했다. 25일 오후 6시 30분쯤, 서울 동대문구 청량리 1동 모아파트 20층 복도에서 서울 J여중 3년 임 모(16) 양 등 같은 학교 친구 네 명이 함께 1층 콘크리트 바닥으로 뛰어내려 숨졌다. 20층 복도에는 이들이 벗어 놓은 운동화 네 켤레와 스커트가 가지런히 놓여 있었다. 임 양의 집에서는 '아빠의 술주정이 너무 싫다'는 등 가정 형편과 세상을 비관하는 내용의 유서 여섯 장이 발견됐다. 또 유서에 '내 앞에 수면제 10알이 있다'고 적혀 있어, 이들이 자살 직전 수면제를 먹은 것으로 경찰은 보고 있다.

서 모(16)군 등 학원 친구 다섯 명은 '임 양 아파트로 갔더니 죽기 전에 우리 소지품을 기념으로 주겠다고 한 뒤 엘리베이터를 타고 올라 갔다'고 말했다. 1층에 남아 있던 일부는 임 양 등이 손을 잡고 뛰어내리는 것을 목격했다.

경찰 조사 결과, 임 양의 아버지는 노동 일을 해 왔으며, 어머니는 계단에서 굴러 뇌수술을 받고 병원에 입원중인 것으로 밝혀졌다. 임 양은 지난 해 어머니와 싸운 뒤, 약을 먹고 자살을 기도했던 것으로 알려졌다. 송 모(16) 양도 지난 해 남자 친구와 헤어진 점을 비관해 약을 먹고 자살을 기도했던 것으로 알려졌다. 박 모 양과 이 모 양 부모 역시 재활용품 수집상과 목수 일을 하며 어렵게 살고 있는 것으로 전해졌다."

산다는 게 뭔지

절망은 죽음에 이르는 병이라고 누가 말했던가요? 그 말의 의미가 〈십대들의 쪽지〉에서도 적나라하게 드러나고 있습니다.

"사람이 산다는 것 자체가 무의미한 것 같다. 누군가 말했지. 이렇게 사람은 사람들 속에서 살고 있지만 고독한 거라고…. 그래, 난 고독한 건지도 몰라. 하지만 난 지금 그 차원을 넘어서서 죽고 싶어. 나 자신이 이 세상에 살 가치가 없다고 판단되었을 때, 이렇게 비참해지는 것일까? 마음에 큰 상처를 입었으면서도, 다시 여느 때처럼 내색 않고 행동해야만 한다는 것….

모든 걸 포기하고 싶다. 아니 내팽개쳐 버리고 싶어. 모든 사람에게 해가 된다면 죽어 줄 수밖에. 비록 그 사람이 나보다 못하고 미워하는 사람일지라도…. 육체적 고통은 참을 수 있지만, 정신적으로 침해받는 건 견딜 수 없어. 지난 토요일, 난 진짜 죽고 싶었어. 온 세상이 나에게서 떠나 버린 것 같았어.

그래도 생(生)에 대한 애착이랄까, 미련 같은 것이 남았던지, 오늘도 이렇게 이렇게 멍하니 앉아 있단다. 의지할 곳 없는 가슴은 언제나 찬바람만 불고, 끊어질 듯 끊어질 듯―아니, 어느 땐 진짜 모든 걸 끊어 버리고 싶다―삶을 이어가는 나. 이제 아무 때나 죽을 수 있을 것 같아. 다시 한 번 큰 충격이 오지 않는 한은 계속 살겠지. 난 요즘 멍하니 앉아서, 혼자 우는 일이 많아졌어.

아주 어렸을 때 이 세상에서 나 혼자만 떨어져 있다는 걸 느꼈고, 국민학교 땐 고독을, 중학교 때부터는 죽음을 생각한 난, 조금은 조숙하달까? 난 집이 싫어! 모두가 날 이상하게 보는 것 같아. 식구 중엔 날 인간 이하로 취급하는 사람도 있고 … 가족이란 말은 쓸 수 없겠지. 나 혼자만 돌연변이처럼 태어났으니까. 내가 죽는다고 해도, 눈물 한 방울 흘려 줄 사람이 없겠지. 다만 여태까지 나에게 투자해 온 돈을 아까와할 사람은 있어도 … 난 그런 사람을 향해서 나중에 떵떵거리면서 나 보란 듯이 살고 싶었어. 그 동안 날 괴롭히고 미워한 모든 사람들에게 … 죽을지도 몰라. 아니 어쩌면, 이 모든 것을 가슴 속에 삭이고 삭여, 이 무의미한 삶을 계속할지도 모르고, 죽겠다고 마음만 먹으면 언제라도 죽을 수 있어. 이미 내 육신은 중학교 어느 날 죽었으니까. 여기에 남아 있는 건, 아직도 생과 사의 갈림길에서 방황하는 수치스러운 잔재일 뿐, 그 이상 아무것도 아냐.

이제 죽으나 저제 죽으나 언젠가는 죽어 없어질 것을, 난 왜 아직도 무엇 때문에 죽지 못하고 있을까? 지금 내게 중요한 것은, 내 명대로 사느냐 아니면 그 이전에 죽는 것이냐 하는 것이야. 난 더 이상 견디어 나갈 수 없을 것 같아. 왜 나 혼자만 이런 슬픔을 지녀야 할까? 모든 신을 저주하고만 싶어진다. 아니 근본적으로, 날 이 세상에 태어나게 한 부모님을 원망하고 싶어.

난 이제까지 마음의 문을 굳게 닫고 살아 왔어. 내가 가진 이 슬픔을 혼자만 간직하기 위해서였겠지. 난 가끔 이런 생각을 해. 하얗게 파도치는 바닷가에 오두막집을 짓고, 나 혼자 행복하게 살 수 있다면 얼마나 좋을까? 그래서 아리스토텔레스의 '인간은 사회적 동물이다. 그러므로 인간은 혼자서 살 수 없다.'는 말을 항상 부정해 왔어. 지금도 그 생각은 변하지 않았어. 할 수만 있다면, 이 세상 모든 것을 버리고 날아가서, 바닷가 아니 미지의 세계 그 어느 곳에서든 혼자 살고 싶어. 또 그렇게 할 수 있을 것 같아. 이제 난 '죽음이 너를 찾아 왔을 때, 무엇으로 영접하겠느냐?'는 어느 시인의 싯구나 음미할 때가 왔다고 생각해."

나뭇잎이 떨어집니다. 아슬한 곳에서 내려오는 양
하늘 나라 먼 정원이 시든 양
거부하는 몸짓으로 떨어집니다.

그리하여 밤이 되면 무거운 대지가 온 별들로부터
정적 속에 떨어집니다.

우리도 모두 떨어집니다. 여기 이 손도 떨어집니다.
그대여 보시라, 다른 것들을
만상이 떨어지는 것을.

하지만 그 어느 한 분이 있어 이 낙하(落下)를
무한히 다정한 손길로 어루만져 주십니다.

도움을 바라는 신호

앞의 시는 라이너 마리아 릴케의 〈가을〉이라는 시입니다. 도대체 그렇다면 자살이란 무엇일까요? 그것은 자기 자신의 삶을 고의로 끝내는 것입니다. 자살의 문제에는 이런 것들이 포함되어 있지요:심각한 자살 충동이나 조짐, 자살 시도. 우리나라에는, 해마다 7,500명 정도가 하루에 20명씩 자살로 사망하고 있지요. 더 많은 자살이 일어나는데, 우연한 죽음으로 보도되는 경우가 허다하지요. 자살은 젊은 사람들(14~24세)의 주요 사망 원인이지요. 자살은 젊은이들의 심각한 문제이나, 많은 경우 막을 수 있지요.

왜 내가 자살에 관해서 알아야 할까요? 그것은 누군가가 자살을 고려하고 있는 사람을 멈추게 할 수 있는 자리에 있을 수도 있기 때문이지요. 만약 여러분이 자살을 고려하고 있다면, 이것은 여러분 자신에게도 해당되지요. 대부분의 자살이나 자살 시도는 외로움, 무가치함, 무력함, 우울함 등을 심하게 느끼고 있다는 반응이지요. 자살할 조짐을 보이거나 시도하는 사람들은 남에게 알리거나 도움을 구하려고 종종 이런 감정들을 표출하려고 하지요. 이러한 감정을 표출하는 사람들에게 유용한 도움을 베풂으로써, 많은 자살 시도를 막을 수 있습니다.

자살 시도는 도움을 바라는 부르짖음입니다. 그것은 압도해 오는 고통스런 문제들을 끝내고 싶은 절망적인 노력이지요. 그러므로 자살 경고 신호들을 이해하고, 위기에 대처할 준비를 하세요. 자살에 관하여 알고 있으면, 너무 늦기 전에 그런 부르짖음에 대처할 수 있게 될 것입니다. 좀더 배워볼까요?

왜 사람들은 자살을 하는 걸까요? 그것은 모든 문제가 압도해 오고 있다고 보기 때문이지요. 예를 들면, 사람들은 이런 때 자살을 할 수 있지요. 눈에 보이는 해결책이나 변화가 전혀 없을 때, 문제를 처리해 보려던 시도가 실패하거나 뜻밖의 결과로 끝날 때, 많은 사람들은 자살할 특별한 위기 상황이나 의식적인 결정 없이도 죽음을 초래하게 되지요. 무모하게 운전하거나, 약이나 술을 몹시 남용하거나, 또는 심각한 병을 무시하는 이들은 의식적으로 자살을 저지르는 이들과 똑같은 정신적 고통을 당하기 때문에 종종 그런 결과를 가져오곤 하지요.

몇 가지 긴장을 고조시키는 상황들이 자살 감정을 유발할 수 있지요. 〈우울함/무기력함〉: 이것은 자살의 주된 원인입니다. 우울증은 개인적 상실, 유전 형질, 또는 인체 화학 작용 때문에 야기될 수 있지요. 삶이 견딜 수 없어 보이기도 하고, 온갖 활동에 흥미를 잃어버리고 움츠러들 수도 있지요. 〈위 기/충 동〉: 중요한 사람이나 직업의 상실 같은 주요한 삶의 변화: 또는 격한 분노와 좌절 때문에, 사람들이 사물을 심사숙고할 기회두 갖기 전에, 자살을 저지를 수 있지요. 〈나이듦/질병〉: 늘어나는 고통과 고난에 대한 예상도, 자립과 수입과 지위의 상실만큼이나, 별안간 두려움을 느끼게 하지요. 자살이 최선의 대안으로 보일 수도 있지요. 〈약물/알코올〉: 약물이나 알코올 남용 때문에, 자기 통제 능력의 상실로 자살 시도와 자기 파괴적인 행위로 나아갈 수 있지요. 이런 상황들이 한 번에 여러 가지가 섞여 있을 경우에는 특히 위험합니다.

누가 자살을 할까요? 온갖 유형의 사람들:젊은이와 노인, 부유한 사람과 가난한 사람, 인종이나 신앙 형태에도 예외가 없지요. 자살 시도:남자들보다는 여자들이 더 많이 자살을 시도합니다. 여자들은 진통제나 약이나 독약을 가장 많이 사용합니다. 좀더 폭력적인 방법도 늘고 있답니다. 독특한 자살 시도는 20대나 30대 여성에게서 행해지고 있지요. 〈자살 성공〉:실제로는 여자보다 남자들의 자살 성공율이 높습니다. 남자들은 총을 쏘거나 목을 매다는 등의 빠르고 폭력적인 자살 방법을 가장 많이 사용하지요. 25~34세의 사람들과 65세 이상의 사람들이 가장 많이 자살을 하지요. 나이에 상관없이, 누구든지 자살을 할 수 있습니다.

몇몇 집단은 자살 감정을 야기할 수 있는 특별한 문제들을 지니고 있지요. 〈장년층〉:자살의 주요 요인인, 외로움은 특히 장년층에게 버거운 짐이지요. 병이나 재정적인 곤란 때문에 종종 문제가 생기기도 합니다. 〈청년·군인·대학생〉:많은 이들이 자신들이 개선할 수 없는 세계에서 무관심과 분노를 느끼고 고통을 당하지요. 그들은 오래된 표준이나 가정의 권위로부터 어떤 지침도 받지 못한답니다. 〈전문가·사업가〉:외견상 성공한 많은 사람들이 사실은 괴로움이나 실망, 가족에게서의 단절, 견딜 수 없는 압박에도 불구하고 일을 쉴 수 없음을 느끼지요. 〈특별한 지역의 거주민〉:몇몇 특별한 보호 지역의 자살 비율이 전국 평균의 다섯 배나 되지요. 가난, 질병, 삶의 절망 때문이지요. 〈소수 집단〉: 문화적 차이와 경제적·사회적·가정적·종교적 상황 때문에, 종종 심각한 문제가 생기지요. 특히 자기들만의 폐쇄적인 울타리에 갇혀 있음을 느끼는 이들에게서 이런 문제가 일어나지요. 〈아이들〉: 비참하게도, 5~14세 어린이들조차도 자살의 희생자가 되곤 합니다. 일반적으로 그들은 사랑하는 이를 잃고서, 마땅한 정서적 후원을 구하거나 받을 수 없답니다.

몇 가지 흔한 신화들이 있습니다. "자살을 언급함으로써, 그 사람이 자살할 생각을 갖게 할 수도 있다." 사실, 자살할 사람들은 이미 그 생각을 지니고 있지요. 자살에 대해서 이야기하는 것을 두려워하지 마세요. 그것을 솔직하게 이야기함으로써, 그 사람이 그 생각을 실행에 옮기지 못하도록 도울 수 있지요. "자살하는 사람들은 모두 정신적으로 병들어 있다." 사실, 자살하는 사람은 극도로 불행하고 마음의 동요를 경험하긴 하지만, 그렇다고 해서 반드시 정신적으로 병이 있는 것은 아니지요. "예전에 자살을 시도한 적이 있는 사람은, 도움을 베풀 길이 없다." 사실, 위기 기간은 단지 제한된 시간 동안 지속됩니다. 그 사람은 도움을 받거나 좋아질 수 있지요. 그러나 자살의 위기가 또 일어날 수도 있습니다. "자살 기록이 없으면, 자살이 아니다" 사실, 실제로 자살하는 이들 가운데 대략 네 명 중 한 명만이 기록을 남깁니다.

자살은 그 가정에 어떤 영향을 끼칠까요? 사랑하는 이를 잃었다는 보통의 슬픔과 곤경 외에도, 가족들은 다음과 같은 사실을 경험하게 되지요. 그 사람에게 충분한 후원과 사랑을 베풀지 못했던 것에 대한 죄책감과 부끄러움. 자살에 대한 종교적·문화적 금기 때문에 야기되는 사회적 비난. 가족들은 진실을 숨기려고 죽음이 뜻밖이었다고 주장할 수도 있지요. 생계를 꾸려 갈 일손의 상실이나, 보험료들 때문에 생기는 재정적인 근심걱정. 자살이 남의 문제가 아니라 우리 가족에게까지 닥치고 있다는 공포 때문에 생기는 불안. 다른 식구들, 특히 어린아이들은 자신들도 자살의 희생자가 될지 모른다고 두려워할 수도 있지요. 감정이 분노와 우울 사이를 오르내리는 것도 보통이지요. 심리 상담은 종종 자살 희생자의 가족들이 자신들이 경험한 심각한 감정적·실제적 위기를 이해하고 대처하도록 돕는 데 꼭 필요하지요.

누군가가 자살할 생각을 품고 있다면, 여러분은 어떻게 말할 수 있을까요? 자살하는 사람들은 대부분 자신의 의도가 깃들어 있는 실마리를 제공하지요. 이런 위험 징조들에 대해서 조심하세요. 이전의 시도는 그 사람이 다시 시도할 위험이 크다는 것을 뜻합니다. 위협이 종종 자살 시도 다음에 뒤따르지요. 위협들을 진지하게 받아들이세요. 신비로운 '긴 여행'을 언급하기도 하고, 공공연히 위협하기도 하지요. 극도의 우울이나 슬픈 기색이나 불안이 나타나고, 예전에 즐겨 했던 일이나 사람들에 대한 관심이 저하됩니다. 불면증, 몸무게 감소, 식욕이나 성욕의 감소, 움츠러드는 경향이 나타나기도 하지요. 죽음에 대한 준비를 합니다. 예컨대 유언장을 작성하거나, 주변의 일을 정돈하거나, 자기 소유물을 건네주거나, 자살할 도구(총, 줄 따위)를 구합니다. 갑자기 기분이 좋아지는 것은, 문제가 '곧 끝나게' 될 것이기 때문에, 그 사람이 고통에서 해방되었음을 뜻하지요. 상황이 자체적으로 나아질 것이라고 추정하지 마세요. 자살 위협이나 시도는 거의 언제나 도움과 후원을 구하는 방법이지요!

자살을 고려하고 있는 것 같은 사람을 돕는 데는 세 가지 방법이 있습니다. 먼저, 적극적으로 감정적인 후원을 베푸세요. 여러분이 그 사람의 감정을 진지하게 받아들이고 도우려 한다는 것을 보여 주세요. 그 사람의 말을 잘 들어주세요. 관련된 문제들을 물어 보세요. 도움과 후원으로써, 그 사람이 다시 좋은 시간들을 되찾고 즐길 수 있음을 설명해 주세요. 도움이 유효할 때까지 또는 위험이 지나갈 때까지, 가까이 있어 주세요. 몇 가지 '하지 말아야 할 것'이 있습니다. 곧 충격을 주거나 자극하려고 하지 마세요. "할 테면 해 봐." 그 사람의 동기를 분석하려들지 마세요. "네가 이 지경이 된 이유는…." 논쟁을 하거나 설득하려 하지 마세요. "네가 자살해선 안 되는 이유는…."

둘째, 불행하고 골치 아픈 상황을 벗어나려는 데 목표를 둔 적극적인 행동을 장려하세요. 예를 들면, 가정 환경을 개선하는 것입니다. 가정생활이 문제라면, 부부 치료나 가족 치료 등 그것을 개선할 수 있는 방도를 제안하세요. 바쁘게, 활발하게 움직이세요. 우울한 사람들은 종종 냉담하게 되거나 활발하지 못하게 되어, 그 결과로 더욱 우울해지고 움츠러들게 되지요. 그야말로 악순환이지요. 일과 휴식의 균형 잡힌 계획표가 도움이 될 수 있지요. 생활 속도의 변화를 추구하세요. 생활 무대나 활동을 잠깐 바꾸어 보는 것도 큰 차이를 줄 수 있지요. 그것은 상황을 새롭게 바라볼 수 있는 눈을 얻을 수 있는 기회이지요. 몇 가지 운동을 하세요. 활발한 육체적 운동으로 유쾌해지고 피곤을 느끼게 됨으로써, 그 사람이 쉼을 얻고, 잠을 더 잘 자고, 기색이 더 좋아지고, 삶에 대해서 더욱 긍정적인 견해를 지니도록 도와 주지요.

자살하려는 사람을 돕기 위해서 그 사람에게 이렇게 해 보라고 제안할 수도 있지요. 여러 가지에 대해서 논의하세요. 감정을 억제하기보다는 관련된 이들과 문제를 논의해 보세요. 상황을 바꾸어 보세요. 긴장이 감도는 상황을 해결하기에 가장 알맞을 것 같은 행동 방침을 택하세요. 새롭게 접근해 보세요. 아무리 해 보아도 다 실패로 끝날 경우에는, 불변의 상황을 피하거나 떠나는 것이 최선책일 수도 있지요. 쉬는 법을 배우세요. 취미, 스포츠, 요가, 명상 등을 통하여 자살하려는 사람이 정상적인 긴장 상태를 유지하며 사는 법을 터득하도록 도울 수 있습니다.

셋째, 다음과 같은 어느 곳에서라도 전문적인 도움을 구하세요. 위기 또는 자살 방지 센터, 의사, 대도시나 지방의 정신건강 협회, 정신건강 센터가 있습니다. 정신건강 전문가 곧 정신과 의사, 심리학자, 정신병 환자들을 돌보는 사회 사업가, 정신건강 상담가, 정신분석가, 심리치료사 같은 이들은 정서적 문제가 있는 사람들을 돕기 위해 특별히 훈련을 받은 분들이지요. 학교 상담가는 특히 젊은 사람들의 문제에 민감하게 반응을 보이곤 합니다. 직접 도와 줄 수도 있고, 다른 전문가에게 위탁할 수도 있지요. 성직자들은 종종 기꺼이 많은 시간을 바쳐 관심을 기울여 주기도 하고, 전문가에게 위탁시켜 주는 훌륭한 중재자 역할도 하지요. 전문적인 도움을 계속 받는 일은 특히 자살 위협을 하거나 시도를 했던 이들에게 하나같이 중요합니다.

자살은 막을 수 있다

끝갈 줄 모르는 마음의 아픔, 그리고 그 그림자, 우리는 과연 이런 이웃들을 향하여 어떤 모습으로 다가가야 할까요? 결코 길이 없는 걸까요? 아닙니다. 대부분의 경우에 자살은 막을 수 있습니다. 자살에 관한 진상들을 알아 보고, 그 경고 신호들을 깨달으세요. 곤경에 처한 이들에게 친구가 되어 주고, 그들이 전문적인 도움을 받을 수 있도록 도와 주세요. 자원해서 자살 방지를 위한 일에 참여하거나 협조하세요. 여러분의 관심이 생명을 구원하는 일을 도울 수 있습니다! 〈왕의 아이들〉 최근 호에 소개된 글에서 우리는 생명을 구원할 수 있는 한 줄기 빛을 발견합니다.

"우리 집엔 3남매가 있었다. 위로 오빠 한 분, 아래로 남동생이 하나, 그리고 나. 나는 오빠와 동생을 무척 사랑했다. 한 번도 사랑한다는 말을 입 밖으로 내 본 적이 없었지만 정말 사랑하고 아꼈다.

언제나 조용하고 부드러운 성품의 오빠, 그리고 동생들의 어려운 문제를 말없이 해결해 주던 그 오빠! 어느 날 오빠는 지방에 간다는 말을 남기고 집을 나갔다. 그런데 오빠가 떠난 뒤 3일째 되던 날 전보 한 장이 날아왔다. 그 전보는 놀랍게도 오빠가 자살한 시체로 발견됐다는 전보였다.

온 식구는 몸이 굳는 것 같았다. 아니 모든 생각이 정지된 것 같았다. 그리고 그 전보에 씌어진 '사망'이란 글자가 전혀 받아들여지질 않았다. 나는 차를 타고 가면서도 내내 '제발 살아 있게만 해 주세요. 살아 있게만 해 주세요.' 하고 알지 못하는 그 무엇엔가에 빌어 댔다. 그러나 이미 오빠는 싸늘한 시체로 흰 천을 덮어쓴 모습으로 온 식구를 맞았다. 그 때의 그 절망, 그리고 뼈 속까지 저며오는 것 같은 고통과 슬픔. 엄마는 무너지듯 그 자리에서 기절하셨고, 아버지는 소리도 내지 못하시고 먼 산을 바라보시며 눈물을 흘리셨다.

한때는 꽤 행복하다고 느끼며 살았던 우리 가족이었지만, 그 후 우리 집은 마치 웃음을 잃어 버린 집 같았다. 늘 어두운 조명 아래 있는 것 같은 분위기와 돌덩이 같은 무거움이 온 가족의 가슴을 짓누르고 있었다.

그리고 더 기가 막힌 것은 그 '자살'이란 단어가 이제 생소하게 느껴지는 게 아니라 나에게도 가깝게 느껴지고 있다는 사실이었다. 그 때 나는 결혼한 지 두 달밖에 안 되는 신혼이었다. 그런데 언제부터인가 허리가 아프면서 왼쪽 다리의 움직임이 불편해지기 시작했다. 병명은 척추 디스크였는데, 나는 두 달 가까이를 자리에서 일어나지도 못한 채 누워 있어야만 했다. 결국 우리 부부는 우여곡절 끝에 합의이혼을 했다.

육신은 육신대로, 마음은 마음대로 못 견디게 아픈 나는 밤마다 불면증에 시달려야 했고 세상 모든 사람들이 싫어지기 시작했다. 아니 정확히 말하면 미워지기 시작했다. 나와 전혀 상관없는 사람으로부터 내 가족에 이르기까지!

나는 더 이상 살아야 될 아무런 이유가 없었다. 반면에 죽어야 할 이유는 너무나 많았다. 그러나 나는 이미 '자살'이란 죽음의 한 형태를 통하여 내 사랑하는 오빠를 보내는 아픔을 겪었고, 또 남아 있는 가족들이 얼마나 혹독한 고통 속에 있어야 하는가를 겪은 사람이기 때문에 그렇게 쉽게 '자살같이 보이는 자살'은 할 수가 없었다.

그래서 난 방법을 찾기 시작했다. 누가 보더라도 자연사처럼 보이는 자살의 방법을…. 그래서 서서히 식사를 줄여 갔다. 내 의지로 생존에 필요한 양식을 거부한 것이다. 가족의 의심을 피하려 밥맛이 없다는 핑계로 반 공기, 나중에는 몇 술 뜨다가 말기를 6개월 정도, 결국에는 물조차도 넘기기 어려운 '거식증'에 이르러 약 한 달 간 병원에 입원해야 했다.

원인을 모르는 가족들은 나를 중환자실에 옮겨 놓았고, 모든 증상이 극도의 신경과민에서 온 줄 알고 신경정신과의 치료를 받게 했다. 몸은 그야말로 쇠약해질 대로 쇠약해져 43킬로그램이던 몸무게가 37킬로그램까지 줄었다. 그런데 신경정신과 치료를 받던 중, 심리검사에서 자살하려 했던 내 심중이 밝혀졌고, 꼬박꼬박 주던 약을 모조리 버렸다는 사실도 알려졌다. 가족들에게 미안함을 느꼈지만, 그후 3년여 동안 통원치료를 받으면서도 죽음에 대한 생각은 떠나지 않았다.

그런데 이상한 것은 그렇게 차갑게 얼어붙은 것 같은 내 마음에도 꼭 한 사람만은 밉지가 않았다. 바로 내 남동생이었는데, 어쩌면 동생은 내가 마지막 붙들고 있는 생명선 같은 것이었는지도 모른다. 나는 심지어 부모님께도 마음 문을 닫고 말을 하지 않으면서도, 동생과는 얘기를 주고받았다. 동생도 나를 무척 아껴 주고 사랑했다.

그러던 어느 날, 동생의 가장 친한 친구가 날 찾아왔다. 그 친구

는 나에게 너무도 엄청난 얘기를 들려 주었다. 요즘 동생이 자살을 생각하고 있다는 것이었다. 형의 자살과 또 요즈음 나의 생활 등, 너무나 큰 사건들 앞에 염세주의로 빠져들고 있다는 것이었다.

그 순간 나는 정신이 번쩍 드는 것 같았다. 이제껏 나만을 생각하며 살았던 이기적인 생활이 바로 내가 가장 사랑하는 동생을 죽음의 길로 끌어들이고 있었다는 죄책감이 나를 뒤흔들었다. 그러나 나는 아무것도 할 수가 없었다. 얼마나 안타까웠는지….

그런데 그 때 내 머리를 스치는 한 가지 생각이 있었다. 그것은 지금까지 그렇게 외면하고 있었던, 하나님은 신이라는 말, 그것이었다. 그 날 밤 아무것도 할 수 없었던 나는 생전 처음 신이라는 하나님 앞에 무릎을 꿇었다. 정말 절실한 마음으로. 왜냐하면 신이라는 그 말은 곧 무엇이든지 다 이루어 줄 수 있는 절대자란 말로 받아들여졌기 때문이다. 나는 하나님께 도움을 청했다.

'하나님, 정말 당신이 신이라면 지금 나의 모든 것을 알고 계실 것 아닙니까? 제발 나를 도와 주세요. 그리고 제 동생을 도와 주세요. 그러면 제 동생을 당신께 바치겠습니다.'

나로선 정말 간절하고 다급한 기도였다. 그리고 다음 날은 나에게 하나님은 신이시라고 전해 준 친구를 찾아가 목사님을 만나게 해달라고 부탁했다. 내 동생을 하나님이 계신 교회로 데려가기 위해선 내가 먼저 교회에 나가야 했기 때문이다.

그러나 놀라운 것은 무신론자였던 동생이 그 날 하나님을 찾으며 하나님을 인정하는 말을 하는 것이었다. 하나님께 동생을 구해달라고 기도한 것은 하나님과 나만의 비밀인데 말이다. 나는 하나님은 정말 살아 계신 신이시며, 나의 어려움을 해결해 주실 수 있는 절대자이심을 가슴으로 받아들이게 되었다. 동생과 나는 망설임 없이 교회를 찾아가 목사님을 만나 뵙고 상담을 했다.

그 때 내가 알게 된 사실은, 죽음은 모든 고통의 끝이 아니라 영원한 세계로 들어가는 문이라는 것과 내 인생의 주인도 내가 아닌 하나님이시라는 것이었다. 또한 자살은 내 손으로 나를 살인하는 것이라는 무서운 사실도!

나는, 아니 우리는 지금까지 감겨져 있던 눈이 확 떠지는 느낌을 받았고, 한순간도 우리에게서 눈을 떼지 않으시고 우리를 보호해 주신 하나님의 크신 사랑을 알게 되었다.

그리고 나의 차갑게 얼어붙어 있던 마음과 부정적으로만 세상을 바라보던 모든 것들이 한순간에 변하는 것을 느낄 수 있었다.”

10. 상실의 시대
- 슬픔의 치유

새벽 두시, 홀로

강으로 내려가 본 일이 있는가.

강가에 앉아

버림받은 기분에 젖은 일이 있는가.

어머니에 대해 생각해 본 일이 있는가.

이미 죽은 어머니, 신이여 축복하소서.

여인에 대해 생각해 본 일이 있는가.

그 여자 나지 말았었기를 바란 일이 있는가.

할렘 강으로의 나들이

새벽 두시

한밤중 나 홀로

하나님, 나 죽고만 싶어 -.

하지만 나 죽은들 누가 서운해 할까.

흑인 시인 랭스턴 휴스의 재즈풍 시(詩)를 인용함으로써, 신경
숙은 〈깊은 슬픔〉에서 자기가 말하려는 슬픔의 주제를 단적으로

드러냅니다. 그녀에게도 슬픔의 문제는 현대인의 가슴을 시리게 하는 상처로 응어리져 있음을 엿볼 수 있습니다.

우리를 슬프게 하는 것들

독일의 산문 작가인 안톤 슈나크를 알고 있습니까? 그의 수필집 〈우리를 슬프게 하는 것들〉에는 무엇이 우리를 슬프게 하는지 그 목록을 소개하고 있습니다. 울고 있는 아이의 모습, 초가을의 햇빛이 내리비치는 죽은 새의 시체, 동물원에 갇혀 있는 동물들, 사냥꾼의 총부리 앞에 죽어 가는 한 마리 사슴의 눈망울, 공동 묘지에서 어린 나이에 죽은 소녀의 묘비명들입니다. 이 밖에도 오뉴월의 장의 행렬, 가난한 노파의 눈물, 거만한 인간, 자동차에 앉아 있는 출세한 부녀자의 좁은 어깨, 굶주린 어린아이의 모습, 철창 안으로 보이는 죄수의 창백한 얼굴 등이 우리를 슬프게 하는 것들이라고 말하고 있지요.

이러한 것은 우리 주위에서 얼마든지 볼 수 있는 것들이지만, 과연 우리가 이런 것들에 슬퍼할 만큼 감정이 섬세하고 풍부합니까? 슈나크의 글은 우리가 평소에 이것들을 보고도 그냥 지나쳐 버리지 않은가를 반성하게 합니다. 오늘 현대인들은, 아니 지금 우리 한국인들은 웬만한 일에 대해서는 슬퍼할 수 없을 만큼 감정이 무디어진 것은 아닌가요?

몇 해 전 〈서편제〉라는 영화가 전 국토를 휩쓸며 폭발적인 인기를 끈 적이 있습니다. 동편제에 비해 슬픔과 한(恨)의 서정을 더욱 심오하게 맛볼 수 있는 민족 특유의 가락에 우리는 절로 눈시울을 붉혔습니다. 그것이 단순한 한의 이야기로 끝나지 않고, 예술적 감각을 통하여 개인적으로, 공동체적으로, 민족적으

로 한 차원 더 높게 성숙되고 승화됨을 목격하였습니다. 가락에
도 우리에게 맞는 그릇이 있음을 그 때서야 무릎을 치며 감탄한
이들도 많았지요. 슬픔을 먹고 살아온 민족, 그래서 '슬픔'이라
는 두 글자가 우리에게는 결코 낯선 단어가 아닌 것입니다.

너무 일찍 닥쳐온 슬픔

"우리 가족은 석 달 전만 하여도 행복했답니다. 셋방살이 단 칸
방에 다섯 식구가 늘 웃음꽃을 피우는 화목한 가정으로 모든 사람
들이 부러워했어요. 어느 날 방이 두 칸인 곳으로 이사를 가자, 나
의 소원이었던 공부방을 얻게 되어 기쁘고 행복했습니다. 그러나 이
사한 지 며칠 안 되어, 엄마는 우리의 용돈이라도 벌어야 한다고 하
시며, 남의 집에서 일을 하시고 밤늦게 들어오시곤 하셨습니다.

그러던 어느 날, 엄마는 몸이 부어 오르는 이상한 병에 걸려 병원
에 입원하게 되었습니다. 아빠와 나는 번갈아 가며 엄마를 간호했
고, 엄마가 없는 집안은 엉망이었습니다. 제가 일어나 밥하고 반찬
을 만들었는데, 짜지 않으면 맵고 싱거웠습니다. 몇 주가 지난 어느
날, 병원에 다녀오신 아빠는 술에 취하여 우시면서, '숙아, 엄마는
오래 살지 못하는 간경화증이라는 병에 걸렸단다.' 하셨습니다. 그
자리에서 눈물을 감출 수 없는 심정에 울음을 터뜨렸습니다. 세 동
생들 때문에 더 이상 소리내어 울지도 못하고, 아빠와 전 눈물을 참
느라 목이 메었습니다. 엄마는 가정 형편이 어려워 완쾌되지도 못하
고 집으로 돌아오셔야만 했고, 아빠 좋다는 약은 무엇이든지 아까워
하지 않고 잡수시게 하셨습니다. 아빠는 병에 걸려 고생하시는 엄마
를 보면 다시 눈물을 흘리셨고, 죽어 가시는 엄마를 생각하시며 열
심히 일하시고 또 열심히 간호를 하셨습니다.

그런데 이 곳 강원도 태백은 탄광촌입니다. 저의 아빠 또한 땅 속 수백 미터에서 석탄을 캐는 작업을 하고 계시지요. 그 힘든 일을 하시면서도, 아빠 구김살 없는 얼굴로 엄마를 간호하셨습니다. 그 날도 우리 엄마와 네 남매를 위하여 아빠 막장으로 들어가야만 했습니다. 전 지금도 그 때의 아빠 모습을 기억하고 있어요. 아빠와의 마지막 대화였으니까요. '아빠, 내일이 막내 생일이에요. 그리고 연탄도 몇 장 남지 않았어요.' 아빠 내일이 막내 생일이라는 게 기쁘셨을 것이고, 한편으로는 막막한 심정이셨을 거라는 생각이 듭니다. 그 다음 날이었습니다. 아빠가 돌아오실 시간이 지나도 돌아오시지 않고, 아빠 직장의 사람들만 오셨을 뿐, 아빠는 계시지 않았습니다. 저녁이 되어서야, 앞집 아주머니께서 긴 한숨을 내쉬며 말씀하셨습니다. '아빠가 막장에서 나오던 중, 갱이 무너져 석탄 속에 묻혀 사망하셨다.'

  믿을 수 없는 일이라 그저 울고 말았습니다. 병든 엄마가 이 사실을 알면 병이 더욱 심해질 것을 생각하니 괴롭고, 어린 세 동생들을 생각하니 견딜 수가 없었습니다. '병든 엄마 그리고 세 동생들을 어떻게 하라고 그런 변을 당하셨을까?' 생각할수록 하나님이 미웠습니다. 지금도 아빠의 모습이 집안 어느 곳에 계신 것만 같아요. 어느 누구나 겪어야 할 슬픔이지만, 나에게는 너무 일찍 닥쳐온 것이기에, 이 슬픔이 원망스럽습니다."

  〈십대들의 쪽지〉에 나오는 사연입니다. 어린 시절의 가슴 아픈 이야기가 우리에게 어떻게 슬픔을 가져다 주는지 헤아려 보게 합니다. 한편, 군입대를 앞두고 슬픔을 맛보는 연인들이 많습니다. 정석원이 짓고 이장우가 노래하는 〈 훈련소 가는 길 〉

에 그런 슬픔이 살포시 묻어납니다.

"넌 내가 힘들어 할까 걱정스런 눈빛이지만 아냐, 나도 남자잖아. 남들처럼 견딜 수 있을 거야. 너무 슬프게 울지는 마, 내가 괜히 미안하잖아. 이제는 한동안 못보겠지만 내 생각이 날 땐 가끔 면회나 와 줘. 첫 휴가 때는 짧은 머리에 난 아마도 쑥스럽겠지. 날 기다리진 마. 네게 부담 주긴 싫어. 좋은 사람 만날 기회를 나 때문에 피하지는 마. 하지만 그래도 네가 나를 못잊어 아무것도 없이 새로 시작할 날 허락한다면 그 땐 너와 결혼을 하고 싶어."

슬픔, 도대체 이 슬픔이란 게 무엇일까요? 슬픔이란, 우리 삶의 심오한 변화나 상실에 대한 자연스럽고도 필연적인 반응이지요. 슬픔은 아래와 같은 상황들에 대한 건전하고도 인간적인 반응입니다. 곧 가족이나 친구의 죽음, 별거나 이혼, 유산, 상처나 장애, 직장이나 재산이나 애완 동물을 잃음, 자녀가 집을 떠남, 새로운 곳으로 이사함, 자녀에 대한 실망, 꿈을 포기함. 그러나 무엇보다도 우리가 경험할 수 있는 가장 큰 상실은 바로 사랑하는 사람이 죽었을 때입니다―그러나 그런 때일지라도, 완전히 슬픔에 잠기는 것이야말로 우리의 상실을 인정할 수 있게 도와주는 최선의 방법입니다. 슬픔이 고통스러운 경험이라는 사실은 그 누구도 부인할 수 없지요. 하지만 그 고통은 곧 가라앉을 것이라는 믿음이 무척 중요합니다.

왜 슬픔을 이해하는 것이 중요한 일일까요? 그것은 누구나 일생 동안 때때로 상실이나 변화를 경험하기 때문이지요. 슬픔을 이해하는 것은 여러분에게 다음과 같은 도움을 제공합니다:상실이라는 현실에 직시하여 두려움, 외로움, 절망, 그리고 무력감을 이겨 낼 수 있게 도와 줍니다. 경험을 통한 회복과 성장, 자신의 슬픔을 인정하는 방법을 익히고 나면, 여러분은 더욱더 강한 사람이 될 수 있으며 행복한 삶, 충만한 삶을 누릴 수 있답니다.

　감정적인 상처를 치유하는 데 걸리는 시간은 저마다 다르지만, 슬픔에 빠진 사람들은 공통적으로 다음과 같은 감정들을 겪지요:〈충격과 부인〉"이건 현실이 아니야." 여러분의 첫 반응은 상실에 대한 부인일 수 있습니다. 또한 여러분은 충격을 입을 수도 있지요-그것은 일종의 감정적인 '마비 현상'입니다. 이런 것들은 지극히 정상적인 반응입니다. 사실 이러한 감정들은 곧 지나가 버릴 것이고, 여러분은 상실이라는 현실을 직시하게 될 것입니다. 〈분노〉"왜 하필 이런 일이 생긴단 말이야?" 뭔가 소중한 것을 상실한다는 것은 상처가 될 수 있으며, 부당한 처사라고 여겨질 수도 있습니다. 여러분은 그 상실을 막지 못한 것에 대하여 자신과 타인에게 분개와 분노를 느낄 수 있습니다. 다소 시간이 걸리겠지만, 그래도 여러분은 그 분노를 이겨낼 수 있습니다. 〈죄책감〉"내가 곧바로 뭔가 조치를 취하기만 했더라도…." 여러분은 상실 직전에 자신이 뭔가를 했다거나 하지 못했다는 것 때문에 스스로를 비난할 수도 있어요. 하지만 여러분은 인간이라는 사실을 잊지 마세요. 또 여러분이 어쩔 수 없는 사건들도 존재한다는 점을 꼭 기억하세요. 〈절망〉"무슨 소용이야? 어차피 예전 같을 수는 없는 걸." 잠시 동안 여러분은 육체적으로나 정신적으로나 쇠진한 것처럼 느낄 수 있으며, 일상적인 일들은 전혀 해낼 수 없다거나 또는 전혀 할 필요가 없다고 여길 수도 있습니다. 하지만 사실 여러분은 다시금 삶에 연루됨을 향하여 발걸음을 내딛게 될 것입니다-어쩌면 처음에는 극히 작은 발걸음일 수도 있지요. 〈외로움〉"나 혼자서 해낼 수는 없어." 책임증가와 사회적 삶의 변화는 여러분에게 외로움과 두려움을 안겨 줄 수도 있습니다. 그렇지만 새로운 도전에 부딪치고 새로운 우정을 발전시켜 나가면서 여러분은 이런 감정들을 극복하는 방법을 터득하게 될 것입니다. 〈희망〉"그래, 우리에겐 즐거운 순간들이 많았지. 하지만 앞으로도 좋은 일들이 더 많이 생길 거야." 여러분은 마침내 자신의 상실을 인정할 수 있는 단계에 이르게 될 것입니다. 여러분은 과거를 좀 덜 고통스럽게 기억할 수 있을 것이며, 희망으로 가득 찬 미래에 초점을 맞추게 될 것입니다. 여러분은 곧 회복될 것입니다. 아무리 힘든 삶이 닥쳐오더라도, 늘 여러분은 헤쳐 나갈 수 있다고 믿으세요!

잎새에 이는 바람

"찬바람이 불더니 어느새 잎새들이 다 떨어진 나무는 비로소 자신을 살펴보며 가로등처럼 서 있습니다. 얼마 전까지만 해도 셀 수 없이 많은 그 찬란한 초록의 잎새를 자랑하던 나무였습니다. 잎새가 다 떠난 뒤 원초적인 존재로 서 있는, 그리고 하늘을 올려다보는 나무, 그 모습은 바로 우리의 자화상이지요. 사람을 희랍어로 '안스로포스'라고 하는데, '위를 올려다보는 존재'라는 뜻이지요. 인간은 자신이 자랑하던 그 많은 것을 다 잃었을 때 비로소 하늘을 올려다보는 존재인지도 모릅니다. 상실에 따른 고뇌는 새로운 세계와의 만남입니다. 낙엽은 만남의 섭리를 알리는 초대장이구요."

김상길의 독백은 이제 칼릴 지브란의 노래로 이어집니다.

"친구와 헤어질 때 슬퍼하지 말라. 그 친구의 가장 맘에 드는 점은 그 친구가 없을 때 더 분명하게 나타나기 때문이리니, 마치 산을 오르는 이에게는 밑에서 볼 때 산이 더 분명하게 보이는 것과 같으리."

상실을 어떻게 받아들일 수 있을까요? 여러분은 다음과 같은 요구들을 해결함으로써 자신의 회복을 도울 수가 있습니다.

〈감정적 요구〉: 여러분의 감정을 큰소리로 말하세요. 그러면 여러분의 불안과 두려움을 인정할 수 있어요. 고통스러운 감정을 마음 속에만 가둬 놓는 것은 더욱더 많은 문제들의 원인이 될 수 있답니다. 도움을 받아들이세요. 도움을 주려는 사람들에게서 도움을 받으세요. 이해와 후원은 어려운 순간을 더 쉽게 만들어줍니다. 대개의 경우, 종교적인 신념과 목회자의 후원, 그리고 신앙 공동체의 후원은 상실의 시기에 큰 위안이 될 수 있답니다. 도움이 필요할 때는 도움을 청하세요. 친구와 친지들은 여러분을 돕고자 합니다. 하지만 여러분이 알려 주기 전에는 무엇을 도와 주어야 할지 잘 모른답니다. 필요하다면 전문가의 도움을 청하는 게 좋겠지요. 예를 들면, 절망감과 가치 상실감이 지속될 때, 또는 스스로를 상처 입히고 싶다고 느껴질 때, 전문가에게 도움을 청하세요. 자기에게 친절하세요. 그리고 잘 견뎌 내세요. 어떤 날들은 다른 때보다 더 힘들 수 있어요. 하지만 중요한 것은 여러분이 회복되리라는 믿음을 고수하는 것이랍니다. 상실로부터 완전히 회복될 때까지는 어떤 중요한 결정도 내리지 마세요.

〈신체적 요구〉: 충분한 휴식을 취하세요. 날마다 충분히 쉬세요. 그러면 문제를 처리할 수 있는 힘도 더 많이 생길 것이고, 여러분이 즐기는 활동들에 다시금 몰두할 수 있는 힘이 생길 것입니다. 자신의 건강을 돌보세요. 영양이 골고루 갖추어진 식사를 하고, 규칙적인 운동을 하세요. 의사와 상담을 한 후예요. 또한 여러분은 술이나 신경 안정제나 몸에 해로울 수 있는 그 밖의 약물들을 피해야 합니다. 그리고 여러분의 외모에 자존감을 가지세요. 문제들을 조심하세요. 두통이나 욕지기, 현기증, 떨림, 가슴앓이, 호흡부족, 체중감소, 불면증, 무기력 등의 문제들을 조심하세요. 놀라지 마세요―이 문제들은 스트레스와 연관된 것들일 수 있어요. 만일 이런 증상들이 계속된다면 의학적인 도움을 받도록 하세요. 의사를 찾아가세요. 도움이 필요할 때나 또는 의사가 충고한 대로 자주 찾아가세요.

그런 다음에는 긍정적인 사고 방식을 되찾기 위해 노력하세요. 뭔가 생산적인 일을 한다는 것은 자신과 미래에 대한 느낌에 굉장한 효과를 미칠수 있답니다. 이런 일들을 해 보세요 : 목표를 정하고 거기에 도달하도록 노력하세요. 첫걸음을 내딛기는 무척 힘이 들지요. 하지만 발걸음을 앞으로 내딛는 순간, 여러분은 올바른 방향으로 나아가게 되는 것입니다. 단기적인 목표에서 출발하세요. 성취하고 싶은 일들의 목록을 작성하세요. 여러분은 편지를 쓰거나, 친구를 방문하거나, 맛있는 식사를 준비하는 등의 활동들에서 출발할 수 있을 것입니다. 성취하기까지의 기한을 정하세요. 여러분의 발전을 인정하세요. 그리고, 주저하지 말고 자신을 칭찬해 주세요. 하루의 일과는 모두 한 번에 적으세요.

그런 다음에는 장기적인 계획으로 발전시키세요. 좀더 먼 미래의 목표들을 기록하세요-예를 들면 새로운 직업을 택한다거나, 오랫동안 원했던 여행을 한다거나, 교육을 계속 받는다거나, 새로운 취미를 살린다거나 말이지요. 다시 성취하기까지의 기한을 정하세요. 정기적으로 여러분의 발달 상황을 점검하세요. 만일 기대했던 바를 성취하지 못했더라도, 언제든지 여러분의 목표를 재점검하고 계획을 조절할 수 있습니다. 무엇보다도, 포기해서는 안 됩니다!

새로운 활동들을 시도해 보세요. 여러분의 삶은 상실로 인해 변화했어요. 따라서 여러분에게는 새로운 방향으로의 전환이 필요해요. 여러분은 다음과 같은 일들을 바랄 수 있지요. 〈동호회나 단체에 참여하기〉: 비슷한 관심을 지닌 사람들과 함께한다는 것은 보람차고 재미있는 일일 수 있지요. 〈강의에 참석하기〉: 여러분의 거주 지역에서 유용한 성인 교육 프로그램이나 대학 프로그램들을 점검해 보세요. 이제까지 여러분이 탐구해 보고 싶어했던 과목이나 기술을 선택하세요. 〈자원봉사 활동〉: 여러분은 다른 사람들을 도와 줌으로써, 여러분 자신도 도울 수 있다는 사실을 깨닫게 될 것입니다. 〈직업 목표의 평가〉: 여러분에게 직업이 없다면, 어떤 직업을 택하여 출발할 수 있답니다. 만일 현재의 직업에 만족하지 못한다 하더라도, 새로운 직업의 선택을 고려해 볼 수 있어요.

　만일 여러분이 전문적인 도움을 필요로 한다면, 다음과 같은 사람이나 장소를 찾아가면 됩니다. 〈상담가/상담의 유형〉: 개별 상담은 치료자와 일대일 상담을 통해서 슬픔을 이겨낼 수 있는 기회를 여러분에게 제공할 수 있지요. 집단 치료는 협조의 과정이지요. 집단의 구성원들끼리 서로 생각과 경험을 나눔으로써 서로에게 도움을 주는 것입니다. 가족 상담은 하나의 구성 단위인 가족이 슬픔을 견뎌 낼 수 있도록 돕는 일에 초점을 둔답니다. 〈상담가 선택〉: 상담가들은 사람들이 자신을 이해하고 새로운 목표를 설정한다거나 자신의 상실 경험을 이겨 낼 수 있도록 도와 줍니다. 상담가라 함은 심리학자, 정신 의학자, 성직자, 사회 복지사, 슬픔 치료자, 목회 심리치료사 등을 일컫는 말이지요. 상담가를 선택하는 일에 도움이 필요하다면 친구나 의사나 성직자나 법률가나 또는 사회 봉사 기구에 추천을 의뢰하세요.

　슬픔에 잠긴 사람들을 위해서 여러분이 할 수 있는 일이 무엇일까요? 우선, 여러분 자신이 슬픔에 빠진 사람들의 입장에 처했다고 생각해 보세요. 그런 다음에는, 어떤 형태의 원조가 가장 도움이 될 것인지 결정하세요. 다음은 특별히 슬픔의 초기 단계에 있는 사람들을 도울 수 있는 방법들입니다. 〈감정적인 지원〉: 가능하다면 함께 있도록 하세요. 누군가의 곁에 있어 주는 것만으로도 종종 커다란 도움이 될 수 있답니다. 두려워하지 말고 그 사람을 포옹해 준다든지 손을 꼭 잡아 준다든지 함으로써 관심을 보여 주세요. 만일 곁에 있어 줄 수 없다면, 편지를 쓰거나, 전화를 하거나, 꽃을 보내거나 함으로써 여러분의 관심을 보여 줄 수 있겠지요. 좋은 경청자가 되어 주세요. 동감을 하면서 귀를 기울여 주는 좋은 친구는 슬픔에 잠긴 사람들에게 커다란 위안이 될 수 있답니다. 독립심을 길러 주세요. 슬픔에 빠진 사람은 자신이 새로운 생활 방식에 잘 적응할 수 있다는 사실을 자주 상기시켜 주어야만 해요. 인내심을 가지세요. 심한 상처를 입은 사람이 자신의 상실을 인정하고 그 상실로 인한 변화를 극복해 낼 수 있기까지는 시간이 걸린다는 사실을 명심하세요. 슬픔에 잠긴 사람을 안심시켜 주세요. 초기의 충격이 지나가고 나면, 그 고통이 오히려 교훈이 될 수 있다는 점을 그 사람에게 인식시켜 주세요. 이전에 여러분이 겪었던 비슷한 경험들에 관하여 이야기하고 여러분의 느낌을 함께 이야기하는 것도 좋겠지요. 그 사람이 지금 겪고 있는 일을 여러분이 이해하고 있다는 점을 알려 주세요. 다만 "여러분이 어떻게 느끼고 있는지 난 잘 알아요" 등의 말투는 피해 주세요.

실질적인 원조가 있습니다. 일상적인 허드렛일들을 도와 주세요. 시장을 본다거나 집안 일을 한다거나 하는 일상적인 허드렛일들로부터 그 사람을 해방시켜 주세요. 카드와 편지들을 보내 주세요. 감사편지 같은 것을 써서, 도움을 주세요. 식사 준비를 거드세요. 그 사람의 집에 여러분이 만든 음식을 가져다 주든지, 또는 여러분의 집에 초대하여 식사를 제공하세요. 전화에 답하세요. 전화를 걸어서 메시지를 전하세요. 기억하세요. 회복하려면 시간이 걸립니다. 대체로 사람들은 상실로 인한 초기의 충격이 수그러든 후에 가장 많은 도움을 필요로 합니다. 필요로 하는 만큼 계속적으로 지원을 해 주세요.

슬픔에 관한 그릇된 생각들이 있습니다. "눈물은 연약함의 증거다": 틀렸어요. 눈물은 가장 격렬한 감정을 떨구어 버릴 수 있는 방법이지요. 여러분이 사랑하는 누군가를 잃게 된 데 대하여 어떻게 느끼고 있는지를 보여 준다는 것이 부끄러울 이유가 어디 있나요? "어린이는 슬픔으로부터 보호받아야 한다": 아니지요. 아이들도 슬퍼해야 할 필요가 있어요. 아이들에게 정직하게, 사랑을 갖고서, 그 상실에 관하여 말해 줌으로써 그들의 요구에 주의를 기울여 보세요. 아이들은 또한 자신의 슬픔에 관하여 이야기를 나눌 수 있는 마음이 열린, 관심 있는 사람을 필요로 합니다. "슬픔에 빠진 사람과 상실에 대한 이야기를 나누는 것은 피하는 것이 좋다": 아니지요. 슬픔에 잠긴 사람들은 오히려 기억들을 생생하게 유지시켜 주는 친구들을 고맙게 여기며, 상실 때문에 생긴 고통에 대하여 공개적으로 이야기하는 것을 전혀 두려워하지 않습니다. "슬픔의 끝은 곧 사랑했던 사람에 대한 관심의 끝을 의미한다": 전 혀 아니지요. 사랑은 슬픔을 넘어서 생기 있는 삶의 참여에로 지속되지요.

지하철을 기다리다 참 아름다운 글을 읽었습니다. 오래 전 미국에 해리 로더라는 가수가 있었는데, 어느 날 공연 도중에 아들이 전선에서 사망했다는 소식을 들었습니다. 그러나 그는 사람들 앞에서 웃으며 노래를 불렀고 공연을 끝까지 마쳤습니다. 그리고 아들의 시신이 안치되어 있는 전선의 야전 병원으로 달려 갔습니다. 그는 여기에서 아들이 죽었지만 살아 있는 조국의 아들들이 많다는 것을 알고 먼저 공연을 자청, 전선의 무대에서 군인들에게 노래를 선사했습니다. 그는 믿음의 사람이었지요. 아들의 죽음이 가져온 슬픔을 믿음으로 이겨 나갔습니다. 후에 그는 한 잡지사와 인터뷰하면서, 과거의 고난을 회고하며 이렇게 말했습니다.

"고난을 맞는 인간의 태도는 세 가지입니다. 이 세상을 비관함으로써 좌절하든지, 술을 계속 마심으로써 파멸을 당하든지, 하나님께로 슬픔을 가져가든지 하는 것이지요. 나는 슬픔을 하나님께 가져가 맡김으로써 위로와 힘을 얻었고, 그것을 다른 사람에게 증거할 수 있게 되었습니다."

괴로울 때 주님의 얼굴 보라.
평화의 주님 바라보아라.
세상에서 시달린 친구들아.
위로의 주님 바라보아라.
눈을 들어 주를 보라.
네 모든 염려 주께 맡겨라.
슬플 때에 주님의 얼굴 보라.
사랑의 주님 안식 주리라.

슬픔은 나눌수록 작아진다

그러므로, 상실과 슬픔은 삶의 본질적인 부분이지요. 명심하세요. 여러분이 다음 사항들을 지킬 때, 슬픔으로부터의 회복은 훨씬 더 쉬워질 것입니다. 슬픔의 국면들을 이해하세요. 자신이 조절해 나갈 수 있다고 믿으세요. 여러분의 상실을 인정하고, 그 경험으로 인해 성장하는 방법을 배우세요. 필요할 경우에는 도움을 청하세요. 다시 한 번 가장 충만한 삶을 누리는 방법을 배우십시오!

그리고 서로의 슬픔을 나누세요. '기쁨은 줄수록 커지지만, 슬픔은 나눌수록 작아진다'는 말이 있습니다. 남의 슬픔을 나누면 그 당사자는 짐이 가벼워지지만, 나누는 사람은 사랑의 능력이 더 많아지고 증가됩니다. 나는 요즘 텔레비전의 〈사랑의 리퀘스트〉나 IMF 시대를 극복하기 위한 온 국민의 금 모으기 운동 같은 것을 보면서, 서로의 슬픔을 나누어지려는 불길 같은 민족 정신이 살아 꿈틀거리는 것을 목격합니다. 우리는 옛부터 그런 민족이었습니다. 사랑이라는 우물은 퍼낼수록 많이 고이는 법입니다. 생텍쥐페리는 〈어린 왕자〉에서 슬픔이 차차 회복되고 승화되는 과정을 이렇게 묘사하고 있습니다.

이제는 그 슬픔이 약간 가시었다. 그러니까 … 완전히 가시었다는 것은 아니다. 그러나 나는 어린 왕자가 자기 별로 돌아간 사실을 알고 있다. 해뜰 무렵에 보니, 그의 몸이 사라졌던 것이다. 그리하여 나는 밤의 별들의 웃는 소리를 듣기 좋아한다. 그것은 오억 개의 방울과 같은 것이다."

11. 똑바로 보고 싶어요
- 죄책감의 치유

"도대체 왜 일이 그렇게 뒤틀리는지 알 수가 없어요. 어머니는 항상 그렇듯이, 왜 좀더 자주 내려오지 않느냐고 추궁하듯 말씀하셨어요. 그러는 동안 저는 속에서 점점 더 화가 났습니다(그는 눈을 돌려 바닥을 내려다 본다.). 마침내 저는 어머니에게 소리를 지르며 대꾸했습니다. '제 처지가 되어 보라구요!' … 제가 한 행동을 믿을 수가 없어요(그는 손으로 얼굴을 가린다. 머리를 저으며.). 무려 열 번씩이나 그 말을 하고는, 자리를 박차고 어머니 면전에서 문을 꽝 닫아 버리고 집을 나왔어요."

'나 때문에' 증후군

이장호·금명자의 〈상담연습 교본〉에 나와 있는 한 대목입니다. 내담자의 흐느낌 속에 죄책감으로 괴로워하는 모습이 역력합니다. 죄책감의 문제는 평생을 따라다니는 것 같습니다. 초등학교 시절, 놀려 대는 친구와 운동장에서 싸움이 붙었는데, 멱살이 잡힌 그 친구가 숨을 헐떡거리며 기절을 해 버리는 게 아니겠어요. 혹시 죽지나 않았나 겁이 나기도 했지만 그것은 그 순간

뿐이었지요. 더 괴로운 것은 성한 아이도 아니고 소아마비인 그 친구를 때려 눕혔다는 죄책감입니다. 불현듯 그 생각만 나면 지금도 그 친구에게 미안한 마음이 듭니다. 또 한 번은 번번이 내 일등 자리를 가로막고 있는 친구를 이겨보려고, 그 친구가 제출한 방학 숙제에다 연필로 낙서를 해 버린 일이 있었지요. 밝혀지지는 않았지만, 그 어린 시절의 기억이 지금까지도 죄책감을 가져다 주는 거예요. 그 친구에게 꼭 미안하다는 말을 해야겠다고 이십 년도 훨씬 넘은 최근에 그를 수소문해서 가까스로 찾았는데, 그 친구는 무슨 소리인지 전혀 감을 못 잡더라고요. '별 싱거운 녀석 다 있군' 하는 모습이었지요. 죄책감에 시달린다는 게 이렇게 무서운 것이었어요. 그 친구는 몰랐어도, 저는 여태껏 못내 죄책감으로 괴로워했으니 참 우습지요. 못난 내 자신이 부끄러워집니다. 주서택·김선화의 〈내 마음 속에 울고 있는 내가 있어요〉에는 다음과 같은 사연이 있습니다.

"왜 나는 누구에게든지 힘을 다해 잘하다가도, 아무것도 아닌 것을 가지고 폭발적으로 화를 내곤 하는 것일까? … 나 자신이 왜 이럴까? 누구하고도, 하나님과도 나는 정말 친밀하다는 느낌을 가져 보지 못한다. 모든 인간이 다 나와 같은 것일까? … 기도가 아니라 절규라고 해야 옳을 것 같은 심정이었다. 그런데 그 때 내 안에 떠오르는 말이 있었다. '너를 임신하고 임신중독증에 걸려서, 엄마가 이렇게 병이 든 거야!' 가족들로부터 많이 들어 온 말이었다. 나의 어머니는 몸이 매우 약하시고, 지금은 다른 사람의 신장을 이식받으셔서 살고 계신다. 어머니가 이렇게 몸이 약해지신 것에 대해, 할머니와 아버지 그리고 어머니는 이런 말로 나에게 설명하시곤 했던 것이다. 그 내용은 이러하다.

어머니가 나를 임신하셨을 때, 우리 집은 매우 가난하고 어려웠다. 그런데 어머니가 나를 임신하시고 임신 중독증에 걸리자, 집안에서는 아이를 지우라고 하셨다. 하지만, 엄마는 그런 몸으로 나를 출산하셨고, 그 뒤로도 쉬지 못하고 일을 하셔야 했기에, 결국 신장이 약해지셨고, 신장 수술을 할 수밖에 없게 된 것이다. 나를 유산시켰다면 어머니의 건강이 이토록 나빠지지는 않았을 것이라는 생각에, 나는 항상 어머니에게 미안하고 죄책감이 들곤 했다.

할머니가 나에게 이런 말씀을 하실 때마다, 마치 '너 때문이다!'라고 원망하시는 것 같아서, '그럼, 나를 낳지 말지, 왜 나를 낳아서 이렇게 고생을 하셔요?' 하며, 내 방으로 와서는 많이 울곤 했었다. 정말 내가 태어나지 않았더라면 얼마나 좋았을까! 그래서 어머니가 건강하시다면, 얼마나 좋을까! 그런데 지금 왜 갑자기 이런 말들이 다시 생각이 나는 것일까? 이것이 내가 느끼는 대인 관계와 하나님에 대한 거리감과 무슨 상관이 있다는 말인가? 이유는 알 수 없지만, 가슴이 너무도 답답해져 옴을 느꼈다."

인간이기에

죄책감을 느껴 보지 않은 사람도 있을까요? 현재 여러분이 처해 있는 인간적 고통의 하나인 죄책감은 모든 이가 한 번쯤 겪어 보았고, 또 지금 이 순간에도 수많은 이들이 이런 어려움에 힘겨워 하고 있을 것입니다. 그러면 도대체 이 죄책감이란 무엇일까요? 여러분이 느끼는 죄책감은 다양할 것입니다. 여러분의 행위가 처음 의도와는 전혀 상관 없이 결과적으로 자신에게 죄책감을 느끼게 하는 경우가 있습니다. 여러분의 철저한 계획 아래 고의적으로 행한 일에 대하여 다가오는 후회와 죄책감도 있습니다. 또 여러분의 지나친 상상력에 따라 발전된 자책감이나 죄의식도 여기에 속하지요. '난 정말이지 나쁜 놈이야. 천성적으로 난 사악한 악마적 기질을 타고 났어! … 난 지금 죄값을 치르고 있는 거야! 나 같은 걸 가만히 놔 두겠어?'

죄책감이 우리의 정신과 육체에 끼치는 영향은 매우 피괴적입니다. 인간은 죄책감의 노예가 되어, 걱정 근심과 두려움과 열등감에 휩싸인 채, 파멸의 길을 걸어갑니다. 또한 죄책감은 자신을 해치는 자해적인 면과 함께 타인을 위협하는 파괴적인 요소도 지니고 있지요. 자기 잘못을 다른 사람의 탓으로 돌리면서 자기 합리화를 꾀합니다. 또 어떤 이들은 자신이 죄책감을 느끼지 않는다는 그 자체를 죄스러워하는 심정으로 또 다른 죄과를 만들어 냅니다. 악순환인 것이지요.

죄책감은 신앙적인 믿음을 가로막아 불신을 갖게 하는 주요인이 되기도 합니다. 죄책감에 눌려 있는 이는 도저히 자신을 용서할 수 없는 극한 자책감에 시달리게 되고, 그 누구도 자신을 용서하지 않을 것이라고 지레 단정해 버리지요. 이처럼 죄책감은 여러분 마음 속에 자리잡고 있어야 할 믿음의 공간을 불신으로 가득 채워서, 여러분을 자기 모멸과 고통의 어둠 속으로 몰아넣습니다.

어떤 중년의 여인이 있었는데, 남편이 돈 벌러 사우디에 간 사이 그만 바람이 났습니다. 시장 바구니를 들고 잠시 쉬러 들어간 디스코 클럽에서, 제비를 만난 것이지요. "참 각선미 한 번 멋지

시군요." 하는 한 마디 유혹에 걸려 넘어간 것입니다. 그래서 한참 바람을 피우다, 이 여인은 남편이 돌아올 때쯤 자신의 행동이 잘못되었음을 알고 후회를 했는데, 때는 이미 늦은 거지요. "이 놈의 다리, 이 놈의 다리!" 그 여인은 자기의 다리를 쳐가며 통곡을 했습니다. 하도 견디기가 힘들어 어떤 교회를 찾아갔는데, 그 날 그 교회 목사님의 설교 제목이 '하나님의 심판'이었더라나요. 죄를 범하면 반드시 벌을 내리신다는 이야기를 듣고 그 여인이 얼마나 두려웠겠습니까? 죄책감은 더욱 커졌고, 급기야 어느 날엔 자신의 다리가 움직이지 않는다는 걸 알게 되었습니다. 죄책감에 짓눌려 자꾸 다리를 원망하다 보니 마비가 온 것입니다. 남편이 돌아왔을 때, 그 여인은 앉은뱅이가 다 되어 있었습니다. 여인이 괴로워서 자초지종을 털어놓은 후, 두 사람은 함께 부둥켜 안고 통곡을 했습니다. 그리고 남편이 아는 다른 교회를 나가, 그 곳 목사님과 부부가 함께 상담을 했습니다. 목사님은 그들의 이야기를 들으며, 하나님께 죄를 고백하고 용서를 비는 그들을 위해 기도해 주었습니다. 그리고 용서의 선언이 뒤따랐지요. 그런데 놀랍게도 용서를 확인한 뒤, 그 여인의 다리가 풀리기 시작했습니다. 죄책감에서 용서받고 해방됨으로써, 마비된 다리도 원 상태로 돌아온 것입니다.

"우리가 우리의 죄를 자백하면, 하나님은 미더우시고 의로우셔서, 우리의 죄를 용서해 주시고, 모든 불의에서 우리를 깨끗하게 해 주실 것입니다."(요한1서 1장 9절)

"이는, 죄가 죽음으로 사람을 지배한 것과 같이, 은혜가 의로 사람을 지배하면서, 우리 주 예수 그리스도 안에서 영원한 생명을 누리게 하려는 것입니다."(로마서 5장 21절)

감람산 기슭의 베드로

기드론 시내 건너편 감람산 기슭의 겟세마네 동산에는 온 인류의 구원이 달린 고투가 벌어지고 있습니다. 무릎꿇고 땀방울이 핏방울이 되도록 온 힘을 다해서 기도하시는 주님의 모습, 그 부르짖는 절규가 가슴에 아리도록 파고듭니다. "아버지, 만일 아버지의 뜻이면, 내게서 이 잔을 거두어 주십시오. 그러나 내 뜻대로 되게 하지 마시고, 아버지의 뜻대로 되게 하십시오." 고통과 비탄의 파도는 주님의 영혼을 덮치는데, 달빛만이 피땀으로 고뇌하는 주님을 지키고 있을 뿐, 피곤에 지쳐 잠든 제자들은 일어날 줄 모릅니다.

베드로가 처음 주님을 만났을 때, 갈릴리 바다보다 더 깊은 시선으로 자신의 심장까지 꿰뚫어 보시는 그분의 위엄 앞에 그의 마음이 묶이지 않을 수 없었습니다. 하늘의 권세를 지니신 주님의 가르치심에 아낌없이 그의 생애를 던질 수 있었습니다. 어부 생활, 인생의 미래, 모든 것을 버렸어도 주님의 사랑만으로 충분했던 지난 3년의 세월이었습니다.

칭송하는 무리의 환호와 '호산나'를 외치며 흔들던 종려나무 가지는 아직도 그의 가슴을 흔듭니다. 그런데 마지막 만찬을 나누시던 자리에서 "너희가 다 나를 버리리라" 하신 주님의 예언은 도저히 이해할 수 없는 것이었습니다. 그 자리에서 주님을 위로하듯, "다 주님을 버릴지라도, 나는 주님을 버리지 않겠습니다."라고 가슴을 펴 보이며 장담했던 그였습니다. 하지만 이 밤

졸고 있는 베드로의 머리 위로 어두움의 그림자가 한 걸음씩 한 걸음씩 다가서고 있습니다.

거룩한 희생의 길목에서, 주님이 성부 하나님의 뜻 앞에 자신의 뜻을 굴복시키고 조용한 신뢰로 기도를 마치셨을 때입니다. 갑자기 감람나무 숲이 흔들리며 횃불을 든 행렬이 검과 곤봉을 가지고 나타납니다. 대제사장들과 성전 군관들과 장로들이 보낸 무리였습니다. 그들의 무장은 필요 없는 것이었습니다. 그들에게 끌려, 주님은 잠잠히 어두움의 시간 속으로 걸어 들어가십니다. 두려움에 쫓겨 뿔뿔이 흩어지고 있는 제자들 틈에서, 베드로의 기세 솟던 충성심이나 죽음도 불사르려던 결심이 촛불처럼 흔들 거립니다. 그가 모시던 주님은 무력해 보이기까지 합니다. 실망과 두려움으로 금이 간 가슴을 추스리며, 그래도 주님 곁에 있으려고 좇아갑니다. 그러나 자꾸만 무거워지는 마음이 그를 '멀찍이 떨어져서' 뒤따라가게 하는 것을 어찌합니까?

예루살렘 거리를 지나, 어두움 속에서 입 벌리고 있는 대제사장의 집으로, 주님은 침묵하는 양이 되어 끌려가십니다. 주저하듯 뒤따르며 따라들어서던 베드로는, 뜰로 나 있는 많은 문들을 보는 순간 가슴이 조여듭니다. 도망가고 싶은 충동과 공포에 맞서면서, 그래도 그는 사랑하는 주님 곁에 있으려고 합니다. 무슨 일이 일어나는지 지켜 보아야만 하겠다는 마음 때문입니다. 차가운 바람이 두려움에 떠는 베드로의 어깨 위로 스치고 지나갑니다.

불을 피우고 앉아 있는 사람들 틈에 끼어 앉으면서, 베드로는 자신이 그들 가운데 하나로 여겨지기를 바랍니다. 하지만 승리감에 들떠 있는 그 사람들의 분위기 속에서 자꾸만 자신이 없어집니다. 불빛에 베드로의 얼굴이 드러납니다. 그러자 야멸차게 그를 고발하는 소리가 들립니다. "이 사람도 그와 함께 있었어요!" 한 하녀가 베드로를 빤히 노려보며 하는 말이었습니다. 사람들의 시선이 일제히 그에게 쏠립니다. 그렇지 않아도 두려움에 가슴 조이던 그의 입에서 즉각적으로 자신을 방어하는 배신의 말이 튀어나왔습니다. "여보시오, 나는 그를 모르오!" 주님과 함께 감옥에도, 죽는 데까지도 같이 가겠다던 그 입술로 말입니다.

애써 사람들의 시선을 피하며 발각되지 않기만을 바라고 있는 베드로의 귀에 잠시후 또 한 사람의 말이 들립니다. "당신도 그들과 한패지?" 순간, 위기감이 그를 감쌉니다. 불안에 허덕이던 그가 단호히 말합니다. "여보시오, 나는 아니오!" 주님을 지키려 말고의 귀를 자르던 베드로의 용기는 어디로 갔습니까?

베드로가 자신을 변호하려 하면 할수록, 그의 성급해진 말에서 튀어 나오는 갈릴리 억양이 그의 출신을 분명하게 해 줄 뿐입니다. 확증을 잡은 듯, 또 한 사람이 말합니다. "틀림없이 이 사람도 그와 함께 있었소. 이 사람은 갈릴리 사람이니까요." 베드로는 집요하게 자기를 예수님의 사람이라고 주장하는 그들에게 화가 치밉니다. 당황하고 흥분한 베드로는 예수님과 무관함을 증명하고 싶어서, 더욱 단호하게 부인합니다. "여보시오, 나는 당신이 무슨 소리를 하는지 모르겠소!"

베드로가 세 번째 주님을 배신하는 말을 아직 채 끝내기도 전에, 그의 가슴을 때리듯 닭이 울었습니다. 예수님이 몸을 돌이켜, 베드로를 바라보십니다. 자신을 변호하느라 여념이 없는 베드로를 '똑바로' 바라보십니다. 주님의 시선과 마주치는 순간, 주님의 시선에 사로잡히는 순간, 베드로의 가슴은 힘없이 무너집니다. 그제서야 무슨 일이 일어났는지 깨닫습니다. "네가 나를 부인하리라." 하신 말씀이 사실로 되는 순간이었던 것입니다.

예수님은 베드로를 똑바로 바라보십니다. 예수님의 그 눈빛은 책망이라기보다는 슬픔과 안쓰러움의 눈빛이십니다. 이 나약한 제자의 당황함을 이해하시는 눈빛이십니다. 하지만 도저히 베드로는 주님을 똑바로 마주볼 수가 없습니다.

똑바로 보고 싶어요, 주님, 온전한 눈짓으로.
똑바로 보고 싶어요, 주님, 곁눈질하긴 싫어요.

하지만 내 모습은 온전치 않아, 세상이 보는 눈은.
마치 날 죄인처럼 멀리하며, 외면을 하네요.

주님, 이 낮은 자를 통하여 어디에 쓰시려고
이렇게 초라한 모습으로 만들어 놓으셨나요.

당신께 드릴 것은 사모하는 이 마음뿐,
이 생명도 달라시면 십자가에 놓겠으니,

허울뿐인 육신 속에 참빛을 심게 하시고,
가식뿐인 세상 속에 밀알로 썩게 하소서.

장애인인 최원순 시인의 자기 고백처럼, 베드로도 주님을 똑바로 볼 수가 없었습니다. 그러고 싶었지만, 도저히 도저히 그럴 용기가 나지 않았습니다. 자신의 수제자 베드로를 똑바로 바라보시는 주님, 주님의 그 눈빛은 변함없는 사랑이셨습니다. 달려가면 이제라도 안아 주실 듯한 그 주님의 품에, 배반의 돌을 던진 자신의 모습이 추하고 부끄러워, 차마 그 자리에 있지 못하고 뛰쳐나가는 베드로, 그는 가슴을 치며 슬피 웁니다.

통곡하는 베드로의 귓가에, 주님 앞에서 장담하던 자신의 약속과 고백이 공허한 메아리가 되어 사라집니다. "다 주님을 버릴지라도, 나 베드로는 주님의 수제자로서, 결코 주님을 버리지 않겠습니다!"

똑바로 보고 싶어요

처음 주님을 만난 날, 그 후 수많은 무리를 가르치시며 이적과 기사를 행하시던 주님, 물 위를 걸으시던 주님, 그 주님을 바라보며 감격하던 순간들, 참 하나님의 아들이시며 그리스도라고 고백하면서, 죽기까지 주님을 따르겠노라 다짐했었는데…. 유다가 주님을 배반해도, 다른 모든 제자들이 주님을 떠나도, 자기만은 홀로 주님을 지키리라 자부했었는데…. 그렇게 장담하던 충성심이 위기의 순간 와르르 무너져 버리고 만 것입니다.

베드로는 실패했습니다. 자신의 믿음이 얼마나 연약한 것인가를, 얼마나 보잘것없는 것인가를 절감했습니다. 주님을 따랐던 숱한 무리에게 실망과 슬픔을 안겨 주었습니다. 실패의 쓴 잔이 평생을 따랐던 베드로, 일생을 죄책감에 시달려야 했던 베드로, 그 고통의 세월을 보낸 베드로에게 십자가가 지워지던 날, 그의 눈에는 남다른 감회가 번쩍거립니다. 그것은 사랑하는 주님이 십자가를 지셨던 모습이었고, 그 주님을 부인해 버렸던 자신의 죄스런 모습이었습니다. 자신을 십자가에 못박아 생명을 앗아 가려는 집행관에게 엄숙하면서도 절박한 간청을 합니다. 십자가에 자신을 매달 때, 자신의 머리는 땅을 향하게, 발은 하늘을 향하게 해달라는 것입니다. 최후의 순간, 베드로의 맘 속에 찾아든 주님을 사랑하는 마음, 주님의 용서를 받고 싶은 마음의 표현은 너무나 눈물겨운 것이었습니다.

12. 독을 먹인 엄마
– 낮은 자존감의 치유

"누군가 나의 삶이 어떠냐고 물으면, 나는 서슴없이 대답했다. '별 볼일 없는 인생이 나지요.' 나는 그렇게 믿고 있었다. 이 세상에 나같이 별 볼일 없는 인생은 없다고 … 내가 모든 사람을 미워하듯이, 다른 모든 사람도 나를 미워한다고 생각했고, 우리 어머니도 역시 나를 미워한다고 생각했다 … 많은 증거가 있다고 생각했다. 내가 결혼할 때에도 어머니는 나에게는 40만원짜리 장농을 해 주고, 우리 동생에게는 100만원짜리 장농을 해 주지 않았던가!

하지만, 내가 우리 어머니를 미워하는 진짜 이유는 따로 있었다. 내가 제일 듣기 싫어하는 소리, 그 소리를 어머니가 하기 때문이다. '너는 짓밟히고 살 인생이야!' 이 소리는 우리 어머니가 처음으로 한 것이 아니다. 아주 어릴 때, 내가 심한 병에 걸려 죽어가고 있었다고 한다. 그 때 이웃집 무당 할아버지가 나를 보면서 어머니에게 '이 아이는 죽을 아이요. 버려진 아이인데, 아마 살아도 사람들에게 짓밟히고 살 팔자요. 그러니 차라리 죽는 것이 나을 거요.' 하신 것이다. 아마 어머니를 위로하려고 그런 말을 한 것 같다. 그 뒤로 어머니는 나에게 무당 할아버지가 한 말을 자주 하셨다. "그 때 그 할

아버지가 그런 말을 했다. 그런데 네가 살아났다." 나는 이 말을 들을 때마다 화가 났다. 혼자서 설거지를 하다가도, 다림질을 하다가도 화가 났다. '그래, 나 같은 인생은 짓밟히고 살 인생이야! 참 불쌍한 인생이다! 이 세상에 필요 없는 인생이지! 나는 짓밟히고 살 팔자를 타고 났어, 팔자란 건 있는 거야!'

사실 내 인생은 그 말대로 되어 왔습니다. 나는 믿었던 사람들에게 짓밟히고 버려졌다. 나는 인간의 팔자라는 것이 있음을 믿지 않을 수 없었다. 모든 사람들에게 철저히 짓밟혀지는 나의 인생을 보면서 말이다. 나는 내가 짓밟히고 살 인생이라는 말이 싫었지만, 당연히 사실이라고 믿었다. 그리고 이런 팔자를 나에게 준 누군가가 원망스러웠고, 이런 비참한 팔자를 타고난 나 자신은 더더욱 보기가 싫었다 … 나의 지나온 삶이 억울하다. 속이는 말에 묶여서 평생 동안 괴로워하고, 내 운명 또한 그렇게 만들어 버릴 뻔했던 독약과 같은 그 말을 나 자신이 그토록 깊이 믿고 있었음을 나는 몰랐다."

죽이는 말과 살리는 말

어린 시절 듣게 되는 말 한 마디가 얼마나 중요한가를 뼈저리게 느끼게 해 주는 대목입니다. 〈말을 위한 기도〉를 보면, 시인 이해인 수녀도 그 사실을 알았습니다.

내가 이 세상에 태어나
수없이 수없이 뿌려 놓은 말의 씨들이
어디서 어떻게 열매를 맺었을까.
조용히 헤아려 볼 때가 있습니다 ….

내가 지닌 언어의 나무에도
멀고 가까운 이웃들이 주고 간
크고 작은 말의 열매들이
주렁주렁 달려 있습니다.
둥근 것 모난 것
밝은 것 어두운 것
향기로운 것 반짝이는 것
그 주인의 얼굴은 잊었어도
말은 죽지 않고 살아서
나와 함께 머뭅니다 ….

헤프지 않으면서도 풍부하고
경박하지 않으면서 유쾌하고
과장하지 않으면서 품위있는
한마디의 말을 위해
때로는 진통 겪는 어둠의 순간을
이겨 내게 하소서 ….

내가 어려서부터 말로 저지른 모든 잘못
특히 사랑을 거스른 비방과 오해의 말들을
경솔한 속단과 편견과
위선의 말들을 주여 용서하소서.

나날이 새로운 마음, 깨어 있는 마음,
그리고 감사한 마음으로

내 언어의 집을 짓게 하시어
해처럼 환히 빛나는 삶을
노래처럼 즐거운 삶을
당신의 은총 속에 이어가게 하소서.

긍정적인 자아상

인간의 위기 가운데 하나는, 많은 이가 자신에 대하여 부정적인 이미지를 갖고 있다는 점이지요. 부정적인 자아상 때문에, 갖가지 상처와 아픔의 질곡을 헤매는 것입니다. 그러면 부정적인 자아상이란 무엇일까요? 그것은 자기 자신을 온전히 신뢰하지 못하는 것을 말합니다. 그러면 또 자신을 신뢰한다는 것은 무엇일까요? 여러분 자신을 신뢰한다는 것은 그리스도교 생활의 핵심적인 요소입니다. 여러분이 여러분 자신에 대하여-여러분의 자아상에 대하여-어떻게 느끼는가 하는 것은, 여러분의 하나님 신앙과 여러분의 행동에 영향을 끼치지요. 우리는 하나님의 자녀들입니다. 우리는 세상을 향한 하나님의 계획의 일부이며, 하나님 자신의 형상대로 지음받은 이들이지요. 우리가 우리 자신을 신뢰할 수 있을 때, 우리는 하나님의 완전한 계획을 신뢰할 수 있지요.

여러분의 자아상은 여러분의 생활 방식에 영향을 미치지요. 여러분 자신을 어떻게 여기는가가 여러분을 하나님과 타인들에게로 좀더 가까이-또는 좀더 멀리-있게 만들지요. 부정적인 자아상을 갖고 있으면, 다음과 같은 느낌들을 갖게 되지요: 무능함·사랑받지 못함·타인들과 공유할 수 없음·비생산적임·

긴장과 불안·하나님에게서 분리됨. 긍정적인 자아상을 갖고 있
으면, 여러분은 이런 느낌들을 갖게 되지요:유능함·사랑받을
수 있음·타인과 공유할 수 있음·생산적임·자신에 참·하나님
과 가까이 있음.

　긍정적인 자아상을 갖고 있으면, 많은 도움을 얻을 수 있습니
다. 우선 열린 마음으로 하나님을 찾게 되지요. 여러분 자신에
대해서 좋게 느낄 경우에는, 여러분의 삶을 하나님의 뜻대로 꾸
려 나가기가 훨씬 쉽답니다. 다음으로, 도전을 받아들이게 되지
요. 여러분의 기술을 시험해 보고, 새로운 일들을 시도해 봄으로
써 여러분의 능력을 개선시킬 수 있어요. 또한 긍정적인 자아상
은 개인적인 성장을 가져오는 위험들 속으로 여러분을 인도하지
요. 그리하여 여러분의 잠재력을 실현하게 되지요. 하나님께서
주신 은사를 최대 한도로 사용할 때, 여러분의 삶은 좀더 풍요롭
게 충만해질 것입니다. "적게 심는 사람은 적게 거두고, 많이 심
는 사람은 많이 거둡니다."(고린도후서 9장 6절)
　그리고 긍정적인 자아상을 갖고 있으면, 자신감도 키우게 된
답니다. 여러분은 여러분의 목표를 더 잘 성취할 수 있을 거예
요-바로 여러분의 자존감을 훨씬 더 높인다는 목표를 말이죠!
그리고 융통성과 적극성을 간직하게 되지요. 변화를 받아들인다
는 것-또는 일으킨다는 것-이 언제나 쉬운 일은 아니지요. 하
지만 건전한 자아상은 여러분이 "유연한 태도로 충격을 완화하
고" 새로운 생각에 마음을 열어 둘 수 있도록 도와 준답니다. 마
지막으로, 인간 관계를 개선하게 되지요. 여러분이 자신을 가장
좋게 평가할 경우, 여러분은 다른 사람들 역시 가장 좋게 평가하

게 된답니다. 여러분은 자신을 신뢰하듯이 다른 사람들도 신뢰할 수 있게 돼요. 여러분은 다른 사람들을 좀더 존중하고 좀더 많은 관심을 그들에게 기울일 수 있게 될 거예요.

여러분의 자아상은 여러분의 삶에 긍정적이거나 부정적인 영향을 미치는 요소들의 산물이랍니다. 예를 들면, 인간 관계가 그렇지요. 부모나 형제 자매와의 관계, 배우자와의 관계, 조부모나 아주머니나 아저씨 등 다른 식구들과의 관계, 교회 지도자나 신앙 공동체 구성원들과의 관계, 동료나 상사나 고객들과의 관계, 상급자나 하급자와의 관계, 친구나 아는 사람들과의 관계, 그리고 이 모든 관계의 중심이 되는 것은 바로 하나님과의 관계죠. 경험도 마찬가지입니다. 어린 시절의 성장과 학습, 학업, 성적, 과외활동, 고용과 해고, 승진과 노동 의무, 교회 공부 모임, 성가대, 기금 조달, 사회 활동, 취미와 동호회 등, 거의 모든 사건이 여러분의 자아상에 영향을 미칠 수 있지요.

자아상은 바꿀 수가 있습니다. 여러분은 하나님을 향한 믿음과 매일 매일의 연습을 통해서 긍정적인 면들을 확대시키고 부정적인 면들을 줄여 나갈 수 있어요. 자아상을 바꾸기 위한 첫걸음은 바로 여러분 자신을 아는 것이랍니다. 여러분의 가치관을 곰곰이 생각해 보세요. 여러분의 삶에서 중요한 것은 과연 무엇인가를 깊이 있게 생각해 보세요. 성서를 보아도 되고, 교회에 안내를 청해도 되겠지요. 중요한 문제에 초점을 맞추세요. 잡다한 것들까지는 생각하지 마세요. 기본적인 것들만을 들여다 보세요—여러분의 시간과 재능으로 무슨 일을 하고 있는지, 여러분이 다른 사람들을 어떻게 대하는지, 그리고 하나님과의 관계는 어떤지에 대해서 생각해 보세요. 여러분 자신에게 정직하세요. 진정 여러분은 누구이며, 무엇을 하고 있는지를 생각해 보세요—여러분이 되고 싶어 하는 인물이나 여러분이 이루어야 하는 일들 따위는 생각하지 마세요. 책임을 인정하세요. 여러분의 결점이 무엇이든지 간에, 다른 사람의 탓으로 돌리는 것은 전혀 무익한 일이지요. 여러분의 삶은 하나님께서 주신 생명이랍니다—그 삶을 가장 나은 것으로 만드는 일은 바로 여러분의 책임이죠. 하나님의 도우심을 받아들이세요. 긍정적인 변화는 그리스도인의 삶의 토대랍니다. 하나님은 언제나 여러분 곁에서 여러분을 도우십니다—매일 매시 어디에서든지.

여러분 자신—그리고 다른 사람들—을 존중하는 것이 바로 열쇠랍니다! 긍정적인 자아상은 여러분의 요구와 다른 사람들의 요구의 균형을 맞추는 일에 달려 있어요. 자기를 신뢰한다는 것과 아래의 것들은 전혀 다른 것이지요. 〈이기적인 것〉: 건전한 자아상은 이기적인 것을 의미하는 것이 결코 아니지요. 〈우쭐해 하는 것〉: 자기를 심하게 칭찬한다거나 미화하는 것은 자존감의 올바른 토대가 아니지요. 〈자기를 속이는 것〉: 다른 사람들의 업적이나 재능을 여러분의 것이라고 주장함으로써 자기를 속이지 마세요. 〈다른 사람을 비난하는 것〉: 다른 사람들을 끌어내리는 것은 여러분을 더 나은 사람으로 만들어 주지 못해요. 사실 그런 행동은 여러분의 좋은 특성들을 손상시킬 뿐이지요. 〈여러분의 요구와 필요만을 생각하는 것〉: 예수님은 다른 사람들에게 주라고 가르치셨으며, 또한 장기간의 선을 위해서는 일시적인 기쁨은 버리라고 가르치셨죠. "나는 내가 받은 은혜를 힘입어서, 여러분 한 사람 한 사람에게 말합니다. 여러분은 스스로 마땅히 생각해야 하는 것 이상으로 생각하지 말고, 하나님께서 각 사람에게 나누어 주신 믿음의 분량대로, 분수에 맞게 생각하세요."(로마서 12장 3절)

〈전적인 무욕〉: 건전한 자아상은 전적인 무욕을 의미하는 것은 결코 아니지요. 〈칭찬을 거부하는 것〉: 때때로 여러분은 자신이나 타인에게서 칭찬을 받을 가치가 있어요. 긍정적인 자아상이란, 칭찬이 주어질 경우 그것을 인정하는 것이지요. 〈모든 사람이 나보다 더 재능 있고 능력 있다고 여기는 것〉: 어떤 방면에서 여러분보다 더 재능 있는 사람이 언제나 있게 마련이죠. 하지만 그렇다고 해서 여러분의 재능을 하나님의 뜻을 이루는 데 쓰지 않고 피할 수는 없어요. 〈무가치하다고 여기는 것〉: 모든 사람에게는 고쳐야 할 구석들이 있지만, 하나님은 지금 있는 그대로의 여러분을 사랑하신답니다. "공중의 새를 보아라. 씨를 뿌리지도 않고, 거두지도 않고, 곳간에 모아 들이지도 않으나, 너희의 하늘 아버지께서 그것들을 먹이신다. 너희는 새보다 귀하지 않으냐?"(마태복음 6장 26절) 〈기회를 그냥 지나쳐 버리는 것〉: 어제나 남들을 위해 "희생"만 하는 것은 곧 여러분의 재능을 발휘할 수 있는 기회를 그냥 지나쳐 버리는 처사이지요.

하나님은 사랑이시다

여러분을 향한 하나님의 사랑을 깨달으세요. 여러분과 하나님의 관계가 곧 긍정적인 자아상의 토대랍니다. 하나님은 변함없는 사랑을 주신답니다. 이 사랑을 깨닫는 것이야말로 강력한 가치관과 긍정적인 자아상의 토대이지요. "우리가 하나님을 사랑함은, 하나님께서 우리를 먼저 사랑하여 주셨기 때문입니다."(요한 1서 4장 19절)하나님의 사랑과 용서는 조건이 없지요. 여러분을 향한 하나님의 사랑은 여러분의 행동과 생각에 달려 있는 것이 아니지요. 돌아온 탕자의 비유(누가복음 15장 11~32절)와 길 잃은 양의 비유(누가복음 15장 3~7절)에서 볼 수 있듯이, 하나님은 변함없이 여러분과 접촉하신답니다. 하나님의 무한한 사랑은 예수 그리스도라는 은사를 통해서 잘 알려졌지요. "하나님이 세상을 이처럼 사랑하셔서 독생자를 주셨으니, 누구든지 그를 믿으면 멸망하지 않고 영생을 얻을 것이다."(요한복음 3장16절)

여러분 자신을 사랑하는 것은 남을 사랑하는 데 필수적인 요소이지요. 남을 향한 사랑은 하나님을 향한 사랑과 여러분 자신을 향한 사랑으로부터 자라난답니다. 이 사랑의 열매는 여러분 자신에게 줄 수 있는 가장 좋은 것들이지요:인내, 친절, 용서, 지식, 이해, 실질적인 원조. "둘째 계명도 이것과 같은데 '네 이웃을 네 몸같이 사랑하여라' 한 것이다."(마태복음 22장 39절)

하나님과의 관계 속에서 힘을 기르세요. 하나님께서는 언제나 여러분 곁에서 여러분을 도우시고 인도하시니까요. 하나님의 사랑이 여러분의 목표를 굳건히 만들고 여러분의 자아상을 견고히 만들도록 거기에 몸을 맡기세요. "모든 은혜의 하나님이시며, 그리스도 안에서 여러분을 그분의 영원한 영광으로 불러들이신 분께서, 잠시 동안 고난을 받은 여러분을 친히 온전하게 하시고, 굳게 세워 주시고, 강하게 하시고, 기초를 튼튼하게 해 주실 것입니다."(베드로전서 5장 10절) 긍정적인 생각과 행동에 초점을 맞추세요. 긍정적으로 생각하고 이야기하세요. 부정적인 생각을 지우고 긍정적인 생각들로 꽉 채워 보세요. 조금만 연습하고 나면, 잔에 물이 "반이나 줄었다"가 아니라 "반이나 남았다"는 사실을 깨닫게 될 거예요. 주장을 내세우는 연습을 하세요. 주장을 내세운다는 것은 곧 여러분을 분명하고 공손하게 표출하는 것이지요. 그리고 다른 사람들도 그럴 수 있도록 허용하는 것이죠. 이것은 여러분의 요구와 다른 사람들의 요구의 균형을 맞추기 위한 방법이지요. 분노와 죄책감은 지워 버리세요. 누구나 때로는 분노와 죄책감을 느끼지만, 이것들은 여러분의 행동을 유발시키는 건전한 동기가 못된답니다. 하나님의 용서를 받아들이고 모든 행동을 하나님께 더 큰 영광을 돌리기 위해 바치세요. "하나님께서 아들을 세상에 보내신 것은, 세상을 심판하시려는 것이 아니라, 아들로 세상을 구원하시려는 것이다."(요한복음 3장 17절) 성서에서 배우세요. 기도와 성서 공부는 끝없는 영감의 출처입니다. 예수님이야말로 희생과 믿음의 완벽한 본보기임을 깨닫게 될 거예요. 신앙 공동체에 참여하세요. 하나님의 가족이 된다는 것은 여러분에겐 힘의 근원이 되고 다른 사람들에겐 본보기가 되는 일이지요. 여러분이 사랑받게 만드세요. 사랑을 받아들이세요. 여러분은 하나님의 피조물이므로 사랑을 받을 가치가 있어요. 사랑을 받아들인다는 것은 하나님을 향한 여러분의 사랑과 여러분 자신에 대한 신뢰를 표출하는 중요한 방법이랍니다.

다른 사람들에게 다가가세요. 긍정적인 자아상은 여러분이 타인을 사랑할 수 있도록 도와 주지요. 관계를 확장시키세요. 새로운 주제에 관해서 이야기하고, 새로운 활동에 참가해 보고, 새로운 경험을 나누어 보세요. 타인에 대한 여러분의 이해와 사랑을 키워 나가세요. 귀를 기울이세요. 판단을 내리지 않고 다만 주의 깊게 귀를 기울임으로써 여러분은 전보다 훨씬 더 타인들의 생각과 느낌을 잘 이해할 수 있을 거예요. 존중해 주세요. 타인을 있는 그대로의 고유한 인간으로 존중해 주세요. 모든 사람은 제각기 다르답니다-또 그래야만 하고요. 참으세요. 인내심은 좀처럼 발휘하기 어렵기 때문에 더욱 소중한 미덕이지요. 타인에게 발전과 탐험의 시간과 공간을 허락하세요-심지어는 실수까지도 용납하세요. 사랑을 베푸세요. 타인도 여러분의 사랑과 이해를 받을 가치가 있어요-그들이 여러분에게 상처를 입혔다 할지라도 말이죠. "그러나 나는 너희에게 말한다. 너희의 원수를 사랑하고, 너희를 박해하는 사람을 위하여 기도하여라."(마태복음 5장 44절) 칭찬을 해 주세요. 누구든지 칭찬받기를 좋아한답니다. 진지하고 관대하게 칭찬을 해 주세요.

어둔 길 헤매는 걸음이 힘에 겨워 허덕일 때에
따스함 숏는 말 한 마디 우리에게 있을까.

지쳐 쓰러져 가는 사람 바로 내가 아니라 할까.
따스한 온정과 사랑이 우리에게 있을까.

사랑은 주는 것, 아는 건 모두 이해하는 것.
우리 맘이 가난해지면 세상은 밝아질 것을.

눈을 떠 이웃의 눈 보자. 맘 열어 세상 알아 보자.

손을 펴 손에 손 맞잡자. 온 세상에 웃음이.

온 세상에 사랑이. 온 세상에 평화가.

　결국, 하나님에 대한 신뢰는 여러분 자신에 대한 신뢰를 뜻합니다. 하나님의 사랑과 용서를 받아들이세요. 긍정적으로 생각하고 행동하세요. 정직한 자기 상을 만드세요. 다른 사람들과 나누세요. "주님만 의지하고, 착한 일을 하여라. 그분의 미쁘심을 간직하고, 이 땅에서 살아라. 기쁨은 오직 주님에게서 찾아라. 주께서 네 마음의 소원을 들어 주신다."(시편 37편 3~4절)

　대원군이 집정할 때의 일입니다. 청나라에서 사신이 한 명 왔습니다. 대원군은 관리를 한 명 불러서, 그 사신을 이리저리 데리고 다니며 우리 나라를 소개시켜 주라고 했습니다. 함께 구경을 나갔는데, 창덕궁 앞에 이르러 청나라 사신이 물었습니다. "저것은 얼마만에 지어진 거지요?" 우리 나라 관리가 대답을 했습니다. "예, 삼 년이 걸렸습니다." 청나라 사신은 사뭇 폼을 잡으며 이렇게 말하는 것이었습니다. "저런 건 우리 청나라에서는 1년이면 짓지요." 그 다음, 길을 가다 경복궁에 이르렀습니다. 사신이 또 물었습니다. "저것은 얼마만에 지어진 거지요?" "예, 저것은 1년밖에 안 걸렸지요." 우리 나라 관리는 자랑스럽게 대답했습니다. 그런데 청나라 사신은 또다시 폼을 잡으며 너스레를 떠는 것이었습니다. "저런 거야, 우리는 3개월이면 짓습니다." 청나라 사신의 우쭐함에 바짝 약이 오른 우리 나라 관리, 길을 재촉하며 그 사신의 코를 납짝하게 해 줄 묘안을 골똘히

찾았습니다. 그리고는 마침내, 남대문 앞에 이르자, 우리 나라 관리는 연신 고개를 이리저리 갸우뚱거리며 중얼거렸습니다.

"어, 이상하다. 어제 아침까지만 해도 이런 게 없었는데!"

삶의 도전 앞에 당당함과 자신감 그리고 배짱이 필요할 때가 있습니다. 괜스레 겁먹을 필요가 없습니다. 난 안 될 것이라는 부정적인 사고와 낡은 틀을 강요하는 고정 관념을 깨고, 미래의 성공을 확신하며 창조적인 상상력을 품어 보세요. 그것이 여러분의 자존감을 한층 더 높여 줄 것입니다.

내 이름을 불러 주세요

자, 이제 그렇다면 여러분은 스스로에게 얼마나 자존감을 갖고 있는지 살펴 볼까요? 여러분의 자아상을 한번 그려 보는 것입니다. 먼저, 여러분의 인생에서 가장 기뻤던 일과 가장 슬펐던 일을 기억해 보고, 그것이 내 인생에 어떤 영향을 끼쳤는지 적어 보세요. 부모님이나 주변 사람들이 여러분에게 어떤 말의 상처를 주었는지, 또 어떤 격려를 받았는지 생각해 보세요. 지금, 여러분은 스스로를 어떤 눈으로 바라보는지 적어 보세요.

한번은 저녁 식사를 끝낸 뒤, 우연히 식탁에서 아내와 어린 시절 이야기를 나누게 되었습니다. 그런데, 아내에게도 어린 시절의 그림자가 자리잡고 있어서, 자아상 형성에 적지 않은 영향을 끼쳤다는 데 새삼 놀라지 않을 수 없었습니다.

"나에게 가장 어린 시절의 기억이라면, 유치원 시절이 떠올라요.

여섯 살 때였지요. 그 날 유치원에서는 재롱잔치가 있었어요. 아침부터 화장을 잘못하고 왔다고 선생님한테 뺨을 맞았어요. 나는 천사 역할을 맡았는데, 그림 뒤에 숨어 있다가 내 차례가 오면 의자 위로 올라가서 대사를 외우면 되는 것이었지요. 열심히 외우며 기다린 끝에 내 차례가 되었는데, 의자 위로 올라가다 그만 의자가 흔들거려 한 마디도 해 보지 못하고 무대 위로 떨어지고 말았어요. 어쩌면 이 기억이 내 무의식 근저에 남아, 내게서 자신감을 앗아가 버리고 무대나 사람들 앞에 서는 걸 꺼리는 두려움을 갖게 했는지 모르겠어요.

나의 자아상에 또 지대한 영향을 미친 것이 있는데, 그게 초등학교 1학년 때의 바이올린 사건이었어요. 언니들은 모두 악기를 전공했지요. 큰언니는 피아노, 작은언니는 첼로, 아마도 어머니는 우리 자매들이 현악 삼중주를 할 수 있기를 바라셨던 것 같아요. 나에게도 바이올린을 시키셨으니 말이지요. 하지만 나는 석 달도 채 배우지 못하고 그만 두고 말았어요. 아무리 생각해도 선생님 영향이 큰 것 같아요.

어린 나에게 제대로 하지 못한다고 바이올린 채로 팔과 머리를 많이 때리셨어요. 도저히 참을 수가 없어서, 어머니에게 더 이상 바이올린을 시키면 학교에 가지 않겠다고 떼를 썼지요. 여러 번에 걸친 권유에도 내가 말을 듣지 않자, 어머니는 그만두게 하셨어요. 그렇게 무섭게 구시던 어머니가 내 마음을 받아 준 것이 너무 고마웠어요, 그 땐. 하지만 일은 그것으로 끝나지 않았습니다.

언니들과 나는 수원에 있는 한 사립학교를 다녔는데, 이 작은 학교에서 6학년과 3학년에 재학중이던 큰언니 작은언니는 이미 유명 인물이 되어 있었지요. 그러니 바이올린 선생님이 나를 가만 두실

리가 있겠어요? 나를 볼 때마다 저만치서도 손가락질을 하며 비아
냥거리듯 혼을 내셨지요.

'니네 언니들은 어쩌구 저쩌구… 근데 넌 왜 그 모양이니 어쩌구
저쩌구….'

그래서 멀리서라도 그 선생님이 보이면 난 그분이 나를 먼저 알
아보기 전에 도망가기 일쑤였지요. 사립학교라 선생님이 전근 가실
일도 없어서, 저는 육 년 내내 도망을 다녔던 것 같습니다. 더군다
나 저는 '심영혜'라는 제 이름 석 자로 불리웠던 기억이 별로 없습
니다. '심명원 동생' 또는 '심수정 동생.' 이것이 제 이름이었습니
다. 하긴 난 잘하는 것도 없었으니, 선생님들이 나보다 언니들을 훨
씬 더 잘 기억하셨을 겁니다. 난 그냥 수많은 보통 아이들 가운데
하나였지만, 잘난(?) 언니들 때문에 보통마저 못되는 그저 그렇고
그런 아이가 되고 만 것이지요. 결국 난 초등학교 육 년 내내 심한
열등감에 시달렸고, 무슨 일에든지 자신이 없었습니다. 잘할 수 있
는 일도 남들 앞에서는 아무것도 못하는 바보처럼 제대로 해내지를
못하고, 나중에 나 혼자 거울 앞에 서서 나도 이렇게 잘할 수 있었
는데 하며 속상해 하고, 스스로를 위로하곤 했습니다.

그런데, 아무 재주도 없어 보이던 나에게 무용이라는 재능이 숨
어 있다는 것을 안 것은 중학교 시절이었습니다. 무용부 활동을 통
하여, 발레 선수로 많은 자신감을 갖게 되었던 것입니다. 나도 할
수 있는 것이 있었고, 그것 때문에 학교에서도 주목받는 아이가 되
었습니다. 주위에 친구들도 늘어 갔고, 더 이상 언니들의 동생이 아
닌 내 이름으로 사람들에게 기억되어 갔지요. 그 자신감은 고등학교
2학년 때까지 지속되었습니다. 대학 선정을 눈 앞에 두고, 어머니가
문득 내뱉으신 말씀 한 마디가 못이 되어 박혔습니다.

'너 그거 해서 쇼쇼쇼에 나갈래?'

당시에 텔레비전 오락프로의 무대 뒤에서 춤추는 여자들을 빗대어 찌르는 가시였습니다. 내 딸을 그렇게는 못 키운다는 것이었지요. 언니 둘을 모두 예술계에 보낼 정도로 생각이 있다시던 어머니도, 저의 발레를 끝내 이해해 주시려 하지 않았습니다. 엎친 데 덮친 격이랄까, 이 생각 저 생각 고민이 많던 저는 어느 날 아침 등교 길이었는데, 그만 교통 사고를 당하고 말았지요. 그 결과, 다리를 크게 다쳐서, 정말 발레와는 인연을 끊지 않을 수 없었던 것입니다.

결혼 후 칠 년이 지난 지금, 여전히 나는 어린 시절의 그림자를 지우지 못하고 있어요. 아니, 이제사 그 그림자를 발견하고 치유의 길을 모색하고 있지요. 지금도 '신현복 목사 사모예요' 또는 '형이 엄마예요'라고 말하는 게 버릇이 되어 있지만, 새롭게 내 자신의 이름을 찾으려 몸부림치고 있답니다. 가족들의 도움 속에서 새롭게 공부도 하고, 생각도 정리하고, 신앙 생활도 좀더 뜻있게 하려고 애쓰는 중이랍니다. 속히 예쁜(!) 내 이름을 찾고 싶습니다."

13. 시골 촌놈
- 열등감의 치유

영어 웅변 대회가 있던 날이었습니다. 나는 시골 고등학교에서 그래도 영어 하나만은 꾸준히 해 왔지요. 그래서 어학실에서 영어 회화반을 이끌기도 했고, 매일 아침 텔레비전의 영어 회화 한 토막씩을 학교에 외워 가서 보충 수업 시간에 그대로 가르치기도 했습니다. 선생님은 잔뜩 기대를 했고, 교내에서 있는 영어 웅변대회에서는 항상 일등을 도맡아 하곤 했습니다. 이 년 연속 교내에서 일등을 하고, 그 해에도 도 대표 선발전에 나가게 되었습니다. 그런데 금년에도 걱정이 앞섰습니다. 나는 사실 시골 학교에서 한다고 했지만, 미국인을 실제 한 번도 만나 본 적이 없었지요. 그들에게 말 한 마디 붙여 본 적도 없었고, 실제로 내가 하는 발음이 그들 본토인들에게서 어떻게 발음되는지 무척 궁금했습니다. 그런데 학교에서는 잘한다 잘한다 하니까 잔뜩 폼도 재보고 사기도 충천했지만, 막상 도시 학교 학생들과 견준다고 생각하니 불안해지기 시작했습니다. 그 불안은 학교 선생님도 마찬가지였던 모양입니다. 선생님은 제자를 위해서, 본토인의 발음을 들어 보라고, 나의 영어 웅변 원고를 어떤 외국인에게 읽어 달라고 부탁해서 가져왔습니다. 대회가 있기 사나흘 전이었습니다. 들어 보았지만, 도저히 흉내를 낼 수 없는 액센트와 인토네이션, 한 마디로 좌절만 더 가져다 주고 말았습니다.

하는 수 없이, 몇 가지만 발음을 교정하기로 했지요. "레이디즈 앤드 젠틀맨(Ladies and Gentlemen)" 같은 말을 "레이디쌘 제늘먼!" 하는 식으로 혀를 사정없이 꼬는 연습을 막 해댔지요. 누구하나 가르쳐 주는 사람 없이 말이지요. '밀크(milk)'는 '미올크', '필름(film)'은 '피옴' 하며 내 나름대로 공식을 만들어 갔습니다. 맞는지 어쩐지도 모르고, 테이프에서 들려 오는 외국인 발음을 흉내내는데, 문제는 너무 시간이 없었습니다. 고쳐 가는 발음에 이렇게 해도 되는 건지 자신도 없었고요. 마지막에 하나 고친다고 하는 것이, 문제의 "올 오버 더 월드(all over the world)"였습니다. 테이프에서 듣자니, 자꾸만 '월드' 아니라 '워럴드'라고 혀를 굴려서 나오는 발음이지 않겠어요. 대단히 큰 것을 발견했다 싶어, 비장의 카드로 도시 학생들을 주눅들게 할 각오를 하며, 대회에 나갔습니다. 전국 대회에 나갈 도대표를 두 명 뽑는 날이었습니다. 그러나 너무들 잘했습니다. 무뚝뚝한 나의 표정과는 달리, 듣는 이의 애간장을 녹일 듯한 애교와 재치, 놀랍도록 꼬부라지는 그들의 혀놀림에 그만 내가 주눅이 들어 버렸지요.

나의 차례가 왔습니다. 가망이 없겠다 싶었지요. 하지만 순간 나에게도 비장의 카드가 있다는 것을 생각해 냈지요. '그래, 그걸로 다른 애들 기를 팍 죽여 놓는 거야.' "레이디쌘 제늘먼…" 너무너무 잘 되는 것 같았어요. 그래 바로 이거야, 이 때다 싶어, "올 오버 더 워럴드" 하면서 혀를 한 번 냅다 굴렸습니다.

그런데 여러분 그 때 좌중의 반응이 어땠겠어요? 방청석에서도, 심판석에서도, 별로 감탄스러워하는 것 같지가 않았습니다. 오히려 자기들끼리 뭔가 수군거리는 도시 학생들의 모습이 눈에 보였어요. 심판석에 있는 외국인들도 고개를 들어 보였지요. 저들이 잘못 들었나? 못내 아쉬워하며, 내 딴에는 제2탄을 기다렸지요. 그 원고에는 "올 오버 더 월드"만이 아니라, "워럴드"라고 발음하고 싶은 부분이 두 군데나 더 있었거든요. 그런데 그게 화근이었습니다. 두번째 그 발음을 했을 때, 사람들은 키득거리기 시작했고, 함께 온 우리 학교 선생님마저 인상을 찌푸렸습니다. 세 번째 그 발음을 했을 때, 급기야 심판석의 외국인들이 고개를 갸우뚱하며 뭔가를 메모하기 시작했습니다. 나는 뭔가 발음이 틀렸구나 직감을 했고, 순간 얼굴이 붉어지며, 원고마저 까먹고 말았습니다.

대회가 끝나고, 얼마나 창피하고 속이 상했는지 모릅니다. "왜 그랬어, 그 발음?" 못내 아쉬워하는 지도 선생님 앞에서 고개를 떨굴 수밖에 없었습니다. 그 후로, 나는 심한 열등감에 시달려야 했습니다. 내가 아무리 시골학교에서 유명하다 해도, 외국인 선생님과 공부하는 도시 학생들, 외국인 선교사와 함께 사는 도시 학생들을 어찌 당해 낼 수 있겠는가! 작년에도 떨어져 창피했는데, 금년에도 별 진전이 없는 자신의 모습에 열등감이 무럭무럭 피어올랐습니다. 그 열등감은 대학을 들어온 후로도 계속 망령처럼 따라다녔습니다. 자꾸만 뒤통수를 때리는 따가운 소리에 기가 죽어야 했지요. "네 발음은 틀렸어. 순 시골 촌뜨기 발음, 도시 애들은 너처럼 발음하지 않아!"

사연의 신학

오성춘의 〈목회상담학〉을 보면, 신경쇠약에 걸려 자신감이 하나도 없고, 불안과 죄책감에 시달리는 스물일곱 살의 한 젊은이를 만나게 됩니다. 그의 사연을 듣고 있노라면, 너무나 너무나 안타까운 마음이 듭니다. 왜 이런 상처들을 입게 되는지요?

"저는 심한 열등감을 느끼며 살고 있습니다. 다른 사람들 앞에만 서면, 그들이 저를 못났다고 멸시하며 조롱하는 것 같은 생각이 들고, 저 자신이 어쩔 줄 모르는 때가 많습니다.

사실, 저는 전형적인 빈농 가정의 3남 1녀 중 차남으로 태어났습니다. 부모에게 항상 이런 소리를 들으며 살아 왔지요. '이 바보 자식아, 너는 왜 누나나 형님같이 되지 못하냐? 너는 모래동산에도 올라가지 못할 병신이야! 네가 언제 한번 바르게 행동해 본 적이 있니? 너는 왜 우리 속을 갈기갈기 찢어 놓는 게냐? 너는 언제 철이 들래? 너를 낳지 않았으면 얼마나 좋았을까? 그래도 어쩌다 네가 없으면 살 맛이 난다.' 저는 이런 말을 들으며 수많은 밤을 지새웠던 것을 지금도 기억합니다. 그 때 저는 무척 외로웠습니다. 분한 마음과 미움이 목까지 차올랐으나, 꾹꾹 눌러 참아야 했지요. 저는 늘 이런 생각을 하며 살았습니다. '어째서 형님이나 누나같이 우등생이 되지 못하는 걸까? 왜 남동생과 매일 싸우지 않으면 안 되는 걸까? 왜 나만 실패자일까? 내 속에 악마가 사는 것이 아닐까?'

저는 술을 좋아하고, 술만 마시면 제 정신을 잃고, 다른 사람이 된 것 같이 과격해지고 설쳐 댑니다. 사실 나는 소심하고, 사람들 앞에서 이야기하는 것조차 두려워하지요. 그러나 술만 마시면 딴사람이 되어 버립니다. 저는 이 버릇을 고치려고 무진 애를 썼습니다.

허나, 내 속에 또 다른 내가 숨어 있다가 기회만 되면 저를 사로잡아 못된 짓을 하게 만드는 것 같습니다. 저는 술을 마시지 않고, 제 정신으로 담대한 사람, 남자다운 사람이 되고 싶습니다. 그러나 그게 잘 되지 않습니다.

저는 불안에 사로잡히게 되면 잠을 제대로 잘 수 없고, 누군가 나를 잡으려고 쫓아 오는 것 같아 큰 길을 피하고 작은 골목길을 가야 하며, 심지어는 처참하게 죽임을 당하고 길가에 버려져서 사람들마다 지나가며 손가락질하는 상상도 합니다. 저는 저의 시체를 향하여 손가락질하는 사람들을 상상하면서 속으로 외칩니다. '그래, 나는 실패자야. 나는 손가락질 당해 마땅한 놈이야. 나는 부모에게 병신 같은 자식이었고, 사람들에게 사고뭉치였고, 내 자신이 받은 달란트를 땅에 파묻어 버린 패역한 종이야. 나는 썩어빠진 더러운 놈이야. 나는 결코 내 자신을 고칠 능력도 없고, 사람들에게 사랑을 받을 자격도 없는 놈이야. 손가락질을 받는 것이 당연해!'

그러나 이런 상상을 하는 가운데, 다시 마음 한 구석에서는, '그래, 이제부터는 사람들에게 사랑을 받을 수 있는 인생을 살아야지.' 하는 결심도 하게 됩니다. 하여간 저는 사랑을 받고 싶고, 사랑을 하고 싶지만, 어떻게 해야 될지 모르겠습니다. 저는 아직까지 절친한 친구가 하나도 없습니다."

열등감 따라잡기

'열등감'이라는 말은 아들러(Adler)가 창안한 말입니다. 인간은 누구나 열등감을 지니고 있으며, 그것은 온갖 인간적 노력의 바탕으로서 인간 행위에 지대한 영향을 끼치지요. 스스로 인간이고자 할 때 생기는 감정, 인간이라면 누구나 가지고 있는 요소가 열등감이라는 것입니다. 그것은 자신을 상대적으로 이해하고 있는 부분으로서, 자신의 연약한 부분에 대한 자학적인 태도입니다. 그것은 자신을 잃고 남에게 나서기를 꺼리며, 주저주저하고 소극적이며 창의력과 의욕이 없는 상태이기도 하지요. 열등감은 자기 자신을 무능하고 무가치하다고 느끼는 자기 개념입니다. 열등감 또는 열등 의식은 결국 낮은 자존감에 뿌리를 두고 있지요.

성경에 보면, 마가복음 10장 37~40절에 세베대의 아들 야고보와 요한이 예수님에게 자신들을 예수님 좌우편에 각각 앉혀 달라고 조릅니다. 사람들은 그 부분을 읽으면서, 야고보와 요한이 교만하게도 우월감 콤플렉스에 빠져 있다고 생각하지요. 그러나 실은 그것이야말로 그들의 열등감을 드러내는 부분입니다. 정서적으로 불안정하고, 자신감이 없는 그들의 모습이 나타납니다. 예수님 좌우편에 앉음으로써, 심리적인 보상과 안정을 얻으려는 것이지요. 주위 사람들이 "야고보와 요한을 봐, 주님 옆에 앉아 있어. 그들은 정말 훌륭해."라고 찬사를 보내 주기를 바랐던 것입니다.

열등감은 삶과 의식 전체에 만연되어 있고, 늘 불만과 자기 비하에 시달리게 하며, 타인의 시선에 지나칠 정도로 신경을 쓰게 합니다. 열등감에 빠진 이들은 높은 잠재력을 지니고 있음에도 불구하고, 그것을 충분히 발휘해 보지도 못하고 포기해 버리거나, 충분히 이길 수 있는 실력을 갖고 있음에도 불구하고 범실을 거듭하다가 시합에 지고마는 경우를 볼 수 있지요. 경쟁 상황이 아닐 때는 잘하다가도, 일단 경쟁에 들어가면, 그만 맥이 빠져 버리는 경우를 많이 보았을 것입니다. 또 주위 사람들 눈에는 비합리적인 것이 뻔히 보이는데도 자기 주장만을 고집합니다. 그런 이들은 매사가 자기 방어적이어서, 불필요한 합리화를 일삼게 됩니다. 그런가 하면, 자신에 대한 비판에 지나치게 민감해서, 자기와는 전혀 상관 없이 일어나는 일들, 예컨대 주변의 큰 웃음소리나 귓속말 하는 광경을 보고도, 그것이 모두 자신을 향한 것이라고 착각하고 불안한 반응을 보이기도 하지요. 마치 주변의 모든 사람들이 자신의 일거수 일투족을 주시하고 있는 것처럼 느끼는 것입니다. 그러다 보면, 자연스레 사람을 피하게 되지요. 유별나게 아첨받기를 좋아하는 사람도 있는데, 역시 열등감의 한 유형입니다. 무의식 속에서 자신을 무가치한 존재로 여기고 있기에, 그렇지 않다는 증거에 굶주려 있는 것이지요. 그러다가 자기를 높이 평가해 주는 아첨을 환영하게 되고, 아첨하는 사람을 중요하게 여기다 보니 그들의 조종을 받게 되는 수도 있습니다.

그리고 자신의 열등감을 해소하기 위하여 남을 깎아 내리기도 합니다. 상대방이 격하되어야 자신이 올라간다고 믿기 때문입니다. 그래서 사람들의 결함을 일일이 지적하고 고쳐 주려고 합니다. 세세한 일까지 지시해야 마음이 후련해집니다. 유달리 잔소리가 많습니다. 열등감을 앓는 사람 가운데, 비현실적으로 높은 목표를 설정해 놓고, 그것으로 실패를 합리화하려는 이들도 있습니다. 이들은 현실적으로 가능한 일을 찾기 보다는 굉장한 것을 성취하겠다고 고집을 부리기도 합니다.

편영자의 〈마음을 열면 길이 보인다〉를 보면, 열등감을 가진

이들은 늘 자신의 외모, 능력, 재산, 지위, 자녀 등 모든 것을 다른 사람과 비교하며, 자기보다 나은 사람에 대해서는 어떤 이유로든 비판적 시각으로 보려 합니다. 이런 사람들은 외적으로 주어지는 조건이 아무리 좋다 하더라도, 그저 잠시 동안의 환각제 역할을 할 뿐, 늘 결핍 의식에 시달립니다.

열등감이 생기는 이유는 가정 환경에서 비롯됩니다. 대부분 자녀 양육 과정에서 부모가 지나치게 간섭을 했거나 방임을 했을 경우와 관계가 깊습니다. 부모의 기대가 지나치면 무리하게 되고, 자녀들은 부모의 기대에 미치지 못하는 자신이 한없이 원망스러워집니다. 죄책감과 열등감은 그렇게 시작됩니다. 너무 한 아이에게만 신경을 쓰면, 다른 아이가 소외를 느끼고, 자신에게는 삶의 가치가 없다고 느끼며, 상대적으로 재능이 많은 형제에게 열등감을 느끼게 되는 것이지요.

결국, 가정은 열등감의 온상이나 마찬가지인 셈입니다. 아주 어릴 때부터 부모가 자녀의 필요를 적절히 채워 주지 못할 때, 열등감이 싹트게 됩니다. 좀더 자란 뒤에는, 부모가 모욕적인 언사로 자녀에 대한 실망을 표시하거나, 형제와 비교하여 특정한 자녀만을 격하시키는 행동이 되풀이될 때 열등감은 촉진되지요. 열등감은 이렇게 해서 가족 관계를 파괴시키고, 그 상처를 대물림해 가는 속성까지 지닙니다. 이런 부모의 열등감 아래서 자란 아이들은 그 열등감마저 물려받는 것입니다. 열등감이라는 바이러스에 한 번 감염되고 나면, 일정한 잠복기를 거쳐 결혼이라는 새로운 환경 속에서 재발할 가능성이 매우 높습니다. 세대에서 세대로 이어지는 무서운 유전병이지요.

　이렇듯, 어린 시절부터 인정받지 못하고 존중받지 못하여, 인간으로서의 존엄성에 해를 입을 때, 열등감이라는 정신 병리가 싹트는 것입니다. 여러분의 성장 과정에서 여러분에게 중요한 사람들이 누구였습니까? 그들이 여러분에게 부정적인 존재 의식을 심어 주었다면, 다시 말해서 성장 과정 중에 부모에게서 지나친 학대나 구박이나 억압을 받았다면, 여러분은 오늘도 열등감의 그림자를 달고 다닌다고 볼 수 있습니다.

　"열등감의 치료는 무덤 안에서나 가능하다"라는 말은 무슨 뜻일까요? 그만큼 열등감을 치료한다는 것이 얼마나 어려운가를 단적으로 증명하는 말이지요. 그럼에도 불구하고, 열등감은 극복되어야 할 정서입니다. 먼저, 열등감을 이겨 내기 위해서는, 부족한 대로의 자신을 받아들이는 일이 선결되어야 합니다. 열등감을 받아들일 수 있는 사람에게는 더 이상 그것이 문제가 되지 않습니다. 열등감에 사로잡혀 있는 이들은 자신의 부족한 면은 확대하려 하는 반면, 자신의 우월한 면은 축소하려는 경향이 있습니다.

성숙한 인격

　열등감에서 벗어나려면 성숙한 인격이 되어야 합니다. 열등감을 느끼는 것은 자신을 사랑하지 않기 때문이 아니라, 오히려 지독할 정도로 자신을 사랑하고 자신에게 집착하고 있기 때문입니다. 자기 자신에 대한 환상적 기대를 가질수록 그만큼 좌절감도 크지요. 이러한 환상적 기대는 현실을 인식하는 능력이 발달하면서 수정될 것입니다. 그것이 정상적인 성장 과정입니다. 그러므로 인격이 성숙해질수록 열등감에서 벗어날 수 있는 것입니다.

박성수는 〈열등감〉에서 다섯 가지 극복 방안을 내놓습니다. 첫째는, 불완전한 것이나 부족한 것, 심지어는 비윤리적인 것이나 비종교적인 것을 있는 그대로 용납할 수 있어야 한다는 것이지요. 사실, 나의 경우도 나중에 외국인들과 만나 보니 '월드'를 '워럴드'라고 하는 것은 맞는데, 문제는 시합을 며칠 앞둔 상태에서 혀에 익숙해지지 않은 발음을 외국인처럼 흉내내려다 우습게 된 것임을 알았습니다. 도시 학생들에 대한 열등감에 빠지지 않고, 나의 실력대로 자연스럽게 했으면 좋았을 것입니다. 모든 면에서 일등을 하려 하면 몸도 마음도 망가지게 되어 있습니다. 어학뿐만 아니라, 컴퓨터, 운전, 달리기, 테니스, 볼링, 축구, 춤, 요리 등, 그 어떤 부분에서는 남들보다 못할 수도 있습니다. 그것은 지극히 정상입니다. 그것을 인정할 수 있는 용기가 필요합니다. 부족한 그대로 자신의 한계를 인정하고, 오히려 그것을 자연스러운 것으로 받아들일 수 있다면, 열등감은 사라질 것입니다.

둘째는, 자신이 만든 삶의 척도, 곧 스스로 생각해서 규정해 놓은 삶의 도덕적 원리와 심리적 규직들을 포기하려는 용기가 필요합니다.

"인생은 경쟁이고, 경쟁에서는 이겨야 한다."
"한 번의 실수가 절망을 가져온다."
"다른 사람에게 인정과 사랑을 받는 사람이 되어야 한다."
"남보다 잘해야만 경쟁 사회에서 살아갈 수 있다."

이런 비합리적이고 비논리적이며 비현실적인 확신들이, 개인의 주관적인 정신 세계에서는 너무나 당연하고 옳은 것일 뿐만 아니라, 심지어 반드시 그렇지 않으면 안 된다는 절대적인 요청으로 군림하게 되지요. 따라서 스스로 생각하거나 개인의 체험을 통하여 이룩한 확신과 신념을 포기하는 용기를 지닐 때, 인간 자신 속에 있는 정신적 재판관의 독재와 횡포에서 벗어날 수 있습니다.

셋째는, 어떤 척도나 기준에 따라 존재 가치를 결정하는 비인간적인 태도를 거부하는 용기가 있어야 합니다. 인간의 존재 가치는 그 자체에 있는 것입니다. 나는 단지 나일 뿐입니다. 그리고 여러분은 여러분일 뿐이고요. 타인과 자신을 서로에 대한 비교 대상으로 여긴다는 것은 어리석은 생각이지요. 여러분과 같은 존재는 세상에 존재하지 않습니다. 여러분은 유일한 존재, 그 자체입니다. 하나님은 여러분과 똑같은 사람을 그 누구도 만들지 않았습니다. 여러분은 다른 사람과 같아져야 할 필요도 의무도 없습니다. 설령 여러분이 그렇게 하려 할지라도, 그것은 불가능합니다. 다른 사람들 역시 여러분과 같아져야 할 의무도 필요도 없지요. 그들이 기를 쓴다고 할지라도, 현재의 여러분과 똑같아질 수는 없습니다.

넷째는, 타인에게서 인정과 사랑과 높임을 받으려는 욕망을 포기하는 것입니다. 열등감은 끝없이 타인을 의식하게 하여 자아의 중심을 밖으로 옮기기 때문에 불안과 초조가 끝이 없습니다. 타인지향적인 삶의 태도를 수정해야 하고말고요. 내가 아닌 남을 위하여 평생을 산다는 것, 그것처럼 피곤한 삶은 없습니다. 인정 받으려고, 인기 얻으려고, 바쁘게 바쁘게 달리다 보면 쉴틈

조차 없는 삶에 영혼마저 병들어 갑니다. 사람들은 왜 그렇게 스스로를 옥죄며, 위축되고 왜소해지는 삶을 자청하는 것일까요?

끝으로는, 벌거벗은 아이처럼 영원한 절대자가 되시는 하나님 앞에 서야 합니다. 다만 있는 그대로 자신의 모습을 내보이면 됩니다. 나의 모습이 어떻든 있는 그대로를 받아 주시는 하나님의 은혜를 수용하는 자기 결단이 요청되는 순간입니다.

차이를 알면 세상이 즐겁다

국수와 국시의 차이를 알고 있나요? 국수는 밀가루로 만들고, 국시는 밀가리로 만드는 차이지요. 그러면 밀가루와 밀가리의 차이는 무엇일까요? 어떻게 아셨지요? 그렇습니다. 밀가루는 봉투에 담고, 밀가리는 봉다리에 담는 차이지요. 그렇다면 이제 좀 어려워집니다. 봉투와 봉다리의 차이는 무엇이지요? 모르시겠다고요? 잘 생각해 보세요. 그렇지요. 봉투는 침으로 바르고, 봉다리는 춤으로 바르지요. 그러면 춤과 침의 차이는 무엇일까요? 침은 혓바닥에서 나오고, 춤은 쌔바닥에서 나온다는 차이지요. 그러면 혓바닥과 쌔바닥의 차이는 무엇인지 알고 있나요? 아는 분은 연락 주시기 바랍니다. 나도 여기서 막혀 있습니다.

단순한 이야기지만, 국수와 국시에도 차이가 있다는 것입니다. 하물며 만물의 영장인 인간이 똑같을 수가 있겠습니까? 얼굴이 다르고, 키가 다르고, 생각이 다릅니다. 취미가 다르고, 개성이 다르고, 성격이 다 다릅니다. 살아온 환경이 다르고, 살아갈 방향도 다 다릅니다. 그것을 '차이'라고 할 수 있겠지요. 그 차이를 인정하면 세상이 달라 보입니다. '왜 저 친구는 나처럼 못하지?' 하는 생각도, '왜 나는 저 사람처럼 안 돼지?' 하는 고민도, 서로의 성격과 능력과 관심의 차이 때문이라는 비밀을 알고 나면, 사르르 다 풀릴 것입니다. 열등감은 상당 부분 그 차이를 들여다 보지 못하고 똑같이 취급하는 데서 오는 것입니다. 그 차이를 있는 그대로 인정하고, 오히려 그 차이가 돋보일 수 있도록 창의적으로 성격과 능력을 개발해 가세요.

　내 모습 이대로 주 받으옵소서.
　날 위해 돌아가신 주 날 받으옵소서.

　성경에 보면, 삭개오에게도 키 작은 열등감이 있었습니다. 그래서 사람들 앞에 서면 한없이 왜소해지는 자신의 모습 때문에, 삭개오는 갈수록 자기 방어적이고, 편집적인 성향을 띄었을 것입니다. 삭개오는 어느 날 주님이 지나가신다는 말을 듣고 그분을 뵈려 나무에 올라갑니다. 키 작은 것을 만회해 보려는 열등감 때문이지요. 나무에 오른다고 하는 것은, 오늘 우리들이 자신들의 열등감을 애써 지워 보려고 사회적 지위, 명예, 부, 특권의 나무 꼭대기까지 오르려 안간힘을 쓰는 모습과 흡사합니다. 있는 그대로의 자신을 용납하지 못하기에, 주님 앞에 나갈 때도 있는 그대로 나아가지 못하는 것입니다.

　우리는 부지불식 간에 우리의 일상 생활에서 자신이 갖고 있는 심적 이미지를 행동으로 표출하고 있지요. 우리 자신에 대한 이미지가 부정적이면, 그에 따른 행동도 부정적입니다. 물론 긍정적이면 그에 따른 우리의 행동도 긍정적일 수밖에 없습니다.

자기 자신을 있는 그대로 수용함으로써 자신뿐만 아니라 타인까지 받아들일 수 있는 너그러움을 지닐 수 있습니다. 우리가 우리 자신의 잘못을 용서하지 못하면, 타인의 허물도 받아들일 수 없기 때문입니다. 우리 자신을 사랑하는 법을 배우지 않고는, 타인을 사랑할 수 없기 때문입니다.

교수님, 힘내세요!

독일의 유명한 신학자 폴 틸리히가 2차대전 중에 미국의 한 대학교 초빙을 받아 강의를 하게 되었습니다. 그런데 그는 금새 심한 죄책감과 열등감에 빠지지 않을 수 없었습니다. 조국 독일이 나치의 손에 피바다로 변해 가는데 자신은 미국으로 피신해 와 있다는 생각과, 강의 시간만 되면 킥킥거리며 그런 자신을 비웃는 학생들의 웃음소리 때문이었지요. 자신의 신학적 토대가 흔들리고 있는 것 같은 절망감과, 여기 미국에서는 자신이 독일에서 발전시켜 온 신학을 인정받지 못하고 있다는 열등감에 괴로워했습니다. 그 날도 심한 비웃음 소리를 들으며, 이제 미국에서의 강의 자체를 회의하며 거의 포기하려는 즈음, 그는 강의실을 나오며 자신의 편지함을 들여다 보았습니다. 그런데 거기에는 예쁜 엽서가 한 장 있었습니다.

"교수님, 저희가 수업 시간에 자꾸 키득거려서 안 좋으셨지요? 그러나 교수님의 강의를 비웃는 것은 절대 아니었어요. 다만 교수님의 영어가 독일식 어투와 섞여 너무나 재미있었기 때문이에요. 저희들은 교수님의 강의에 홀딱 반했어요. 교수님, 요즘따라 안색이 안 좋으신데, 제발 힘을 내세요. 저희는 교수님을 무지무지 사랑해요."

틸리히는 그 자리에서 감격의 눈물을 흘리며 엉엉 울어 버리
고 말았다고 합니다. 자신이 강의실에서 학생들에게 그토록 외
쳤던 하나님의 사랑, 우리 인간의 죄악과 실패를 무조건적으로
용서하시며 있는 그대로의 모습으로 받아 주시는 하나님의 은혜
… 학생들이 자신을 비웃는 것이 아니라, 어눌한 독일식 영어 발
음까지 그렇게 사랑으로 받아 주고 있었다니 … 틸리히는 자신
의 신학이 비로소 몸으로 체현되는 것을 그 때서야 깨닫게 되었
습니다. 그리고 나중에는 그 때의 경험을 되새기며 이런 말을 남
겼습니다.

"자기 자신을 사랑할 수 있는 사람만이 타인을 사랑할 수 있
으며, 자기 모멸감을 극복한 사람만이 타인에 대한 그의 모멸감
을 사랑으로 바꿀 수 있다."

14. 희망에 이르는 층계
- 좌절감의 치유

한 노인이 가파른 언덕을 오르고 있었습니다. 그런데 저 만치 앞에서 어떤 젊은이가 땅에 주저 앉아 통곡을 하고 있는 것이 아니겠습니까? 노인이 다가가서 자초지종을 물었습니다. 젊은이는 모든 것을 포기한 사람처럼 좌절의 빛을 띠며, 언덕 위에 꽂혀 있는 팻말을 가리켰습니다. '이 언덕에서 넘어진 사람은 3년밖에 못 살 것이다.' 노인은 그제서야 이 청년이 슬퍼하는 사정을 알 수 있었습니다. 그 팻말의 내용은 청년에겐 청천벽력이었던 것입니다. 젊은이는 노인을 보며 더욱 좌절감에 북받쳐 울어 댔습니다.

그 때 노인에게 지혜가 떠올랐습니다. 그리고 안심하라는 듯이 젊은이를 달래며 말을 꺼냈습니다. "여보게, 젊은이, 그렇게 울지만 말게. 내가 보니 울 일이 아닐세. 저 팻말대로라면, 오히려 기뻐하라구. 한 번 넘어져서 3년밖에 못 산단 말이지? 그럼, 세 번 넘어지면 9년을 더 살 것이요, 1,000번을 이 언덕에서 굴러 보게. 자네 얼마를 살게 되나?"

죽음에 이르는 병

우리는 시시때때로 좌절을 겪습니다. 일 속에서, 인간 관계 속에서, 진로 문제로, 성적 문제로, 영적인 어두움으로 좌절의 늪을 헤맬 때가 있습니다. 삶의 기복이 그렇게 있는 것이지요. 그러한 때 좌절은 위의 이야기에서처럼 죽음을 가져다 줄 수밖에 없습니다. 그 길밖에 또 무슨 뾰족한 수가 있겠느냐고 낙심하고 슬퍼합니다. 그러나 노인의 지혜처럼 생각을 바꾸고 고정 관념을 깨트리면, 좌절이 오히려 희망이 될 수도 있습니다.

사이클 선수로 뛰었던 때가 있었습니다. 중학교 1학년 무렵에 나는 우연히 교내 자전거 경주에 출전하여 세 명 뽑는데 꼴찌로 뽑히게 되었지요. 워낙 운동을 못하기에 어머니는 운동회 때마다 달리기 시합에서 꼴등하는 꼴이 보기 싫어, 아예 운동회에는 모습을 안 드러내셨어요. 궁둥이는 오리 궁둥이, 목은 물 먹고 하늘 보며 꼬르륵 거리는 사슴 목이라나 뭐라나, 영락없는 한 편의 코미디라며 동네 아줌마들이 비꼬는 바람에, 어머니는 무척 속이 상하였지요. 나도 운동이란 '운'자만 들어가도 지레 겁부터 먹었으니까요. 그런 연고로 교내 사이클 선수로 뽑혔다는 나의 자랑에 보통 반가워 하는 게 아니었습니다.

그 때부터 나는 날이면 날마다 자전거와 함께 살았습니다. 아침 일찍 등교해서 운동장 트랙을 돌고, 오전 수업이 끝나면 곧장 도로 경기를 준비하러 밖으로 나갔습니다. 그러는 나를 반장이 종례 시간에도 안들어 온다며, 담임 선생님은 안타까워 하였습니다. 저녁 늦게서야 자전거를 끌고 집에 들어오는 나를 보며,

어머니와 아버지는 대견해 하면서도 걱정하는 것 같았지요.

그러다, 어떻게 어떻게 해서 군(郡) 대표가 되었고, 6개 군 대항전에서도 2등으로 달리다 뒷사람의 반칙으로 걸려 넘어졌는데 다시 일어나 달린 것이 아슬아슬하게 꼴찌로 등수에 들게 되어, 도 대표 선발전에도 나가게 되었습니다. 고비마다 간신히 등수에 드는 걸 보고, 체육 선생님이나 교장 선생님은 뜻밖인 듯 좋아서 어쩔 줄 몰라 했지요. 그리고 마침내는, 꿈에 그리던 도 대표 선수가 되어, 원주에서 열리는 전국소년체전에 나갈 자격을 얻었습니다.

모교를 떠나, 도 대표 감독이 있는 순천의 삼산중학교에서 합숙에 들어갔습니다. 도내 각 학교에서 많은 선수들이 모여들었습니다. 가장 어린 나이였기에, 감독은 나에게 무척 자상하게 대해 주셨지요. 하지만, 그것이 나에게는 무리였던 것 같습니다. 어린 나이, 처음으로 부모 품을 떠나온 데다, 매일 반복되는 강훈련, 어느 날 문득 공부에 열중하고 있는 합숙소 옆 교실을 들여다 보고, 나는 너무너무 외롭다는 생각을 했습니다. 지금은 운동할 때가 아니라 공부할 때라며 혀를 차던 담임선생님의 모습이 새롭게 떠올랐습니다. 무엇보다 그리운 얼굴들이 보고 싶었습니다.

중도 하차

끝내 나는 그 훈련을 다 마치지 못하고, 집으로 돌아오고 말았습니다. 아무리 중요한 훈련이라도 오전 수업은 시키겠다던 약속을 지키지 않아서 와 버렸다고 변명을 해댔지만, 다른 사람들의 얼굴을 마주하기가 너무 힘들었습니다. 소년체전이 끝나던

날까지 나는 이리저리 사람들을 피해 가며 마음앓이를 해야만
했지요. 모두가 나를 바보 취급하며 손가락질 하는 것만 같았습
니다. "야, 아무리 눈 씻고 보아도 텔레비전에 네 얼굴 안 보이
더라." 좋은 성적으로 체전을 끝내고 학교로 돌아온 체육선생님
이 농담조로 던진 말씀이었는데, 견디기가 무척 어려웠습니다.
후회도 많았지만, 이미 그 때는 어쩔 수 없는 상황이었습니다.

　얼마 후, 학교에서 체육대회가 열렸는데, 사이클 학교 대표였
던 나는 반 아이들의 성화에 못이겨 시합에 나가게 되었습니다.
이미 나는 자신감을 모두 잃어 버린 다음이라, 나가고 싶지도 않
았고, 나가도 이길 것 같지가 않았습니다. 평소 나와 함께 뛰었
던 다른 사이클 선수들도 저마다 자기반 대표로 출전했습니다.
그들은 비장의 각오를 하고 있는 것 같았습니다. 이윽고 나는 트
랙의 곡선을 돌다가 서로 뒤엉켜 넘어지게 되었고, 다른 동료들
에게 일등을 빼앗기고 말았습니다. 아쉬움에 가득 찬 탄성이 나
왔습니다. 하지만, 나에게는 "야, 네가 그러면서도 도 대표냐?"
하는 소리가 사방에서 더 크게 들려오는 것 같았습니다.
　보기좋게 나를 따돌린 동료 싸이클 선수들이 나중에 와서 의
기양양하게 전해 준 이야기는 나에게 더 큰 상처를 주었습니다.
소년 체전을 포기하고 돌아온 나에게 체육선생님이 화가 어찌나
났던지, "이번에 어떤 일이 있어도 그 자식만은 이겨야 한다."라
고 했다는 것입니다. 그렇게 용기를 주며 다정하게 잘 대해 주던
분의 입에서 그런 소리까지 나왔다니…. 인생의 실패자라는 생
각, 주변에 내 마음을 이해해 줄 친구가 아무도 없다는 소외감,
일 년 남짓 사이클에 쏟은 나의 학창 시절은 이렇게 끝없는 좌

절감만을 안겨 준 채 추억 속으로 사라져 갔습니다.

내 맘이 낙심되며 근심에 눌릴 때
희망이 사라지고 친구 날 버릴 때
번민이 가득 차고 눈물이 흐를 때
주 나의 곁에 오사 용기를 주시네.

엠마오 가는 길

그 날 오후, 엠마오로 내려가는 길, 두 제자의 발걸음은 한없이 무거워 보였습니다. 고개를 떨구고 땅만 보고 걷고 있었습니다. 그들의 이야기는 끊어졌다간 이어지고, 이어졌다간 또 끊어졌습니다. 때마침 석양이 그들을 비추어 긴 그림자를 드리우고 있었습니다.

엠마오 마을로 가는 두 제자
절망과 공포에 잠겨 있을 때

참으로 어둡고 쓸쓸한 모습입니다. 모든 희망이 꺾이어, 깊은 좌절에 빠진 모습입니다. 왜 이런 분위기에 빠질 수밖에 없었을까요? 그들이 좌절에 빠진 이유는 무엇일까요? 그것은 예수님의 죽음 때문이었습니다. 십자가에서 처참하게 죽으신 예수님의 죽음에 대한 충격 때문이었습니다.

이스라엘을 구원할 분으로 믿었던 예수님의 죽음은 제자들의 모든 희망을 무너뜨렸습니다. 정치적인 독립도, 종교적인 신실함도, 경제적인 번영도, 사회적인 안정도, 민족과 개인의 미래도,

모든 부분에 불투명한 그림자뿐이었습니다.

주 예수 그들에게 나타나시사
참되신 소망을 보여 주셨네

결국, 제자들은 나그네의 모습으로 길을 함께 가신 주님을 알아보지 못한 채, 가리워진 눈으로 엠마오까지 갔습니다. 25리는 두 시간 반 길입니다. 영안이 열려 있지 않으면 아무리 긴 시간, 아무리 가까이서 주님이 함께하신다고 하더라도 알 수가 없는 것입니다. 그러나 그들은 그 나그네가 주는 떡을 받으면서, 그제서야 눈이 밝아졌습니다. 그 절망의 길, 엠마오 도상에서도 주님은 그들과 함께 계셨던 것입니다.

세상을 살아가노라면, 여러분도 제자들과 같은 체험을 하곤 할 것입니다. 희망이 꺾이는 아픔을 겪기도 하고, 예기치 않았던 고난과 시련을 당하기도 합니다. 그래서 깊은 좌절과 절망에 빠지기도 합니다. 바로 그 때, 생각해야 할 것이 있습니다. 내 마음의 눈이 좌절과 절망 때문에, 하나님의 손길을 볼 수 없을 정도로 가리워져 있지나 않은지 말입니다.

우리도 부활의 주님을 만나야 합니다. 우리의 어두운 눈이 열리고 밝아져야 합니다. 부활의 주님을 만나면, 죽음이 정복됩니다. 외로움을 극복할 수 있습니다. 지금 힘든 생활중이라 하더라도, 여러분은 혼자서 엠마오로 걸어가고 있는 것이 아닙니다. 부활하신 주님이 여러분과 동행하고 계십니다. 여러분의 고민을

들으시고, 여러분을 깨우쳐 주시고, 끝까지 함께 걸어가 주십니
다. 결코 혼자가 아닙니다. 결코 외롭지 않습니다.

그들의 눈이 열리자, 모든 것이 바뀌었습니다. 절망이 희망으
로, 좌절이 용기로 바뀌었습니다. 그래서 그들은 더 이상 엠마오
에 있을 수가 없었습니다.

이 세상 사는 길 엠마오의 길
끝 없는 근심이 앞 길 막으나
주 예수 우리에게 나타나시사
새소망 주심을 믿사옵니다.

눈이 밝아져 부활의 주님을 만난 제자들은 예루살렘으로 올라
갔습니다. 그리고 자신들이 엠마오로 가던 길에서 체험한 일을
말했습니다. 그들과 동행하신 예수님, 그럼에도 불구하고 그들이
몰랐던 일, 엠마오까지 함께 가셔서 자신들의 어두운 눈을 밝혀
주신 예수님, 그래서 그들이 부활의 주님을 만났던 일을 하나하
나 모두 말했습니다. 그들의 말에는 감격과 흥분이 가득 차 있었
습니다. 그들은 몰랐다가 이제야 겨우 깨달은 놀라움에 싸여 있
었습니다. 또 말하지 않고는 견딜 수 없는 사명감에 불타올랐습
니다.

여러분에게도 이런 체험이 있어야 합니다. 부활의 주님을 만
나는 체험, 그래서 주님을 만남으로써 시련과 고난 속에서도 새
로운 희망과 용기를 가지고 살아갈 수 있는 체험이 있어야 합니
다. 만일 우리에게 이런 체험이 없다면, 우리는 제자들이 길에서

있었던 놀라운 일을 이야기하던 그런 간증을 할 수가 없습니다.

예수님은 제자들에게 부활의 증인이 되라고 하셨습니다. 그래서 제자들에게 모든 것을 보여 주셨고, 가르쳐 주셨고, 함께 생활하셨습니다. 주님이 엠마오로 가는 두 제자의 눈을 밝혀 주신 것도 부활의 증인으로 삼으시려는 이유 때문이었습니다.

부활의 주님을 만나세요. 그리고 여러분이 만난 주님을 당당하게 증거하는 증인이 되세요. 좌절을 느끼며, 절망과 공포를 느끼며, 엠마오로 내려가는 여러분의 인생 길에서, 오늘도 그 엠마오로 가는 길에 함께 동행하시는 주님을 만나세요. 영혼의 눈을 떠 그분을 알아 보세요. 그리고 그분을 만난 체험을 증언하세요. 새롭게 변화된 삶을 통해서 주님을 증거하세요. 글로바와 또 다른 제자들같이, 인생의 내리막길에서 주님을 만난 일을 기쁨과 흥분에 싸여 온몸으로 증거하는 부활의 증인이 되세요.

수평선 너머엔 희망이 있다

부두교에 대해서 들어 본 적이 있나요? 남태평양 군도에는 부두교의 독특한 의식이 있는데, 의사 역할을 겸하는 그 곳의 주술사가 마을 사람 가운데 죄를 범한 이를 앞에 세워 놓고, 주문과 의식을 행한답니다. 곧 기다란 뼈를 보게 하면서, "넌 뼈를 본 순간 죽을 것이다."라고 주입시키는 것이지요. 그런데 놀랍게도 그 뼈를 본 순간 그 죄인은 실제로 아무런 이유 없이 죽는다는 것입니다. 그것은 좌절 때문입니다. 아무런 희망도 가질 수 없는 절망감, 바로 그것이 고귀한 생명을 앗아가 버리는 것이지요. 강력한 죽음의 메시지를 담은 주문에 따라, 다가올 죽음에 아무런 대응도 못한 채, 삶의 의지와 희망까지 모두 빼앗겨 버리는 것입니다.

　어떤 배가 태풍을 만나 난파당했습니다. 그런데 한 남자가 혼자서 살아남았습니다. 무인도에 홀로 던져진 그는, 먼저 어설프게나마 오두막 집을 지었답니다. 그리고 그는 날마다 수평선을 바라보며 구조해 줄 배를 기다렸습니다. 그러던 어느 날, 그가 가까스로 먹을 것을 구해 초라한 오두막 집으로 돌아와 보니, 자신의 오두막 집이 불에 타고 있는 것이 아니겠습니까? 시커먼 잿더미를 바라보며, 그는 절망감에 빠져, 끝까지 살아남아 구조될 것이라는 희망까지 모두 타버린 듯, 다가올 죽음만을 생각했습니다.

　그런데 다음날 이른 아침, 배 한 척이 그 섬에 닻을 내렸고, 드디어 그 남자는 무사히 구조되었습니다. 여러분, 배의 선장이 그 남자를 처음 보았을 때 무슨 말을 했겠습니까? "어제, 당신이 피워 올린 연기 신호를 보았소."

15. 내 방엔 거울이 없다
- 거짓자기의 치유

영화를 보면, 눈물이 나도록 슬픈 영화가 있습니다. 가슴이 후련하도록 통쾌한 영화도 있고요. 짜릿하도록 아슬아슬한 영화도 있고, 보고 나서도 뭐가 뭔지 남는 것이 하나도 없는 그런 영화도 있습니다. 그런데 십여 년 전 참 좋게 본 영화가 있었습니다. 좋다기보다 차라리 감동적이었습니다. 로빈 윌리엄즈 주연의 〈죽은 시인의 사회〉가 그것입니다. 거짓된 가치관에 사로잡혀 있던 엘리트 학생들이 키딩이라는 한 선생님을 만나면서 많은 것을 깨닫고 변화하는 과정을 예술적으로 잘 형상화한 수작이었지요. 나는 그 영화에서 나타난 게 바로 거짓자기의 문제가 아니었나 생각합니다. 마지막에 자살로 끝나 버린 것이 아쉽긴 하지만, 한 학생이 부모가 강요하는 미래보다 자신의 진실한 가능성과 인생의 꿈을 발견함으로써, 난생 처음으로 삶의 의미와 기쁨이라는 것을 맛보는 부분에서는 흥분을 감출 길이 없었습니다. 우리의 교육 현실에서 볼 때, 그 의미는 너무나 신선하게 다가왔지요.

나는 무엇?

　나치 독일 아래서도 끝내 불의에 무릎을 꿇지 않았던 고백교
회의 본훼퍼는 옥중에서 아래의 유명한 시(詩)를 남겼습니다. 암
울한 시절, 종교 지도자로서 사람들의 신망을 한 몸에 받으면서
도 참자기와 거짓자기의 문제로 고민하고 있는 그의 인간됨이
이 시에 잘 드러납니다. 우리가 지금 여기서 다루고 있는 주제를
가장 극명하게 드러내는 그림자이기도 하지요.

　나는 무엇?
　남들은 가끔 나더러 말하기를
　감방에서 나오는 나의 모습이
　어찌 침착하고 명랑 확고한지
　마치 자기 성에서 나오는 영주 같다는데

　나는 무엇?
　남들은 가끔 나더러 말하기를
　감시원과 말하는 나의 모습이
　어찌 자유롭고 친절 분명한지
　마치 내가 그들의 상전 같다는데

　나는 무엇?
　남들은 또 나에게 말하기를
　불행한 하루를 지내는 나의 모습이
　어찌 평온하게 웃으며 당당한지
　마치 승리만을 아는 투사 같다는데

남의 말의 내가 참 나냐?
나 스스로 아는 내가 참 나냐?
새장에 든 새처럼 불안하고 그립고 약한 나
목을 졸린 사람처럼 살고 싶어 몸부림치는 나
색과 꽃과 새 소리에 주리고
좋은 말 따스한 말동무에 목말라 하고
방종과 사소한 굴욕에도 떨며 참지 못하고
석방의 날을 안타깝게 기다리다 지친 나
친구의 신변을 염려하다 지쳤다.
이제는 기도에도, 생각과 일에도
지쳐 공허하게 된 나다.
이별에도 지쳤다—이것이 내가 아닌가?

나는 무엇?
이 둘 중 어느 것이 나냐?
오늘은 이 사람이고 내일은 저 사람인가?
이 둘이 동시에 나냐?
남 앞에선 허세, 자신 앞에선 한없이
불쌍하고 약한 나인가?
이미 결정된 승리 앞에서
무질서에 떠는 패잔병에 비교할 것인가?

나는 무엇?
이 적막한 물음은 나를 끝없이 희롱한다.
내가 누구이든

나를 아는 이는 오직 당신뿐

나는 당신의 것이외다.

오, 하나님!

거울 속 타인

일생을 아들의 반면교사로 산 아버지를

가엾다고 생각한 일도 없다, 그래서

나는 늘 당당하고 떳떳했는데 문득

거울을 보다가 나는 놀란다, 나는 간 곳이 없고

나약하고 소심해진 아버지만이 있어서.

신경림이 〈어머니와 할머니의 실루엣〉에서 '아버지의 그늘'이라는 부분에 쏟아 놓는 심정이지요. 시인 이상(李箱)도 거울을 보며, "거울 속의 나는 참나와는 반대요마는 또 꽤 닮았소. 나는 거울 속의 나를 근심하고 진찰할 수 없으니 퍽 섭섭하오."라고 탄식하듯이, 우리는 방 안에 놓인 거울에 비친 낯설은 타인을 보며 충격을 받곤 합니다.

세 살짜리 우리집 둘째 아이인 명이도 요즘 재미있어 하는 일이 하나 생겼습니다. 엄마의 손거울을 쳐다보며 자꾸 뭔가 생각에 잠기듯 고개를 갸우뚱하는 것입니다. 거울 속에 비친 얼굴이 마치 다른 사람의 것인양 이리 보고 저리 보고 거울을 돌렸다 자기 얼굴을 돌렸다 야단입니다. 자기 얼굴이 아닌 것 같은가 봅니다. 부모인 우리에게는, 이 아이의 이런 몸짓 하나하나가 신기하고 재미있기만 합니다.

"그들은 교회 안에서 존경받는 장로 부부로, 누구보다도 아름다운 잉꼬 부부요, 소문난 모범 가정이었다. 하지만, 집에서 남편의 모습은 너무나 달랐다. 계속되는 폭력과 구타로 아내와 아이들은 공포에 시달려야 했다. 그 남편은 자기의 집안 사정을 다른 사람이 알까 봐 두려워했다. 자기의 집안 사정이 알려지는 것은 아내에게도 두려운 일이었다. 그녀는 아무에게도 자신의 고통을 말하지 않았다. 아이들도 마찬가지였다. 남편의 구타에 대하여 수없이 하나님께 기도하고, 남편도 자신에 대해 괴로워하고 아내 앞에서 잘못을 뉘우치기도 했지만, 순간적으로 화가 나면 그 버릇이 다시 반복되곤 했기에, 아내는 더 이상 희망을 가지지 못했다. 남편은 자신의 성격이 이러니 이해하라고 했지만, 견디다 못한 아내는 자살을 시도했다. 그 남편 역시 자신에 대해 괴로웠지만, 아무리 노력해도 되지가 않았다. 어떻게 해야 하는가? 자신은 분명히 하나님이 계심을 알았기에, 그 신앙을 완전히 포기할 수 없었다. 하지만, 자신이 아내와 자녀들에게 하는 행동 하나도 스스로 그치게 할 힘이 없었다.

이십여 년 동안 그들은 이러한 쳇바퀴를 돌며 살았다. 신앙은 점점 형식적이 것이 되어 가고, 자녀들은 아버지가 믿는 하나님에 대해 크게 분노하고 있었다. 하지만, 교회에 속한 사람 누구도 그 가정 안에서 이런 일이 일어나고 있는지를 몰랐다."

거듭남의 가능성

사람들 가운데는 이 세상의 현실에 적응하는 능력은 매우 발달했으나, 태어날 때부터 선물로 받은 재능과 개성을 활짝 펼치고 발달시켜서, 창조적인 삶을 영위하는 데는 실패한 이들이 있습니다. 외면적으로 볼 때, 성공적인 인생을 살고 있는 것처럼 보이나, 그들이 자신들의 삶에 대하여 느끼는 감정 속에는, 자신들의 삶이 '가짜'라는 느낌이 짙게 자리잡고 있지요. 그들은 자신들이 사회에서 이룩한 온갖 성취들에도 불구하고, 그게 다 헛된 것이고, 그 헛된 것 속에 갇혀서 살아가는 자신들의 존재가 참된 존재가 아니라 '거짓된 존재'라는 느낌을 지울 수가 없지요. 그것은 자신과 자신의 삶에 대한 생생한 감정이라는 게, 세상 현실에 적응하는 능력인 '거짓자기(false self)'로부터 오는 것이 아니고, 오직 한 생명체의 자발적이고 직접적인 생명력의 표현이라고 할 수 있는 '참자기(true self)'로부터 오기 때문입니다.

참다운 자기만이 창조적일 수 있습니다. 참다운 자기만이 참으로 살아 있다는 감정을 갖게 해 줍니다. 반면에 거짓된 자기는 헛된 감정과 진짜가 아니라는 감정만을 제공해 줍니다. 그러나 아무도 참자기만을 가지고 세상을 살아가지는 않습니다. 우리는 참자기만을 가지고 세상을 살아갈 수는 없습니다. 어느 정도 거짓자기를 함께 가지고 살아갑니다. 이 거짓자기란 본디 삶의 현실로부터 오는 온갖 위협으로부터 참자기를 보호해 주고 지켜 주는 긍정적인 기능을 지니고 있습니다. 이 거짓자기의 기능을 통하여, 우리는 때때로 그것이 내가 진정으로 바라는 것이 아니라 할지라도, 참고 내게 주어진 역할을 담당하며 환경적 여건에 순응하는 법을 배우기도 합니다. 이처럼 참자기의 삶을 위하여 봉사하는 보조적 역할로서의 거짓자기는, 우리 모두가 지니고 있는 것이요, 건강의 조건이기도 하지요.

그러나 만일 이 거짓자기가 지나치게 발달하고, 따라서 참자기가 자리잡고 있어야 할 인격의 중심을 대신 차지할 경우, 그 인격적인 삶에 근본적인 장애가 생기게 됩니다. 이처럼 거짓자기가 참자기의 자리를 차지하게 되는 경우를 상상해 보세요. 그것은 참자기가 건강하게 성숙하지 못하고, 매우 미숙하고 연약한 상태에 머물러 있으므로 인해, 이 깨어지기 쉬운 참자기를 위한 과보호가 거짓자기에 따라 이루어지기 때문이지요. 때로는 이 거짓자기가 지적 능력과 한패를 이루기도 합니다. 이 때 그 사람의 지적 능력이란 거짓자기의 활동을 위하여 사용되며, 참자기의 알리바이를 논리적으로 증명해 주는 역할을 하는 것이지요. 그는 자신의 감정을 차단하고, 모든 문제를 머리로만 해결하려 들지요. 그 결과, 대단한 성공을 거두기도 한답니다. 그러나 문제는, 그가 성공을 하면 할수록, 자신은 가짜라는 느낌이 더욱 강해진다는 사실입니다. 그러다 어느 날 갑자기, 그는 마침내 자신이 쌓아 올린 자기 성공을 스스로 무너뜨려 버림으로써, 그에게 기대를 걸었던 많은 사람들에게 뜻밖의 실망을 안겨 주곤 하지요.

이 거짓자기는 다섯 가지 정도로 구분해 볼 수 있습니다. 첫째로, 심한 경우, 참자기는 거의 보이지 아니하고 거짓자기가 진짜로 행세하고 있습니다. 사람들도 그 거짓자기가 그 사람의 진정한 인격이라고 생각하기 쉽지요. 공적이거나 사회적인 인간 관계에서, 이러한 거짓자기의 문제가 드러나는 법은 거의 없습니다. 그러나 그 사람이 하나의 전체적 인간이기를 기대하는 인격적인 관계에서는, 이 거짓자기가 어딘가 생의 근본적인 그 무엇을 결핍하고 있음을 드러내곤 하지요. 이러한 자기 노출이 두려워, 친밀한 인간적 관계를 회피함으로써, 이를 감추기도 합니다.

그러나 이러한 노력이 모두 성공한다고 해도, 자기 자신을 완전히 속일 수는 없습니다. 아무리 자신의 감정을 억압하려고 해도, 끝내 사라지지 않는 감정이 있지요. 그것은 바로 자기가 거짓자기요, 자신의 삶이 가짜 삶이라고 하는 것입니다. 그의 참자기는 자신의 잠재적인 가능성을 펴 볼 생각도 못하고 깊이 숨겨져 있거나, 아직 싹조차 트지 못한 씨앗 상태로 땅 속에 갇혀 있다고 볼 수 있지요. 참다운 자신의 감정을 지니고 살면서, 타고난 자신의 삶의 가능성을 개발하고 그 열매를 맺겠다고 하는 의욕과 희망을 완전히 포기한 채, 체념하고 인생을 살아가는 모습이 바로 그런 것입니다. 환경과 운명에 완전히 종속되어 맡겨지는 역할을 마치 역할극을 연출하듯 살아가는 것이지요. 여기에는 의욕과 삶의 의미와 희망이 아니라, 의욕 상실과 삶에 대한 무의미성과 절망이 자리잡게 마련입니다. 그 인격 구조는 마치 알맹이 없이 텅 빈 소라껍질처럼, 보호막으로서 껍데기만 남아 있고, 그 안에는 '텅 비어 있음'이 자리하고 있지요.

둘째로, 약간 심한 경우, 비록 아직도 참자기의 존재는 미약하지만, 이 때의 참자기는 완전히 숨어 버리지 아니하고 잠재적인 요소로 인정받고 있으며, 그 자체의 비밀스런 삶을 유지하고 있습니다. 이 때 거짓자기는 참자기를 막아 주는 방어 체제의 역할을 감당합니다. 또한 이 거짓자기는 참자기를 보호하기 위한 목적으로, 신체적인 병과 같은 증상을 만들어 내기도 하지요.

셋째로, 건강의 요소를 지닌 경우, 거짓자기는 참자기가 스스로를 펼 수 있는 가능한 조건들을 추구합니다. 이것은 다른 한편으로, 참자기가 어느 정도 존재하고 있음을 전제로 하고 있지요. 이 참자기를 위한 조건들을 찾지 못할 때, 거짓자기는 이 참자기를 지키기 위하여 새로운 방어를 형성합니다. 그러나 만일 이 방어 형성이 의심스러울 때, 거짓자기는 자살을 시도하지요. 곧 자살은 참자기의 파탄을 피하기 위하여, 전체 자기를 파괴하는 것입니다. 참자기가 배신당할 수밖에 없는 상황에 대한 최후의 방어가 자살의 형태로 나타납니다. 이것은 그렇게 해서라도 참자기가 모욕당하는 것을 방어하려는 절규이지요. 참자기의 관점에서 볼 때, 자살 시도는 엄청난 위험을 내포하고 있음에도 불구하고, 절망의 징표가 아니라 희망의 징표입니다. 그것은 참자기의 존재를 내포하고 있기 때문입니다. 자살로써 막을 내리는 비극을 피할 수만 있다면, 그리고 참자기가 스스로를 펼 수 있는 적당한 기회만 주어진다면, 여기에는 살아 있는 참자기를 지닌 인격체의 탄생과 성숙이 일어날 수 있습니다.

참자기가 숨어 버려서, 더 이상 현실에 대하여 반발하거나 분노를 느낄 필요도 없이, 전적으로 거짓자기만을 가지고 살아가는 것이, 훨씬 더 안전하고 또 세상에서 적응도 잘할 수 있을 것입니다. 어쩌면 상당한 성공을 거둘 수 있을지도 모릅니다.

그러나 참자기의 관점에서 볼 때, 그런 삶은 아직 살아 있는 삶이 아닙니다. 그런 상태는 육체적으로는 살아 있을런지 몰라도, 심리적으로는 이미 죽은 삶 또는 숨만 간신히 붙어 있는 빈사 상태의 삶에 지나지 않습니다. 산 송장이 바로 그것이지요. 왜냐하면 거기에는 살아 있다는 진정한 감정도, 삶의 창조성도, 희망도 없기 때문이지요. 살아 있다는 것은 '생존한다'는 것과는 질적으로 다른 것입니다. 참자기를 상실한 채, 거짓자기만을 가지고 끊임없이 자신과 삶을 속이는 상태야말로 절망의 징표가 아니고 무엇이겠습니까?

넷째로, 약간 건강한 경우, 거짓자기는 누군가와의 동일시를 통하여 간접적으로나마 참자기의 삶을 만족시키려고 합니다. 이 것은 한 사람이 자신이 이상화하는 사람의 삶을 모방하면서, 그 사람처럼 말하고 생각하고 행동하면서 살아가려는 사람의 모습 속에서 흔히 보게 되지요. 사람에게 존경받는 어느 누구처럼 되고 싶어서, 그의 목소리와 억양 따위를 흉내내는 이가 있다면, 그 사람도 이 범주에 속한다고 할 수 있지요. 그러나 이러한 모방을 통해서는, 어디까지나 참된 자기의 모습이 되지 못하고, 거짓자기의 모습으로 머물게 되지요. 자신의 목소리와 자신의 개성 있는 삶의 스타일을 개발하는 일보다 남의 흉내나 내는 사람은 결코 참자기가 될 수 없습니다. 거짓자기로 남을 뿐이지요.

다섯째로, 건강한 경우, 거짓자기는 참자기만으로는 생존할 수 없는 삶의 현실 속에서 예의바른 사회적 태도로 표현됩니다. 이 때 참자기는 긴장성과 진정성을 지니며, 삶에 대한 진정한 감정과 보람을 가지고 창조적인 삶을 영위하게 되지요. 이 때 거짓자기는 이 참자기의 삶을 위하여 섬기는 역할을 감당합니다.

자기애적 상처

그러면 어떻게 해서 참자기는 숨고 거짓자기가 형성되는 것일까요? 도날드 위니캇이라는 심리학자에 따르면, 우리는 그 발생의 자리를 생(生)의 초기에 나타나는 아기와 엄마 관계에서 찾을 수 있습니다. "아기는 존재하지 않는다. 다만 엄마와 아기가 존재할 뿐이다."라는 말이 잘 드러내듯이, 신생아 시절에 엄마에 대한 아기의 의존도는 거의 절대적이지요. 이 때 아기는 자신을 스스로 지탱하지 못합니다. 다만 엄마가 자신을 포근히 안아 줌으로써, 자기 존재의 지속성과 안정감을 누릴 수 있지요. 만일 엄마가 아기를 포근히 안아 주지 못하고 무성의하게 취급한다면, 아기는 자신의 존재가 깨어지는 것과 같은 극심한 불안을 경험하게 됩니다. 이러한 경험의 반복은 아기의 인격 구조 속에 환경과 자신에 대한 기본적 신뢰감의 형성을 가로막고, 대신에 불신을 형성하게 됩니다.

이처럼 참자기의 초기에 발생하는 상처를, 스위스의 어린이 정신치료가인 밀러는 '자기애적 상처'라고 명명합니다. 그리고 그 결과가 매우 치명적임을 밝히고 있습니다. 이른바 자기애적 인격 장애에 속하는 많은 정신 및 신체 장애의 근원이 여기에 있다는 것이지요. 이 정신 장애는 두 가지 양극적인 양상을 띠고 나타나는데, 과대망상증과 우울증이 그것입니다. 과대망상증은 자신을 과시하려고 합니다. 다른 사람들의 시선과 주의 그리고 감탄어린 눈빛과 칭송을 받으려는 강한 충동을 느낍니다. 마치 공중에 뜬 풍선처럼 잔뜩 부풀려져서, 둥둥 떠 있는 기분에 살려고 합니다. 남들의 칭찬과 경탄에 의존해서 살아가지요. 남들이 우러러볼 수 있는 역할을 해냄으로써, 끊임없이 세인의 관심을 불러일으킵니다. 그러나 이런 것 가운데 어느 한 가지가 실패라도 하는 날엔, 마치 바람 빠진 풍선처럼, 깊은 우울증에 시달리게 되지요. 자신의 역할을 하는 동안에만 자신을 지탱할 수 있고, 그 역할이 끝나게 되면 깊은 자기상실감에 빠지게 됩니다. 이처럼 과대망상증과 우울증은 동전의 양면과 같습니다. 텅 빈 자기를 감추기 위한 거짓자기의 과보상이 과대망상으로 표현되고 있을 뿐입니다. 근저의 자기 비하에 대한 방어로 과대주의가 나타나는 것이지요. 반대로 우울증 환자의 환상 속에는 과대망상적 환상의 내용으로 가득 채워져 있습니다.

이와 같이 자기애적 상처를 지닌 사람의 과대망상적인 관심의 요구는 근본적으로 생의 초기에 잃어 버린 거울을 되찾으려는 헛된 시도를 담고 있습니다. 그러나 중요한 것은, 그가 자신의 허영을 충족시켜 주는 사람들의 경탄을 통해서도 참다운 만족을 경험하지 못한다는 것입니다. 그가 진정 필요로 하는 것은, 그러한 과대망상적 욕구 충족이 아니라, 자신을 진지하게 취급해 주고 존경해 주는 참된 사랑과 돌봄과 관심이지요. 그가 절실히 필요로 하는 것은, 참 자신을 보여 주는 진실한 거울이라는 말입니다.

참자기를 찾아서

그러면 이렇게 심한 거짓자기의 인격 구조를 가진 사람과 대화를 나눌 경우, 어떻게 해야 할까요? 무엇보다도 먼저, 여러분이 지금 그 사람의 참자기와 말하고 있는 것이 아니라, 그의 거짓자기와 말하고 있음을 알아야 합니다. 이 거짓자기란 본디 순응하는 능력이므로, 여러분의 암시와 생각과 감정에 한없이 적극적으로 동조해 버리지요. 그래서 결국에는 진실이란 겨자씨만큼도 찾을 수 없는 허구를 만들어 내는 끝없는 게임 속에 말려

들기 쉽지요.

　이러한 사람들과 만나서 대화를 나눌 때, 여러분의 역할은 근본적으로 엄마와 아기 사이에서 이루어지는 엄마 역할과 다름이 없습니다. 그것은 구체적으로 다음과 같습니다.

　첫째는, ‘안아 주기’입니다. 마치 엄마가 아기를 안아 주듯이, 정서적으로 그를 안아 주어야 합니다. 공감과 이해를 통하여, 그가 자신의 감정을 지탱하고 경험할 수 있는 안정된 심적 공간을 제공해 주어야 하지요.

　둘째는, ‘필요한 것을 제공해 주기’입니다. 마치 엄마가 아기에게 필요한 것을 제공해 주듯이, 그가 필요로 하는 것들을 제공해 주어야 합니다. 특히 여러분 자신을 그가 쓸 수 있도록 허락해 주어야 합니다. 또 그때 그때 필요한 의미 있는 해석을 제공해 주어야 하지요.

　셋째는, ‘거울 역할’입니다. 그의 감정과 생각과 태도를 반영해 주고 명료화해 줌으로써, 그의 진실된 모습을 보여 주어야 합니다. 이를 통하여 허위적인 나가 아니라, 진정한 나의 모습을 그가 되찾아가는 것입니다. 이것은 거짓자기가 요구했던 허영과 과시에 대한 칭송과는 달리, 그를 진지하게 취급해 주고 진정으로 사랑과 관심을 가지고 그를 바라보아 주는 것이지요.

　넷째는, ‘견뎌 주기’입니다. 공격심의 발산 형태로 나타나는 그의 미숙한 참자기의 일면을 수용하고 견디어 줌으로써, 차츰이 공격적인 에너지가 참자기의 인격 구조 속에 통합될 수 있는 기회를 제공해 줍니다. 그의 감정적 반응에 여러분이 같이 감정적으로 반응해 버리면, 그의 공격적인 에너지는 다시 분리되고 억압되는 전철을 밟게 됩니다.

다시 태어나는 삶

　여러분은 이러한 역할을 통하여, 아직 피어나지도 못한 채 깊이 묻혀 있는 그의 참자기가 새롭게 태어나 자라나는 것을 돕는 역할을 해야 합니다. 그렇게 하면, 이 때 태어나는 새로운 자기는 생에 대한 진정한 감정과 자발성과 창조성을 지닌 건강한 인격적 속성을 지니게 되지요. 그리고 점차 자기애적 필요로부터도 자유롭고, 타자에 대해서도 진정한 관심을 기울일 수 있는 사랑의 능력을 지니게 됩니다. 이렇듯 참자기는 한 사람이 태어날 때부터 이미 가지고 태어나는 잠재된 개성이지요. 결국, 인생의 참다운 의미란 바로 이 참자기를 이루고 또 그 삶을 사는 데 있습니다. 예수님을 향한 니고데모의 질문, "어떻게 해야 사람이 거듭날 수 있습니까?"라는 말은 오늘 자신의 거짓된 모습을 버리고 참 자기를 회복하려는 여러분의 진실한 대면이기도 합니다. 그리고 그것은 선택입니다. 잭 캔필드·마크 빅터 한센의 〈영혼을 위한 닭고기 수프〉를 보면 이런 이야기가 나옵니다.

　"웨스트민스터 대성당의 지하 묘지에 있는 한 영국 성공회 주교의 무덤 앞에는 다음과 같은 글이 적혀 있다.

　'내가 젊고 자유로워서 상상력에 한계가 없을 때, 나는 세상을 변화시키겠다는 꿈을 가졌었다. 좀더 나이가 들고 지혜를 얻었을 때, 나는 세상이 변하지 않으리라는 걸 알았다. 그래서 내 시야를 약간 좁혀 내가 살고 있는 나라를 변화시키겠다고 결심했다. 그러나 그것 역시 불가능한 일이었다. 황혼의 나이가 되었을 때, 나는 마지막 시도로, 나와 가장 가까운 내 가족을 변화시키겠다고 마음을 정했다. 그러나 아무도 달라지지 않았다.

이제 죽음을 맞이하기 위해 누운 자리에서 나는 문득 깨닫는다. 만일 내가 내 자신을 먼저 변화시켰더라면, 그것을 보고 내 가족이 변화되었을 것을. 또한 그것에 용기를 내어 내 나라를 더 좋은 곳으로 바꿀 수 있었을 것을. 그리고 누가 아는가, 세상까지도 변화되었을지!'"

16. 쉼표가 없는 삶
- 완전주의의 치유

"초등학교 6학년 때의 일이다. 나는 학교 소프트볼 팀의 2루수였다. 우리는 해마다 경기에 이겨서, 드디어 시 우승컵을 놓고 결승전을 치르게 되었다. 중요한 게임이었다. 마지막 회인 7회말 상대팀 공격에서, 점수는 동점이었고, 주자는 투 아웃에 만루였다. 그 때, 상대팀의 타자가 내 키를 조금 넘는 높이의 숏 플라이 볼을 쳤다. 난 안간힘을 달려서는, 온몸을 날려 뛰어 올랐다. 그러나 그 공은 내 글러브의 끝을 맞고 튕겨져 올랐고, 결국 우리는 그 게임에 졌다.

난 나의 실수 때문에 패배했다는 것과 그 실패를 이의없이 인정할 수밖에 없었다. 그러나 인정한다는 것과 받아들인다는 것은 차이가 있었다. 수주일 동안, 내 마음 속에서는 그 때 그 경기의 실수를 잊지 못하고 되새기며, 상상으로 그 때 그 순간의 2루수가 다시 되어, 경기를 진행시켰다. '내가 만일 조금만 더 일찍 몸을 움직였더라면, 조금만 더 높이 뛰어 올랐더라면, 조금만 더 손을 뻗쳤더라면, 조금만 더 ….' 나는 죄책감에 괴로워했다. 창피함과 자기 모멸감에 빠져, 마음 속으로 자꾸만 중얼거렸다. '그 때 그 공을 잡을 수 있었는데, 내 잘못이야, 나 때문에 경기에서 진 거야!'"

좀더, 좀더, 마지막으로 좀더

비슷한 경험을 모두들 한 번씩은 해 보았겠지요. 실수를 받아들일 수 없는 것 때문에 밤잠을 설친 사연들 말입니다. 특히 월드컵 축구 경기 같은 데서, 마지막 역전을 시킬 수 있는 자유킥을 못 넣고 한동안 국민들에게 얼굴도 못 내미는 대표 선수들을 생각해 보세요. 그들을 죽일 놈 취급하는 언론은 또 어떻고요. 실수를 받아들이지 못하고, 또 너그러이 받아 주지 못하는 풍토에서 완전주의의 그림자가 생겨나지요. 〈몸에 밴 어린 시절〉에서 미실다인은 이렇게 말합니다.

"완전주의자는 실수를 할 때 보통 사람보다 더 큰 수치심을 느낀다. 자신의 실수를 용납하지 못하는 거다. 실수를 한 후에는 가슴이 두근거리고, 정신을 차리지 못할 정도로 당황해 한다. 그 생각 때문에 잠을 이루지도 못한다. '보통 사람이나 저지를 수 있는 그처럼 얼빠진 실수를 어떻게 해서 내가 저지를 수 있었는지 이해가 안 돼!' 낯선 이들과 대화하는 가운데 실수를 하였다면, 첫인상이 모든 것을 좌우한다는 생각에 절망하면서 다시는 돌이킬 수 없다는 생각을 한다.

또 완전주의자는 실수를 용납할 수 없기 때문에 참기 어려운 긴장을 자주 경험한다. 얼굴 표정은 늘 굳어 있고 어둡기만 하다. 그리고 삶의 태도가 성취지향적이기 때문에, 일반적인 사회적 교제 곧 우정이나 정감을 나누는 것을 어려워한다. 그는 인생을 달리기 경주에 참여하는 일로 생각하는 경향이 있다. 우정이나 사랑도 자기의 노력으로 성취하려고 한다. 노력을 게을리하면 사랑받지 못할 것이라는 두려움에 빠진다. 또 완전주의자는 늘 만족하지 못하고 자신을 질타하며 더욱더 밀도 있는 성취감을 갈망한다. 대부분의 사람이 느끼는 만족, 기쁨, 편안함이라는 것이 그에게는 시간 낭비일 뿐이다.

그리고 완전주의자는 배우자를 선택하는 경우에도 평범한 인간보다는 완벽한 배우자를 찾는다. 그래서 수년씩 결혼을 미루어 가면서 완벽한 배우자상을 찾는다. '완벽'을 추구하는 신랑 신부는 흔히 일반 커플처럼 따뜻하고 친밀한 관계를 누리며 살아가기가 어렵다. 또 완전주의자의 내면에는 '나는 부족하다'라는 자기 혐오감과 수치심이 깔려 있다. 그는 이런 그릇된 생각으로 살아가기에 악순환에서 벗어나지를 못한다."

슬레지는 〈가족치유·마음치유〉에서 완전주의의 특징을 이렇게 지적하고 있습니다.

첫째로, 완전주의자는 자신에게 하는 것처럼 다른 사람에게도 비판적입니다. 완전주의자는 타인을 격려하는 데도 익숙하지 못하지요. 그는 타인의 실수를 집어내는 데 전문가입니다.

둘째로, 타인과 협조하지 못합니다. 다른 사람들은 도무지 생각없이 산다고 생각합니다. 사람들과 섞여 한 팀의 일원으로 일하는 데 어려움을 겪습니다. 대부분 완전주의자는 혼자 일하려고 하지요.

셋째로, 아무것도 하지 않을 때 죄책감에 시달립니다. '꼭 해야 한다는 무서운 압박감'이 그를 괴롭히지요. '나는 이 일을 하고 있어야 해.' 또 일을 시작했을 때는 '나는 이 일을 더 잘하고 있어야 해,' 그 일을 마친 뒤에는 '나는 이 일을 제대로 하지 못했어.'라고 스스로를 짓누릅니다.

넷째로, 생산성을 저하시키지요. 현실적이지 못한 기준들을 가지고 있으며, 그것을 지키려고 애쓰는 데 많은 시간을 낭비합니다. 하찮은 일에 집착하기 때문에, 생산성이 떨어지는 것이지요. 그들에게 최우선 과제는 '완전'입니다.

다섯째로, 완전주의자는 무엇이든지간에 최소화하거나 최대화합니다. 무엇인가 두드러진 일을 성취해 놓고도 그것을 최소화하지요. '누구나 이까짓것쯤 할 수 있었을 거야. 그건 식은 죽먹기였거든.' 반면에, 완전주의자는 미래의 목표에 대하여 생각할 때, 그것을 최대화합니다. 실제보다 목표를 더 크고 어려운 것으로 만듭니다.

여섯째로, 완전주의자는 극단적인 사고에 몰두하는 경향이 있지요. 완전한 성공 아니면 완전한 실패, 늘 이런 식의 사고입니다. 그런 대부분의 성공보다는 실패를 많이 경험하기에 좌절감을 느끼고, 이러한 좌절감은 더 큰 완벽주의를 부추깁니다.

몸에 밴 어린 시절

완전주의는 대개 조건적으로 자녀를 용납했던 가정을 통하여 형성됩니다. 부모가 자녀에게 수준 이상의 성취를 기대하고, 그러한 기대가 충족될 때만 가치를 인정해 줍니다. 자녀는 이에 보조를 맞추기 위해 노력하고, 지나치게 성취욕에 몰두합니다. 하지만, 그는 부모가 기대하는 수준에 도달하지 못한다는 느낌 때문에, 자신이 가치 있는 존재라는 것을 늘 느끼지 못하지요. 자신의 존재 가치를 저하시키는 태도는 어린 시절부터 어른이 되기까지 몸에 배어 있게 되지요. 자신이 성취한 것에 실망하고,

생(生)에 대한 기쁨을 거의 느끼지 못하지요. 다른 사람은 그가 성취한 것을 칭찬하며 꽤 만족해 하는데, 이런 것이 그에게는 전혀 상관이 없습니다.

완전주의는 어릴 적에 부모에게서 들어 왔던 고질적인 자기 비평이 내면화된 것입니다. 이러한 비평의 소리는 완벽함이라는 불가능의 기준을 설정해 놓고, 극히 사소한 실수에 대해서도 공격을 가합니다. 그래서 실패는 잘 기억하면서도, 자신의 장점이나 성취감은 전혀 기억해 내지 못합니다. 〈상한 감정의 치유〉를 쓴 시맨즈는 만족을 모르는 부모야말로 완전주의의 뿌리라고 지적했습니다. 곧 완전주의로 고통을 당하는 이들에게는 대부분 만족할 줄 모르는 부모들이 있다는 것입니다. 그러한 부모들은 칭찬에 인색하고 비판에는 강합니다. 인정할 경우에도, "네가 좀 더 잘할 수 있었을 텐데."라는 사실을 꼭 강조합니다. 만족할 줄 모르는 부모와 그들의 조건적인 사랑 때문에, 완전주의자는 어린 시절부터 목표에 미칠 수 없고 기준에 도달할 수 없는 갈등을 겪지요.

그렇게 보면, 어린 시절의 경험이 얼마나 중요한가를 알 수 있습니다. 어린 시절에 부모에게서 있는 그대로 받아들임 곧 전적인 수용을 경험하지 못해서 완전주의자가 되었다는 것은 너무나 뼈아픈 사실입니다. 일반적으로 어린이는 부모를 기쁘게 하려는 노력을 통하여, 자신을 깊은 애정으로 감싸 주는 부모의 수용을 체험해야 하며, 또 그런 수용을 갈망하고 있습니다. 그러나 완전주의적 성향의 부모들은 자기 자녀들이 한층 더 높은 수준의 성취를 바라고 노력할 때까지 자녀들을 받아들이기를 유보하는 경향이 있습니다. 심지어는 자녀들이 잘한 일이 있어도 전폭적으로 인정해 주지 않고 슬그머니 뒷전으로 미룬 채-우리 풍토에서는 교육이나 미덕이라는 이름 아래-오히려 자녀들에게 더 잘하라고만 다그칩니다. 이렇게 무엇이나 자신이 한 일이 과소평가되고, 끊임없이 '더 잘하면' 나중에 인정해 주겠다는 식의 약속만 난무하는 환경에서, 어린이는 자신의 능력에 대하여 불안을 갖고 긴장을 떨쳐 버릴 수 없게 됩니다. 충격적인 사실은, 그가 분명히 모든 것을 잘 해냈음에도 불구하고, 여전히 자신에 대하여 무엇 하나 신뢰하지 못하며, 늘 무엇인가 부족하다는 공허감을 떨쳐 버리지 못한다는 사실입니다.

또 부모에게서 오는 은근한 암시가 있습니다. 일종의 강압이나 징벌로 자녀를 다루는 거지요. 석사학위 논문을 훌륭하게 써서 어머니 앞에 가져온 아들 면전에, 한 마디 고생했다는 찬사 없이, "이게 박사학위 논문이라면 오죽 좋겠냐." 했다는 부모의 이야기를 안타깝게 들은 적이 있습니다. 우수에 잠긴 미소, 못마땅해 하는 표정, 실망이나 분노가 섞인 한숨, 더 많은 노력과 주의를 기울이고 더 깊이 생각해 보라는 식으로 계속 은근한 암시를 보내는 것-도무지 삶의 만족과 안식이 없게 만들지요.

이런 배경에서 완전주의자가 하나님을 믿는다고 하면 어떻게 될까요? 하나님을 완벽을 향해 무한정 요구만 하시는 것으로 느낄 것이고, 아무리 최선을 다해도 끝없는 순종만이 강요되는 고통스러운 신앙 생활에 빠지고 말 것입니다. 일반적으로, 사교의 교주들이 그런 완전주의적 하나님 상(像)을 주입시킵니다. 언제나 좌절과 수치와 죄의식만을 불러일으키는 것이지요. 그러나 주님은 "내 은혜가 네게 족하다. 내 능력은 약한 데서 완전하게 된다"고 말씀하셨습니다. 그러므로 그리스도의 능력이 여러분에게 머무르도록, 여러분은 더욱더 기쁜 마음으로 여러분의 약점들을 자랑하려고 하세요.(고린도후서 12장 9절)

작은 것이 아름답다

끝간 데 없는 방황과 불안정감에 인간은 당황할 때가 있습니다. 놓여서는 안 될 곳에 놓인 물건처럼 자신에 대하여 부조화를 느끼고 왠지 불안할 때가 있습니다. 세계는 점차 평화를 잃어 가고, 인간의 안식은 점차 고갈되어 가고, 인간은 한 모금 물을 찾듯이 안식을 목말라 하고 있습니다. 여러분의 참다운 안식은 어디에 있습니까? 비발디의 '사계'에 취해도, 드보르작의 '꿈 속의 고향'을 들어도, 제임스 골웨이의 황홀한 플룻 연주 속에서도, 밀레의 '양치는 소녀'를 보아도, 레오나르도 다 빈치의 '모나리자의 미소'를 보아도 그 안식은 영원한 것일 수 없습니다. 완전주의의 노예가 되어 도무지 만족과 감사와 감동이 없는 인생, 작은 것에도 아름다움을 느낄 수 없는 인생, 그것은 곧 쉼표가 없는 인생입니다. 쉼표가 없는 인생은 온전한 마침표를 찍을 수가 없습니다.

그렇다면 어떻게 완전주의의 그림자를 제거할 수 있을까요? 무엇보다도 먼저, 완전주의자는 자신이 완전주의에 사로잡혀 있음을 인정할 수 있어야 합니다. 비현실적인 희망이나 기대 속에 있기 때문에, 그것을 포기해야 합니다. 변상규에 따르면, 완전주의는 강박적인 행위입니다. 강박 관념에 따라 조종당하기에, 늘 자유롭지 못합니다. 늘 완벽해야 하고, 목표를 정한 것은 반드시 하지 않으면 안 되고, 목적한 것은 기필코 이루어야만 한다고 생각합니다. 이런 그릇된 신념을 포기할 때 치유가 가능해집니다.

완벽을 이루려는 노력보다 완벽을 즐기기로 결심하세요. 즐기기를 결심한다면, 완벽해지려고 마음 먹었을 때보다 더 좋은 성과를 올릴 것입니다. 또 불완전함을 실패라고 간주하지 마세요. 완전주의자들은 다른 사람들도 자신에게 완전을 요구한다고 생각하는 경향이 있지요. 하지만, 인간은 누구나 연약하고 어리석은 존재들임을 알게 될 때, 이러한 속박의 굴레에서 자유할 수 있을 것입니다.

교회의 신앙 교육이 자칫 완전주의를 부추길 수 있습니다. 교회에서는 보통 사람으로서는 불가능하고, 오로지 성자들이나 성취할 수 있는 완전한 형태의 목표를 내세우고 있기 때문입니다. 완전주의에 대한 바른 인식과 함께 누가 정해 준 어떤 기준에 따라 끌려가는 것에서 벗어나, 스스로의 방식대로 스스로의 기준에 따라 자신을 대하고 생각하세요. 무엇보다도 스스로가 자신에 대하여 부모 노릇하는 태도를 버리세요. 스스로를 대하고 자기 비판에 한계를 둘 때에라도, 친절과 곤경과 온순함에 중점을 두세요. 이 때문에 생길 수 있는 내면적인 이질감과, 마음이 편하지 못하다는 느낌, 심지어는 분명한 불안감까지도 대면할 준비가 되어 있어야 합니다.

결국, 완전주의에 대하여 이해하는 것이 중요합니다. 첫째로, 완전주의에 대하여 "아니오!"라고 말하세요. 둘째로, 하나님께서 완전주의를 극복할 수 있도록 도우실 수 있다는 것을 깨달으세

요. 혼자 힘으로는 완전주의를 해결할 수 없다는 것을 인정하세
요. 〈작은 것이 아름답다〉는 잡지가 있습니다. 삶의 척도를 '모
든 것' 아니면 '아무것도 아닌 것'이라는 식으로 생각하지 말고,
'작은 것'에 관심을 기울이고 성취감을 맛봄으로써 기쁨을 누리
는 생활을 하는 것이 필요하지요. 작은 것이 아름답다는 생각을
할 수 있을 때 완전해지려는 마음의 고단한 증상이 사라지고 쉼
을 얻을 수 있을 것입니다. 그것은 곧 완전주의를 강요하는 현대
사회에서 비로소 쉼표가 있는 삶을 살아가게 되었다는 희망의
표징입니다.

"희승은 완전주의자였다. 그의 차고는 언제나 깨끗하게 정리되어
있었다. 차고의 벽에는 그림들이 마치 집안에 걸려 있는 것처럼 가
지런히 걸려 있었다. 희승의 아내는 그에게 끈이 없는 조깅화를 사
다 주었다. 희승이 운동화를 신발장에 놓을 때마다 운동화 끈을 가
지런히 하는 데 너무나 많은 시간을 낭비하기 때문이었다. 밤에 집
에 들어오면, 희승은 주머니 속의 모든 물건들을 화장대 위에 꺼내
놓고 그것들을 기하학적인 형태로 가지런히 정리해 놓곤 하였다. 희
승은 전형적인 완전주의자였다.
　그의 아내는 희승이 같이 살기 어려운 사람이라는 것을 발견하였
다. 그녀는 화장대 위에 기하학적인 형태로 가지런히 정렬되어 있는
물건들을 흩어 버리는 일을 즐기게 되었다."

아니오!

좀더! 실수가 없어야 해! 단점을 극복하기 위해 열심히 노력
해야 해! 놀지 마! 최고가 되어야 해! 이 모든 것들이 완전주의

의 뿌리이지요. 여러분을 지치게 하고, 다른 사람들과의 관계를 더 어렵게 하며, 생산성을 저하시키는 완전주의에 대하여 오늘 이 시간부터 "아니오!"라고 외치세요. 혼자만의 힘으로는 완전주의를 포기할 수 없습니다. 그것을 인정하는 것이 치유의 시작입니다. 하나님께서 여러분이 완전주의를 극복할 수 있도록 도우실 수 있다는 것을 깨달으세요. 그리고 하나님 앞에서 여러분의 완전주의를 포기하겠노라고 결정하세요. 어서 그 외로운 완전주의의 그늘에서 빠져 나오세요.

"하나님께서 허락하신 안식에 들어가는 사람은, 하나님께서 자기 일을 마치고 쉬신 것과 같이, 그도 자기 일을 마치고 쉬는 것입니다."(히브리서 4장 10절)

17. 끝이 없는 마음
- 성격 장애의 치유

"아무리 공부를 해도 그 불안한 마음이 가셔지지 않았다. 밤을 새고 또 새웠다. 나중에는 선생님이 노트에 써 준 그대로 토씨 하나 안 틀리게 다 외웠다. 만약 그 때 내게 새 공책을 가져다 준다면, 완전한 또 하나의 공책 복사품을 만들어 낼 수 있었으리라. 지난 번에 1등이었기에 더 떨어져서는 안 되는데…. 내가 과연 1등을 할 수 있을까 하는 강박 관념과 연결되어, 그것은 나 혼자 짐을 지기엔 너무도 무거운 것이었다. 엄마한테 학교에 안 가겠다고, 시험이, 선생님이 너무 무섭다고 하소연을 했다. 그러나 왜 무서운지, 왜 학교에 가기 싫은지를 나 자신도 알 수 없었고, 단지 날이 밝아 오는 것이 두려울 따름이었다 … 나는 시험 때마다 괴팍스러운 아이가 되었다. 밤을 새워 공부하는 것이 걱정이 되어 엄마가 샌드위치를 만들어 주셨는데도, 그 속의 부드러운 마요네즈 기름기가 나를 유약(?)하게 만든다고 생각하여 결코 입에 대지 않았다. 또 시험 볼 때 어떤 옷을 입어서 결과가 안 좋았다고 하면, 결코 그 옷은 손에 대지도 않았다. 또 길을 갈 때에도 이 보도블럭을 밟으면 안 되고, 의자에 앉을 때도 꼭 이렇게 앉아야 하고, 신발을 벗을 때도 내가 정한 위치에 꼭 가지런히 1mm의 오차도 없이 벗어 놓아야 하는 둥 괴상한 아이가 되었다. 시험을 잘 보기 위하여 나 자신을 나태하게 만들지 않고, 내가 정한 틀 속에 나 자신을 집어 넣기 위하여 조금도 여유를 주지 않았다. 시험 때면 으레 찾아오는 불안과 함께 이런 이상한 행동들이 공부보다 더 큰 비중을 차지했다. 사람들은 '자신이 그 행동의 모순을 알고 있으면서도 왜 계속하는가?' 하고 의아해 할 것이다. 그러나 그들이 내 불안이 얼마나 큰 것인지 이해해 줄 수 있었으면 좋겠다. 나는 오히려 자살을 함으로써 내 불안이 얼마나 큰 것이었나를, 내가 나를 얽어매는 현실을 얼마나 증오하는지를 엄마에게 알리려고 했다 … 결국 나는 스타킹으로 내 목을 조르는 큰 소동을 일으켰다. 내 얼굴과 눈동자, 구강 안이 모두 내출혈 상태가 되어, 병원에서 진단을 받고 정신과로 옮겨지게 되었다."

자유롭지 못한 인간

이춘재의 〈청년 심리학〉에 나오는 안타까운 이야기입니다. 결코 남의 이야기만은 아닌, 우리 모두의 가슴 아픈 현실이지요. 도대체 우리는 왜 이렇게 자유로운 인간이 되지 못할까요? 이 물음은 우리 모두를 참 아프게 하는 질문입니다. 우리 안에 뭔가 모를 짐이 지워져 있어, 늘 괴롭히고 있음을 부인하기 힘들기 때문이지요. 그것은 일종의 병입니다. 그리고 그 병은 '성격(性格)'이라는 구조 속에 있습니다. 또 하나의 이야기를 들어 봅시다.

"그는 고 1때부터 학교에 다녀와서는 아무것도 달라진 것이 없는데, '집에 누군가 다녀갔다.'고 우기곤 했다. 방석이 조금만 흐트러진 것을 보아도, '유령이 집에 다녀갔다.'고 중얼거리기도 했다. 자꾸만 엉뚱한 이야기를 해 대며 불안해 했다. 학교에서는 선생님을 무서워하고, 집에서는 아버지를 피해 다녔다. 거실에서 어머니와 말을 나누고 있다가도, 아버지만 들어오면 자기 방으로 들어가 나올 줄을 몰랐다. 주변을 극도로 의식하고, 공동체 생활을 피하려 하는 등, 피해 의식이 강하고, 닥쳐오는 적절한 스트레스를 마땅히 극복하지 못하는 데서, 현실 적응력도 매우 약할 수밖에 없었다.

군입대 직전에도 심리 상태가 극도로 불안정하여, '외국으로 도망가고 싶다.'고 부모나 친구에게 말을 했다. 이런 증상은 신병 교육대에서도 계속되었고, 자대 배치를 받은 이후에도 전혀 좋아지지 않았다. 아니나 다를까, 자대 배치를 받은 지 한 달도 안 되어, 갑자기 군생활을 못하겠다고 손을 들었다. 도무지 적응을 못하는 것이었다. '난 낙오자예요!' 스스로를 군생활의 낙오자라고 판단하면서, 삶의 희망마저 포기한 상태였다. '통제된 생활이 싫어요. 계급으로 이래라 저래라 하는 것이 우스워요. 답답해요. 교도소나 감옥처럼 느껴져요.' 그에게는 군생활 자체가 전혀 무의미한 것으로 비쳐지고 있었다. 군생활을 막 시작하는 이들이 일시적으로 겪는 적응 장애라기보다, 좀더 근원적인 문제가 그에게 잠재하고 있음을 깨닫게 해 주었다. '집에 가고 싶어요. 사회로 돌아가고 싶어요. 친구가 보고 싶다구요. 더 이상 맘 졸이며 살고 싶지 않아요. 자유를 찾고 싶어요.' 마치 어린 아이가 엄마에게 보채듯이, 막무가내로 졸라댔다. 은연 중에 죽음에 대한 생각까지도 드러내고 있었다. '도망치고 싶어요. 죽고 싶어요. 그러나 그것도 맘대로 안 돼요. 지금은 어떻게 해야 될 지 모르겠어요. 생각중이에요.'"

심혼의 절규! 여기서도 예외없이 마음의 고통을 앓고 있는 한 젊은이의 아파하는 소리가 들려옵니다. 정도의 차이가 있을 뿐이지, 저마다 마음의 그림자를 지니고 도움의 손길을 기다리고 있지요. 그것은 성격 장애에서 오는 것이 상당 부분을 차지하고 있습니다. 그 장애를 어떻게 진단하고 치유의 길로 이끌 수 있는지, 여러분이 알고 있으면 도움이 될 내용을 여기서 조금이나마 안내하려고 합니다.

열 가지 성격 장애

세계적으로 통용되는 열 가지의 성격 장애가 있습니다. 여러분의 성격을 유심히 들여다보면서, 나는 어떤 유형에 가까운지를 한 번 점검해 보기 바랍니다.

첫째는, '편집적 성격 장애(Paranoid Personality Disorder)'입니다. 다른 사람에 대한 불신과 의심이 만연하여 그들의 동기가 악의적이라고 해석하곤 합니다. 피해 의식과 박해 망상과 원한을 지니고 있고 용서를 못하지요. 초기 아동기에 시작되어 다양한 맥락에 존재하지요. 아래의 사항들에서 네 가지 이상이 해당되면, 관심을 가질 필요가 있습니다. (1) 충분한 근거 없이도 타인들이 자신을 착취하고 해를 주거나 속인다고 의심한다. (2) 친구나 동료의 성실성이나 신용에 대한 부당한 의심에 집착한다. (3) 정보가 자신에게 악의적으로 사용될 것이라는 부당한 공포 때문에 터놓고 이야기하기를 꺼린다. (4) 사소한 말이나 사건 속에서 자기의 품위를 손상시키려 하거나 위협적인 숨겨진 의도를 해석한다. (5) 원한을 오랫동안 풀지 않는다. 예를 들면, 모욕이나 상해나 경멸을 용서하지 않는다. (6) 타인들에게는 그렇게 보이지 않지만, 자신의 성격이나 명성이 공격당했다고 느끼고 곧바로 화를 내거나 반격한다. (7) 이유 없이 배우자나 성적 파트너의 정절에 대해 자꾸 의심한다.

둘째는, '분열적 성격 장애(Schizoid Personality Disorder)'입니다. 만연된 유형으로서, 사회적 관계로부터의 분리와 정서적 표현의 제한된 범위를 가리킵니다. 친밀한 관계를 두려워하지요. 사랑을 그리워하면서도 막상 대상이 가까이 오면 두려워 도망을 가 버리고 마음의 문조차 닫아 버리지요. 늘 혼자입니다. 성적으로 무관심하고, 냉담하며, 고립되어 있습니다. 성인기 초기에 시작되며, 다양한 상황에서 드러납니다. 다음 중 네 가지 이상을 충족해야 합니다. (1) 가족이 일원이 되는 것을 포함하여 친밀한 관계를 바라지도 즐기지도 않는다. (2) 거의 대부분 혼자서 하는 활동을 선택한다. (3) 다른 사람과 성 경험을 갖는 일에 거의 흥미가 없다. (4) 만약 있다고 하더라도, 소수의 활동에서만 즐거움을 얻는다. (5) 직계 가족 이외에는 가까운 친구나 마음을 털어놓는 친구가 없다. (6) 타인의 칭찬이나 비평에 무관심해 보인다. (7) 냉담, 고립, 또는 단조로운 정동을 보인다.

셋째는, '분열형 성격 장애(Schizotypal Personality Disorder)'입니다. 친밀한 관계에서의 감소된 능력, 급성적인 불편감이 뚜렷하게 만연된 유형으로서 사회적 대인 관계에서의 결함, 인지적이거나 지각적인 왜곡, 별난 행동이 그것입니다. 분열적 성격 장애와 사촌간이지요. 마술적·관계 망상적 사고, 마음을 꿰뚫어 보거나 누가 보인다는 생각이 깃들어 있습니다. 네 가지 이상이 해당되면, 그렇다고 볼 수 있지요. (1) 관계 망상적 사고. (2) 행동에 영향을 미치는 것으로서, 하위 문화의 기준에 맞지 않는 괴이한 믿음이나 마술적인 사고. (3) 신체적 착각을 포함한 유별난 지각 경험. (4) 괴이한 사고와 언어. (5) 의심이나 편집적인 사고. (6) 부적절하거나 메마른 정동. (7) 괴이하고 엉뚱하며 특이한 행동이나 외모. (8) 직계 가족 외에는 가까운 친구나 마음을 털어놓을 수 있는 사람이 없음. (9) 자신에 대한 부정적인 판단이라기보다 편집적인 두려움 때문에, 친밀한 관계가 되었는데도 과도한 사회적 불안이 줄어들지 않음.

넷째는, '반사회적 성격 장애(Antisocial Personality Disorder)'입니다. 만연된 유형으로서, 다른 사람의 권리 침해나 무시가 나타납니다. 잘 싸우고, 충동적이지요. 반조직적입니다. 15세부터 있을 수 있지요. 세 가지 이상이 해당되면, 여기에 포함시킬 수 있습니다. (1) 법에서 정한 사회적 규범을 지키지 못하고, 구속 당할 행동을 반복하는 양상. (2) 개인의 이익이나 쾌락을 위한 반복적인 거짓말, 가명을 사용하거나 타인을 속이는 것과 같은 사기. (3) 충동성 또는 미리 계획을 세우지 못함. (4) 빈번한 육체적 싸움이나 폭력에서 드러나는 과흥분성과 공격성. (5) 자신이나 타인의 안전을 무시하는 무모성. (6) 일정한 직업을 갖지 못하거나 채무를 청산하지 못하는 행동으로 드러나는 지속적인 무책임성. (7) 자책의 결여, 타인에게 상처를 입히거나 학대하거나 절도 행위를 하고도 무관심하거나 합리화하는 양상. 이 성격 장애는 적어도 18세 이상부터 나타납니다. 단 15세 이전에는 품행 장애의 증거가 될 수 있지요.

　다섯째는, '경계선적 성격 장애(Borderline Personality Disorder)'
입니다. 만연된 유형으로서, 대인 관계나 자아상이나 정동에서
불안정성과 뚜렷한 충동성이 드러납니다. 정신병과 성격 장애
사이에 있는 것이지요. 버림받을 것이라는 생각, 정체성 혼란,
공허, 자살 충동, 진노나 격노, 편집 등이 그것입니다. 여섯 가지
이상이 해당되어야 합니다. (1) 실제 또는 상상된 유기를 피하려
는 필사적인 노력들. (2) 불안정하고 강렬한 대인 관계. (3) 정
체성 장애. (4) 충동성. (5) 반복 발생적인 자살 충동. (6) 정동
적인 불안정성. (7) 만성적인 공허감. (8) 부적절하고 과도한 분
노감. (9) 일시적인 편집적 사고.

　여섯째는, '히스테리성 성격 장애(Histrionic Personality Dis-
order)'입니다. 만연된 유형의 과도한 정서성과 주의를 추구하는
경향이 있습니다. 튀려 하고, 칭찬과 관심의 초점이 되려 하지
요. 성적 매력을 돋보이려 합니다. 삶이 극적이며, 감정 표현이
과장되어 있습니다. 그러나 속을 들여다 보면 별다른 내용이 없
지요. 매력 있게 보이려 하나 조화(造化)를 보는 것 같으며, 자
연스러움과 생동감이 없지요. 다섯 가지 이상이 해당되면, 그렇
다고 볼 수 있지요. (1) 자신이 관심의 초점이 되지 못하는 상황
에서는 불편해 한다. (2) 다른 사람과의 행동에서 흔히 상황에
어울리지 않게 성적으로 유혹적이거나 도발적인 행동을 하는 것
이 특징적이다. (3) 빠른 감정의 변화 및 감정 표현에 천박성을
보인다. (4) 자신에게 관심을 끌기 위해서 항상 육체적 외모를

사용한다. (5) 지나치게 인상적으로 말하면서도 내용은 없는 대화 양식을 갖고 있다. (6) 자기를 연극화하고, 연극조로 말하며, 과장된 감정 표현을 한다. (7) 피암시성이 높다. (8) 대인 관계를 실제보다 더 친밀한 것으로 생각한다.

일곱째는, '자기애적 성격 장애(Narcissistic Personality Disorder)'입니다. 만연된 유형의 과대성과 칭송에 대한 요구가 나타납니다. 공감이 부족하지요. 히스테리와 사촌간인데, 좀더 병리가 깊지요. 위대성과 과대성, 자기 중심적 요소가 깃들어 있습니다. 다섯 가지 이상이어야 합니다. (1) 자신의 중요성에 대한 과장된 지각 : '내가 없으면 안 돼!'. (2) 끝없는 성공에 대한 공상, 또는 권력이나 탁월함이나 아름다움이나 이상적인 사랑에 대한 공상에 자주 사로잡힌다. (3) 자신이 특별하고 독특하다고 믿고, 특별한 사람이나 상류층의 사람들만이 자신을 이해할 수 있고, 또한 그런 사람들하고만 어울려야 한다고 믿는다. (4) 과도한 찬사를 요구한다. (5) 특권 의식을 가진다. (6) 대인 관계가 착취적이다. 예를 들면, 자신의 목적을 달성하기 위해 타인들을 이용한다. (7) 공감 능력이 결여되어 있다. 아는 것 같은데도 모른다. (8) 자주 타인들을 질투하거나 타인들이 자신에 대해 질투하고 있다고 믿는다. (9) 거만하고 방자한 행동이나 태도를 보인다. (10) 격노 반응을 나타낸다. (11) 수치가 많다. 곧 과대감과 수치감이 이율배반적으로 공존한다. (12) 공허한 느낌을 갖는다. 자기의 생생함이 없다.

여덟째는, '회피적 성격 장애(Avoidant Personality Disorder)'입

니다. 만연된 유형으로서, 사회적 억제나 부적절감이나 부정적인 평가에 대한 과잉 민감성이 그것입니다. 분열적 성격 장애와 분열형 성격 장애 사이에 있는 것으로서, 분열적 성격 장애보다는 덜한 것이지요. 도망치고 후퇴하려 합니다. 네 가지 이상일 때 그렇습니다. (1) 비난, 꾸중, 또는 거절이 두려워서 대인 관계가 요구되는 직업 활동을 피한다. (2) 호감을 주고 있다는 확신이 서지 않으면 상대방과의 만남을 피한다. (3) 창피와 조롱을 당할까 봐 두려워서 친밀한 관계를 멀리한다. (4) 사회 생활에서 비난이나 버림받을 것이라는 생각에 사로잡혀 있다. (5) 자신이 부적절하다고 느끼기 때문에 새로운 사람과 만날 때는 위축된다. (6) 스스로를 사회적으로 무능하고, 개인적인 매력이 없으며 열등하다고 생각한다. (7) 쩔쩔매는 모습이 들킬까 봐 두려워서 새로운 일이나 활동을 시작하기를 꺼린다.

아홉째는, '의존적 성격 장애(Dependent Personality Disorder)'입니다. 보호받는 것에 대한 광범위하고도 과도한 요구가 나타납니다. 그것은 복종적이고 매달리는 행동이나 분리에 대한 공포로 나아갑니다. 남이 대신 판단해 주기를 바라는 것이지요. 여러 가지 상황에서 나타납니다. 다음 중 다섯 가지 이상일 때 주목할 필요가 있지요. (1) 타인의 충고와 안심 없이는 일상적인 일을 결정내리지 못한다. (2) 자기 인생의 매우 중요한 영역까지도 책임을 맡을 수 있는 타인을 필요로 한다. (3) 지지나 칭찬을 상실할 거라는 두려움이 크기 때문에 타인에게 반대 의견을 말하기가 어렵다. (4) 동기나 활력이 부족해서라기보다는 판단이나 능력에 대한 자기 확신이 부족하기 때문에, 자신의 일을 혼자서 시작하거나 수행하기가 어렵다. (5) 타인의 보살핌과 지지를 얻기 위해 과도하게 노력하며, 심지어는 불쾌한 일도 자원한다. (6) 혼자 힘으로 해 나갈 수 없을 것 같은 과도한 불안이 있기 때문에, 혼자 있으면 불편해 하고 무력해진다. (7) 친밀한 관계가 끝났을 때 보호와 지지를 얻기 위해 또 다른 관계를 곧바로 추구한다. (8) 스스로를 돌보아야 하는 상황에 처하게 되는 데 대한 두려움에 비현실적으로 빠져든다.

열번째는, '강박적 성격 장애(Obsessive-Compulsive Personality Disorder)'입니다. 만연된 유형으로서, 정리 정돈이나 완벽주의나 정신적·대인 관계적 통제에 집착하는 성향이 있습니다. 유연성, 개방성, 효율성을 회생시킵니다. 뭐든지 '똑바로!·깨끗이!·정확히!'라는 중병에 걸려 있지요. 융통성과 자유로움도 없고요. 네 가지 이상이 해당되면, 관심을 가져야 합니다. (1) 사소한 세부 사항, 규칙, 목록, 순서, 시간 계획이나 형식에 집착하여 일의 큰 흐름을 잃고 만다. (2) 일의 완수를 방해하는 완벽주의를 보인다. (3) 여가 활동과 우정을 나눌 시간도 희생한 채 지나치게 일과 생산성에만 몰두한다. (4) 도덕이나 윤리나 가치 문제에 지나치게 양심적이고 고지식하며 융통성이 없다. (5) 닳아 빠지고 무가치한 물건을, 감상적인 가치조차 없을 때라도, 버리지를 못한다. (6) 타인이 자신의 방식을 그대로 따르지 않으면, 타인에게 일을 맡기거나 같이 일하기를 꺼린다. (7) 자신과 타인 모두에게 인색하다. (8) 경직성과 완고함을 보인다.

대상 관계

위의 분류는 매우 복잡한 것 같지만, 현대인의 성격 장애를 체계적으로 알기 쉽게 설명해 놓은 것입니다. 위기의 시대를 살아가는 이들이 한 번쯤은 꼭 알아 두었으면 하는 바람에서, 여기에 소개한 것입니다. 그만큼 현대 사회에서 성격과 그 장애에 따른 문제들이 중요한 영향을 미치고 있기 때문이지요. 공동체는 더구나 수많은 사람들의 성격이 혼재해 있어서, 우리의 깊은 관심이 필요한 곳입니다. 공동체의 사기를 떨어뜨리는 각종 사고들을 미리 예방하기 위해서도 그렇습니다. 그러한 사건과 사고 이면에는 당사자의 성격과 관련된 것들이 상당히 많기 때문이지요. 여러 모로 우리 사회의 공동체들 안에서도 좀더 체계적이고 전문적인 상담 및 심리치료 도구가 개발되어야 할 필요가 여기 있습니다.

결국, 이러한 열 가지 성격 장애를 세 가지 유형으로 묶을 수 있지요. 첫번째 유형의 성격 장애는 편집적, 분열형, 분열적 성격 장애입니다. 이상하고 특이하지요. 두번째 유형의 성격 장애는 반사회적, 경계선적, 히스테리적, 자기애적 성격 장애입니다. 극적이고 감정적이며 변덕스럽지요. 세번째 유형의 성격 장애는 회피적, 의존적, 강박적 성격 장애를 말합니다. 불안하고 두려움에 가득 차 있지요.

이러한 DSM-Ⅳ의 분류는 현대 정신분석학의 주요 흐름인 대상관계 이론의 분류와 맥을 같이 합니다. 건트립은 성격 진단을 위한 세 가지 유형, 곧 편집적 자리와 분열적 자리와 우울적 자리를 제시합니다. 여기서 말하는 자리 개념은 여러 다양한 성격이 그 위에 기초해 있는 기본적 유형을 가리키는 말이지요. 이 세 가지 기본 자리들을 DSM-Ⅳ의 세 유형과 관련시킨다면, 편집적 자리는 첫번째 유형에, 분열적 자리는 첫번째와 세번째 유형에, 그리고 우울적 자리는 두번째 유형에 해당됩니다.

첫번째 유형에 속한 범주들 가운데 편집적 성격 장애는 그대로 편집적 자리에 해당되지만, 분열형 및 분열적 성격 장애는 분열적 자리에 해당됩니다. 또 세번째 유형에 속한 회피적 성격 장애와 강박적 성격 장애도 분열적 자리에 속합니다. 그런가 하면, 두번째 유형에 속한 경계선적 장애와 자기애적 장애는 우울적 자리의 양면을 보여 주지요. 고무풍선처럼 과대적인 상태가 자기애적인 특성이라면, 바람 빠진 고무풍선처럼 축 처진 상태는 경계선 장애의 특징입니다. 또 히스테리적 성격은 자기애적 장애와 비슷하고, 반사회적 성격은 경계선 장애의 사회적 변형으로 볼 수 있지요. 이렇게 볼 때, 두번째 유형에 속한 네 가지 장애들은 모두 우울적 자리에 속한 다양한 표현이라고 생각됩니다. 우울적 자리는 두번째 유형 외에도 세번째 유형의 일부를 포함하는데, 그것이 의존적 성격 장애이지요.

우리 민족의 성격

인생을 살면서 가슴앓이를 안 해 본 사람이 있을까요? 삶은 어울려 살면서 크든 작든 한을 가슴에 품게 하는지도 모릅니다. 가슴에 주홍글씨 같은 한을 한 자락 품고 속앓이를 하면서 인생의 날수를 헤며 사는지도 모릅니다. 아들 잃은 한을 가슴에 품고 괴로워하는 부모에게 한이 없는 집 냄비를 빌려오면 치료해 줄 것이라던 랍비에게 그 부모는 결국 빈 손으로 돌아오는 이야기가 있지요. 우리는 인생길에서 냄비를 선뜻 내어놓을 사람을 못 만날지도 모릅니다. 에덴 동산에서 하와와 아담의 사랑 관계가 파괴되었을 때 서로에게 상처를 입힌 그 날 이후, 인간은 서로에게 상처를 줌으로써 한을 남기기도 하고, 갑작스런 이별로 한을 품게도 되고, 이루지 못한 꿈으로 한을 품게도 되고, 놓쳐 버린 시간 때문에 가슴앓이를 하기도 하지요. 가슴 깊은 곳에 토해 버려야 할 갖가지 한숨들을 품고 살면서 인간의 나이테는 여무는지도 모릅니다.

사람의 무의식 깊은 곳에는 인간 정서-사랑, 증오, 기쁨, 슬픔, 탐욕, 질투 등-의 근원이 놓여 있습니다. 그런 의미에서, 우리 한국 문화 안에 형성된 독특한 개념이 있다면, 그것은 한(恨)입니다. 한국 문화 전통 안에서 한은 많은 영역에서 창조적 활동의 주된 자원으로 인정받아 왔습니다. 음악, 춤, 그림 등 예술의 주제들과 시, 민담, 신화, 전설, 소설, 희곡 등 문학의 다양한 형태들은 한의 실재를 중심으로 발달해 왔지요. 한은 사람들이 일상 생활에서 경험하는 감정과 기분의 질을 결정합니다. 따라서 한은 한국인의 정서적, 정신-신체적, 그리고 정신적 장애를 일으키는 주요 요인이지요.

한은 단일한 감정이 아니라 증오, 후회, 체념, 공격성, 불안, 외로움, 동경, 슬픔, 공허감 들을 포함한 복합적인 감정입니다. 거기에는 사랑과 같은 감정들도 모두 포함되어 있습니다. 이 감정들이 상호 작용을 통해서 실제 상황에서 표현되는 특수한 한의 감정을 만들어 내지요. 감정들의 압축은 억압과 관련됩니다. 인간의 감정들이 오랫동안 억압되면, 그것들은 내부로 향하여 한의 감정이 됩니다. 감정의 억압이 있는 곳에 한이 있습니다. 이 억압된 감정의 밑바닥에는 좌절과 심리적 고통의 경험으로부터 온 심적 상처들이 있습니다. 이 상처들이 어떤 감정들을 억압함으로써 한의 감정을 산출해 내는 것이지요.

서구식 성격 장애 구분을 보완하는 시도로서, 대상관계 정신의학자인 이재훈 박사는 구체적인 우리 민족 문화 전통에 뿌리를 둔 한의 정서를 원한(怨恨)·허한(虛恨)·정한(情恨)으로 나누고 있습니다. 원한에는 박해 공포, 증오, 보복 감정, 이유 없는 의심, 질투, 무자비성 등이 포함되어 있습니다. 원한의 개념에는 DSM-Ⅳ의 편집적 성격 장애와 대상관계 이론의 편집적 자리가 지니고 있는 특징들이 다 있지요. 고은의 시에서 대표적으로 나타나는 허한은 공허감, 절망, 희망 없음, 체념, 지루함 등의 정서적 속성입니다. 허한을 지닌 사람들은 자신에게서 완전히 철수하여, 마침내 외적 현실과의 접촉을 완전히 상실할 수 있으며, 그것은 자살이라는 심리적 파국으로 이끌 수도 있습니다. 하지만 극도로 이상화된 원시적 상이 재탄생의 자리가 될 수도 있지요. 분열형, 분열적, 회피적, 강박적 인격 장애가 허한의 범주에 속합니다.

나 보기가 역겨워
가실 때에는
말없이 고이 보내 드리오리다.

영변(寧邊)에 약산(藥山)

진달래꽃

아름 따다 가실 길에 뿌리오리다.

가시는 걸음 걸음

놓인 그 꽃을

사뿐히 즈려 밟고 가시옵소서.

나 보기가 역겨워

가실 때에는

죽어도 아니 눈물 흘리오리다.

김소월의 시(詩)에서 드러나는 것은 한국인 고유의 정한입니다. 정한의 범위는 아주 넓어서 증오와 사랑, 파괴와 건설, 질병과 건강 모두를 포함합니다. 이 영역이 바로 승화가 일어나고 다양한 형태의 예술 창조가 이루어지는 영역이지요. 그러나 그 부정적인 측면에는 반사회적, 경계선적, 자기애적, 히스테리적, 그리고 의존적 성격 장애가 깃들어 있습니다.

생명의 문

인간의 행동을 정상과 비정상으로 나누고, 그 비정상을 다시 수많은 범주로 나누는 경향성에 대한 우려를 표명하는 이들이 많이 있습니다. 곧 정상과 비정상이라는 명확한 경계란 사실상 불가능하다는 것이지요. 수긍이 가는 부분입니다. 이런 의학적 진단 체계에 대해서 우리는 대체로 소극적인 입장을 견지해 왔습니다. 우리에게서 '진단'이라는 용어는 어쩐지 낯설고 마치 내담자를 객체화시키고 물상화시키는 듯한 인상을 주는 것으로 여겨졌습니다. 그것은 아마도 우리들이 전통적으로 내담자와의 관계에서 인격적인 만남과 주체적인 참여, 그리고 공감적인 태도를 필수적인 요소로 간주해 왔기 때문일 것입니다.

그러나 이러한 사실을 감안한다고 하더라도, 정서적·영적 질곡 때문에 고통받는 사람들의 치유와 회복과 성장에 대하여 진지한 관심을 갖고자 할 때, 우리 모두는 위와 같은 진단에 깃들어 있는 중요성을 부정할 수 없습니다. 그러기 위해서는 서구의 이질적인 용어들과도 친숙해지고, 그 용어들의 기계적인 사용도 극복할 수 있어야 합니다. 한국적 민족 정서인 한의 병리학적인 진단 틀을 뛰어넘어, 그 창조적인 역동을 인식해 내어 생명의 문화를 꽃피울 수 있는 적극적인 에네르기를 개발하는 일도 여러분의 과제입니다. 아무쪼록 이런 광범위한 노력이 한국 사람들의 문화와 성격에 알맞게 다듬어져서, 아파하는 많은 영혼을 치유하고 생명의 문으로 이끄는 데 크게 기여할 수 있었으면 합니다. 이제 끝으로 다음의 동그라미 안에 여러분의 이름을 넣어 읽어 보세요.

"하나님께서 ○○○를 이처럼 사랑하사 독생자를 주셨습니다.
이는 저를 믿는 ○○○가 멸망치 않고
영생을 얻게 하려 하심입니다."(요한복음 3장 16절)

"○○○가 그리스도 안에 있으면
○○○는 새로운 피조물입니다.
이전 것은 지나갔으니,

보십시오, 새것이 되었습니다."(고린도후서 5장 17절)

"내가 온 것은 ○○○가 생명을 얻게 하고

더 풍성히 얻게 하려는 것입니다."(요한복음 10장 10절)

18. 산송장
– 무의미함의 치유

허무의 시대적 징후

현대를 살아가는 사람들에게 가장 시급한 것이 있다면, 자신들의 일상적인 삶 속에서 그 의미를 어디서 어떻게 찾느냐 하는 것이지요. 어떤 이들에게는 삶의 의미라는 것이 과연 있는지조차도 불분명한 경우가 있습니다. 왜 사는지, 그리고 어디로부터 와서 어디를 향해 나아가고 있는지를 모른 채, 인생을 마냥 허송세월 하고 있는 이들이 있습니다. 다람쥐 쳇바퀴 돌 듯하는 그런 삶은 허공을 치는 안타까운 몸짓에 불과할 뿐입니다. 그것은 살았으나 죽은 것과 매한가지인 산 송장일 뿐이지요.

"내일, 또 내일은 매일매일 살금살금 인류 역사의 최종 음절까지 기어가고 있고, 이제라는 날들은 다 바보들에게 무덤으로 가는 길을 비쳐 왔거든. 꺼져라 꺼져, 짧은 촛불아! 인생이란 한낱 걷고 있는 그림자, 가련한 배우. 제 시간엔 무대 위에서 활개 치고 안달하지만, 얼마 안 가서 영영 잊혀져 버리지 않는가. 글쎄, 천치가 떠드는 이야기 같다고나 할까. 고래고래 소리를 친다, 아무 의미도 없이."

셰익스피어는 자신의 4대 비극 가운데 하나인 〈맥베스〉 제5막 제5장에서 이렇게 탄식했습니다.

의미의 탐구

여러분은 지금 어디에 있습니까? 인생의 길을 달리다가 문득 여러분의 자리에 대한 의구심이 들지는 않습니까? 왠지 눈에 익은 주위 환경이나 사람들이 낯설게 여겨지며 여러분의 실존에 대해 어리둥절해질 때는 없습니까? '내가 과연 있어야 할 자리에 있는 것일까?' 낯선 곳에 던져진 듯한 속 깊은 우울이 가슴을 싸 안을 만큼 통증을 느끼게 하지는 않습니까? 숨을 헐떡이며 살다가 전날 한나절을 함께했던 사람이 간밤에 죽었노라는 소식을 들었을 때 잊고 있었던 자신의 죽음에 대하여 두려움을 느끼지는 않습니까? '나는 제대로 가고 있는가?' 휘황찬란한 네온 사인이 번쩍이는 거리에 몰려다니는 군중 속에서, 회오리 바람 같은 이 세대의 흐름 속에 '내'가 휘감겨 들어가고 있는 것은 아닌지, 아니 그 자각마저 문둥이의 감각처럼 무뎌져 가고 있는 것은 아닌지―느껴지지 않습니까?

"어느 날 훌쩍 시간의 틀 속에서 탈출하려는 욕구를 강하게 느끼기도 하고, 반복되는 일상을 뛰어넘어 광활한 광야를 내달리고도 싶어진다. 수없이 밀고 밀리는 인파 속에서 불현듯 사라져 버린다 해도 그 누구도 그 사실을 눈치채지 못할 것 같은 존재에 대한 허무함 속에서 증발해 버리고 싶기도 하고, 어깨를 스치고 지나가는 사람들이 우주인처럼 낯설어 보이기도 하고, 문득 지구로부터의 탈출을 시도해 보고 싶기도 하다. 등을 부벼오는 가족들이 갑자기 짜증스러워지기도 하고 홀로 있기를 방해하는 전화기의 '따르릉' 소리에 코드를 뽑아 버리고 싶을 때도 있다. 정말 자유롭고 싶을 때 무인도의 로빈슨 크루소를 부러워해 보기도 하고, 먼지가 쌓인 여행 가방의 먼지를 툭툭 털어 보기도 한다.”

작가 오인숙은 인간의 참 자유를 묻는 질문 속에서 삶의 의미를 탐구하고 있습니다. '너'를 향해 또 '나'를 향해 바닷내음 배인 찝찔한 그물처럼 엉켜 있는 관계의 끈. 돈이든, 사랑이든, 지위든 움켜쥐려는 생각에 사로잡혀, 때로는 남을 밟고 위에 서기도 하고, 때로는 슬픈 눈의 이웃을 모른 척하기도 하고, 때로는 자신이 세운 목표에 대해 절망하기도 하면서 살아가는 인생. 시간을 도둑질당한 사람들처럼 허둥대고 뛰면서, 자신이 무엇 때문에 왜 뛰고 있는가 하는 의문조차 제대로 할 여유가 없이, 왠지 뒤지는 것 같아 장거리 마라톤 선수처럼 고독한 뜀박질을 뛰고 또 뛰는 인간.

앞만 보고 달리는 신세대에 구세대는 밀려나고 어깨가 처진 중년들이 일자리를 잃고 거리를 떠돌며, 소낙비처럼 쏟아져 내리는 새로운 정보 속에 마음의 평형이 깨지고, 넘치는 지식들 때문에 오히려 무능함을 절감케 되어 과연 어떻게 살아야 제대로 사는 것인지 방향감을 잃어 가는 시대. 순간을 사는 듯 오토바이로 폭음을 내며 질주하기도 하고, 내 힘으로 세상을 변화시켜 보겠다고 오기도 부려 보고 공작새처럼 화려한 날개도 펼쳐 보이지만, 잠깐 보이다가 사라지는 안개같이 아침에 이슬을 머금고 반짝이다가 저녁이면 스러져가는 풀꽃 같은 세월. 이 모든 것들의 의미는 무엇입니까?

우리의 문화에서 부각되는 또 하나의 염려스런 현상은 예술의 영역에 나타나는 어두운 그림자입니다. 이 면이 가장 극적으로 표현되는 현상이 이른바 팝음악, 특히 메탈음악에서 활개치는 악마 음악의 범람입니다. 그 음반들은 '죽음의 흔적,' '망치로 짓이긴 얼굴,' '여성 성기 탐닉' 등의 제목들을 가지고 있고, 그 내용 또한 살인과 자살을 부추기며, 마약과 섹스를 숭배하는 내용을 담고 있습니다. 마치 폭력과 포르노가 악마 숭배라는 또 하나의 영역에서 함께 만나고 있는 듯한 인상입니다.

그렇다고 오늘의 젊은이들이 중세적인 의미에서 악마를 숭배한다고는 생각하지 않습니다. 그보다는 저들의 정신 가운데 있는 혼돈과 허무, 그리고 파괴적 충동의 상징적인 표현이 악마주의로 나타나고 있는 것입니다. 사실, 이러한 악마주의적 형상 배후에는 모든 선한 것을 부정하고 파괴하는 허무주의의 요소가 짙게 깔려 있지요. 삶의 의미와 참된 가치를 발견할 수 없는 젊은이들의 절망과 분노가 악마주의를 만들어 내고 있는 것입니다. 어쩌면 이 시대 젊은이들의 절망스런 몸짓과 절규는 자신들이 느끼고 있는 이 시대의 공허와 절망에 대한 최후 방어라고 볼 수 있습니다.

확실히 허무주의는 이 시대 최대의 영적 질병이라고 할 수 있습니다. 너무나 많은 사람들이 이 질병에 무방비 상태로 노출되어 있고 또 고통당하고 있습니다. 우리 나라에는 네 명 중 한 명 꼴로 우울증을 앓고 있다고 하는데, 그 우울증이라는 것도 사실 허무주의의 한 증상이지요.

20여 년 전 케임브리지 대학의 명예교수였던 홀부르크의 책 〈허무주의를 넘어서 생명으로, Nihilism, Education, and Survival〉이 던져 주는 메시지가 사뭇 진지합니다. 그 책에서는, 허무주의야말로 이 시대의 가장 큰 위기라고 간파하면서, 물질 만능주의, 실증주의 과학, 포르노 문화, 생명 경시주의, 환경과 생태계의 파괴, 이 모든 것들이 허무주의의 소산이라고 말합니다. 그리고 우리 인류가 이 허무주의의 악령을 추방하지 못한다면 생존의 위기를 맞을 수밖에 없다고 경고하고 있습니다.

그의 경고는 오늘 더욱 실감나게 들려오고 있습니다. 오존층에 구멍이 뚫리고, 마음 놓고 바깥에 나갈 수도 없으며, 마음 놓고 떠 마실 수 있는 옹달샘도 없습니다. 자동차가 천만 대를 넘었다고 하나, 좁은 땅덩어리와 환경의 오염을 생각하면 마냥 기뻐할 수는 없는 일입니다. 인간과 환경은 한 가지로 생각해야 합니다. 환경의 파괴는 인간성의 파괴이고, 환경의 피폐는 인간 내면성의 피폐에 대한 외적 표현입니다. 그래서 인간성의 회복 없이는 환경도 되살릴 수가 없는 것입니다.

홀부르크는 이런 말을 한 적도 있습니다. "우리는 공룡의 화석을 보면서, 자신의 몸을 지나치게 키워 너무 비대해져서 적응에 실패하고 멸종당한 미련한 동물이라고 하지만, 어쩌면 인류는 그렇게 말할 수 있는 자격조차도 없을는지 모릅니다. 적어도 공룡은 지구상에서 수억 년을 생존했으나, 인류는 과연 얼마나 생존할 수 있을는지 미지수이기 때문입니다. 오히려 공룡이 인간을 향하여 미련한 동물이라고 해야 할는지도 모릅니다."

그는 현대 심층심리학의 도움을 받아 가면서 철학, 문학, 과학 및 예술 등 인간 문화 전반에 광범위하게 깔려 있는 이 허무주의의 근원이 바로 인간의 성격(性格) 안에 있다고 분석합니다. 니체, 사르트르, 그리고 카뮈의 허무주의적 실존주의는 실상 그들 자신의 성격 중심에 자리잡고 있는 허무감의 표현일 뿐이라는 것이지요. 이것은 모두 성격의 근원에 있는 '상처(傷處)'의 문제라는 것입니다. 이런 견해는 허무주의를 넘어 생명으로 나아가려는 우리 시대의 과제가 어디에 있는지를 분명히 보여 줍니다.

성격 안에 형성되는 근원적인 상처는 모두 부모-자녀 관계와 관련되어 있습니다. 여기에는 선천적으로 타고난 유전적인 요소도 하나의 변인으로 작용하는 것이 사실이지만, 결정적으로 중요한 요소는 부모와의 관계 경험이라는 사실이 점점 더 분명하게 드러나고 있습니다. 좀더 단순한 언어로 말한다면, 하나의 인격이 태어나는 과정에서 부모로부터 충분한 사랑을 못했을 경우, 그 인격의 핵심에 하나의 균열이 생기게 되고, 이 균열로부터 허무와 혼돈과 파괴적 충동이 나타난다는 것이지요. 사랑의 결핍, 그것은 단순한 결핍의 문제가 아닙니다. 그것은 존재를 무화(無化)시키는 허무의 세력으로, 파괴적인 악의 세력으로 나타나는 것입니다.

따라서 성격의 근원적인 상처를 예방하고 치유하는 일은, 진정한 의미에서 새로운 세상을 창조하는 일입니다. 선한 것과 가치있는 것, 무엇보다도 생명을 사랑할 수 있는 능력을 지닌 인간으로 키워 내는 일, 허무와 절망에 사로잡히지 않은 채 의미를 창조하면서 싱싱한 삶의 감정을 가지고 창조적으로 살아갈 수 있는 인간으로 키워 내는 일이야말로, 오늘 우리가 허무주의 문화를 극복하는 최대 과제가 아닐 수 없습니다.

행복한 죽음

우리 인생은 모두 그 삶의 의미를 탐구하는 존재입니다. 그리고 그 의미 탐구의 마지막 단계는 바로 영혼을 다루는 일입니다 — 우리의 영혼을 돌보고 양육하는 것이지요. 어쩌면 죽음의 망각으로부터 우리를 구할 수 있는 유일한 방법일지도 모릅니다. 우리 영혼은 우리의 행동, 우리의 작업, 우리의 창조, 우리의 경험, 우리의 사랑, 우리의 기쁨, 우리의 고통, 그리고 우리의 괴로움의 총합입니다. 우리의 온 생애를 통하여 우리 영혼은 끊임없이 성숙해 간답니다.

어떻게 우리의 영혼을 돌보아야 할까요? 어떻게 우리의 영혼을 바람직한 방향으로 조정할 수 있을까요? 바로 존재를 통해서 — 돌봄과 사랑과 나눔과 창조와 괴로움을 통해서 — 그렇게 할 수가 있습니다. 존재의 방법을 우리 자신에게 가르치기 위해서 우리는 공동체, 직장, 심리치료, 교육, 문학, 예술 그리고 종교의 도움을 청하게 됩니다.

우리 영혼은 우리의 개인적인 철학 — 우리의 의미감, 가치관, 윤리적 원칙, 사회적 책임감 — 을 구체화합니다. 우리 영혼은 우리의 기쁨과 슬픔, 우리의 희망과 두려움, 우리의 목표와 목적과 전략의 총합입니다. 우리 영혼은 우리의 현 존재와 우리가 되고 싶어하는 존재를 반영해 줍니다. 우리가 원하는 세계상 또한 우리의 영혼 깊은 곳에 자리잡고 있습니다.

위대한 종교 서적들은 모두 의미 탐구에 관한 언급을 많이 하고 있습니다. 하지만 그 책들이 말하고 있는 것은 그리 간단한 것이 아닙니다. 성서의 경우를 한 번 생각해 보세요. 우리가 잘 알고 있는 바와 같이, 성서의 전도서와 욥기는 "모든 것이 무의미하다"라고 말하고 있습니다. 성서에는 살인과 폭력과 전쟁 등 허무주의에 기초한 여러 가지 것들에 관한 이야기들이 가득 들어 있습니다. 한편, 예수 그리스도에 관한 이야기는 존재에 관한 이야기입니다. 하지만 사랑과 공동체를 토대로 하는 삶을 위해 예수님이 지불했던 대가는 십자가에 달려 죽으심이었습니다 ― 최고의 허무주의에 속하는 행동이었던 것이지요. 십자가 처형 다음에는 부활이 뒤따릅니다 ― 존재의 승리를 증거해 주는 것입니다.

죽음 이후의 삶에 대해서 우리가 확실히 알고 있는 것이라고는 단지 죽음 그 자체를 둘러싸고 있는 완벽한 불확실성뿐입니다. 우리가 죽으면 무슨 일이 생길까요? 우리는 흙으로 돌아가게 될까요 ― 다른 형태로 환생하게 될까요? 아니면 그저 죽는 걸까요 ― 다시는 소식을 알 수 없게 될까요? 이런 질문들에 대하여 간단하고 손쉬운 해답을 알고 있다고 주장하는 이들은 자기 자신과 다른 사람들을 잘못된 길로 인도하려고 애쓰는 사람들입니다.

우리가 죽을 때 기대할 수 있는 것이라고는 오로지 우리의 영혼 ― 우리의 존재 자체 ― 이 그 동안 우리가 경험했던 개인적인 관계, 우리가 남겨 둔 창작품, 우리가 살았던 공동체, 우리가 겪었던 기쁨과 슬픔 등을 통해서 여전히 이 땅 위에 살아남으리라는 것뿐입니다. 우리는 삶의 의미에 대한 책임을 떠맡음으로써 우리의 운명까지도 조절할 수가 있지요. 그것은 보기 좋은 그림이 아닐 수도 있습니다. 어쩌면 우리가 이 순례를 시작했을 때마음 속에 그렸던 그림이 아닐지도 모릅니다. 의미 탐구는 겁쟁이들을 위한 것이 아닙니다. 자, 이제 우리의 여행을 진척시켜야할 때가 왔습니다.

알베르 카뮈에게서 우리는 삶이 불합리하다는 것을 배웠고, 폴 틸리히에게서는 우리가 분리되어 있다는 것을, 에리히 프롬으로부터는 소유가 공허한 것이라는 점을, 그리고 예수 그리스도에게서는 사랑과 공동체가 빠진 삶은 아무것도 아니라는 점을 배웠습니다. 비록 우리에게 의미의 우주적 근원이 밝혀지지는 않았지만, 우리는 삶의 목적은 행복하게 죽는 것이며, 행복하게 죽는 유일한 방법은 존재 방식을 배우는 것뿐이라는 생각에 이끌리게 되었습니다.

철학, 종교, 그리고 심리치료는 모두 우리에게 존재의 방법, 우리 영혼을 돌보는 방법을 가르쳐 줌으로써 우리가 죽음을 준비하도록 도와 줍니다.

우리의 무인도가 대학 캠퍼스이든, 군대이든, 거대한 주식회사이든, 결점 투성이의 결혼 생활이든, 요양소이든, 또는 부랑자들의 오두막이든 간에, 근본적인 문제는 오직 하나뿐입니다: '나는 어떻게 해야 행복하게 죽을 수 있을까?' 우리의 대답이 우리의 생활 방식을 결정할 것이며, 나아가 우리의 삶이 의미를 갖느

냐 못 갖느냐까지도 결정할 것입니다. 여러분, 남은 생애 동안
의미 있는 여행을 하기 바랍니다. 하지만 무엇보다도 '행복한 죽
음을 맞이하세요!'

살아 있다는 생생한 느낌으로

허무의 현실 속에서 인생의 절망을 먹고 사는 현대인, 그것이
오늘 우리 젊은이들의 영혼을 병들게 하고 있습니다. 실직, 암,
교통 사고, 환경 오염, 가치관의 혼돈, 가정의 파괴 … 우리가
여기서 다루고 있는 갖가지 마음의 그림자 … 이 모든 것들이
가리키는 것은 한결같이 의미의 상실과 관계가 깊습니다. 또한
심각한 사회 현상으로 나타나는 젊은이들의 자살을 생각해 보세
요. 자살 신호를 보내는 그들의 심리 밑바닥에는 무엇이 깔려 있
을까요? 거기에는 형용할 수 없는 외로움이 가득 차 있습니다.
그것은 곧 삶의 무의미함과 희망 없음의 표현입니다.

그래서 그들의 자살 시도는 대부분 '도와 주세요!' 하는 신호
입니다. 누군가 외로움을 이해해 주고 경청해 주고 같이 있어 줄
수 있는 사람을 찾는 것입니다. 다행스럽게도 주변에서 그들에
게 영적인 안테나를 맞추고 있다가 신호를 감지하고 도움을 줄
수 있으면 좋지만, 그것도 쉽지가 않습니다. 삶의 의미, 삶의 가
치, 삶의 목표를 상실한 젊은이들은 어디서도 희망을 발견하지
못한 채 죽어 가는 것입니다.

그러기에 삶의 의미는 삶의 희망과 한 데 이어져 있습니다. 삶
의 희망은 생명 구원과 직결되어 있습니다. 삶의 희망이 있는 사
람은 결코 죽지 않습니다. 아니 죽음의 자리에서도 생명력을 이

247

어갑니다. 나치 수용소에서도 삶의 의미와 목표를 지닌 사람은 결코 죽지 않고 살아남았습니다. 그 생생한 참상을 세상에 폭로하고 강단에서 자신의 심리적 과정을 가르쳐야겠다는 비전을 지닌 빅터 프랭클이 그 예입니다. 하지만 삶의 의미를 상실한 자는 가스실이나 생체 해부실로 끌려 가기도 전에 죽었습니다. 자신의 그 곳 체험을 토대로 빅터 프랭클이 발표한 실존 분석적 심리치료 방법이 바로 '로고테라피(logotherapy)'라고 하는 의미 치료이지요. 어떠한 상황에서도 삶에 의미만 부여할 수 있다면 절대 죽지 않는다는 것이지요. 무의미함은 절망을 낳고, 절망은 죽음에 이르는 병을 낳습니다. 그리고 반대로, 삶의 의미는 희망을 낳고, 희망은 영원한 생명에 이르는 길을 약속해 줍니다.

그런데도 요즘 사람들에게 의미의 문제는 그렇게 심각한 것이 될 수 없다고 여기는 이들도 있는 것 같습니다. 세계1·2차대전를 전후로 빅터 프랭클이 전개한 〈의미 치료〉, 어빈 얄롬의 〈실존주의 심리치료〉, 더킨의 〈인간 문서〉 들에서 제기하는 실존적인 '의미'의 문제가 이제는 한물 갔다고 중요하게 여기지 않는 것은 너무나 어이없는 발상입니다. 어찌 삶의 문제를 일시적인 유행이나 좁다란 학문 범주 안에 가두어 놓을 수 있겠습니까? 내가 생각하기에, 의미의 문제는 결코 구시대의 학문적 주제라고 치부해 버릴 수 없는 것입니다.

오히려 무의미함의 극치를 달리고 있는 현대 사회에서 더욱더 논의가 필요하고 그 빛을 재조명해야 할 절대절명의 과제이지요. 특히 젊은이들이 운집해 있는 학교, 직장, 군대 등에서 그들이 제기하는 삶의 의미 문제를 더욱 심도있게 탐구해야 할 것입

니다. 그래서 모두가 어디서든지 자신에게 주어진 삶을 긍정적
으로 그리고 창조적으로 개발해 갈 수 있어야 합니다. 저마다의
가슴 속에 살아 있다는 생생한 느낌을 지닌 채.

19. 영혼의 친구
- 영성 생활의 치유

부서져야 하리.
더 많이 부서져야 하리.
이생의 욕심이 하얗게 부서져
소금이 될 때까지.

무너져야 하리.
더 많이 무너져야 하리.
이기적 자아가 푸르런 상처로
질펀히 눕기까지.

깨어져야 하리.
더 많이 깨어져야 하리.
교만한 마음이 산산이 부서져
흰 파도 될 때까지 씻겨야 하리.

더 많이 씻기고 또 씻겨

때가 낀 영혼이 말끔히 씻기어
하늘에 그 얼굴 비추기까지.

나는 바다되어서
이 땅의 모든 것
미련 없이 다 버리고
하늘의 평화를 얻으리라.

슬픔도 괴롬도 씻기고 부서져서
맑고 깊은 바다되어서
모든 부패를 삭히어 주는
맑고 깊은 바다되어서

그 영혼의 바다에
사랑의 별 하나 뜨게 하리.

그 영혼의 바다에

김소엽은 〈바다에 뜨는 별〉을 본 순간 쏟아져 나오는 시정(詩情)을 주체할 수가 없었나 봅니다. 과연 이 시인이 노래하고 있는 것은 무엇일까요? 세속의 때에 찌든 우리 영혼의 정화, 그래서 우리 인생의 정갈스런 참모습을 회복하려는 몸부림이 아닐까요? 우리는 여기쯤에 이르러 영적인 생활에 대하여 주목하지 않을 수 없습니다. 현대인의 삶을 궁극적으로 치유하기 위해서는 영성 생활에 대한 안내를 언급하지 않으면 안 되기 때문이지요.

영성 생활이란 것이 과연 무엇일까요? 도대체 영적인 삶을 산

다는 것은 무엇을 의미하며, 또 어떻게 사는 것이 영적인 삶일까요? 우리는 들뜨고 흥분된 삶 한가운데서 가끔 이렇게 묻곤 하죠. '우리 삶 속에서 참된 소명은 무엇인가?' '하나님께서 부르시는 음성에 귀 기울일 수 있을 만한 마음의 평화는 어디에서 발견할 수 있는가?' '그 누가 우리를 우리 생각과 감정과 느낌의 내면적인 미궁에서 건져 내 줄 수 있을 것인가?' 이런 종류의 여러 가지 질문은 영성 생활에 대한 강한 욕구를 표현해 주며, 나아가 우리가 영성 생활의 의미와 실제에 관해 매우 불분명하다는 사실을 잘 보여 주는 것들입니다.

영성 생활이라고 해서 그것이 우리의 일상적인 실존의 앞이나 뒤 또는 너머에 있는 삶은 결코 아닙니다. 오히려 영성 생활은 지금 여기서 우리가 겪고 있는 온갖 고통과 즐거움의 한가운데에 존재하는 것입니다. 그러므로 영성에 대한 우리의 갈급함을 좀더 제대로 인식하기 위해서는 먼저 우리가 시간마다, 날마다, 주마다, 해마다 어떻게 생각하고 말하고 느끼고 행동하는가를 주의 깊게 살펴 보아야만 합니다.

만일 우리가 현재의 생활 방식에 대한 불만족스러움을 그저 막연하게 내면적으로 느끼고 있을 뿐이라면, 그리고 만일 우리가 '영적인 것들'에 대한 막연한 욕구만을 그저 갖고 있을 뿐이라면, 그렇다면 우리의 삶은 계속해서 보편화된 우울증 속에 침체되고 말겠지요. 우린 종종 이렇게 말합니다: '난 매우 불행해. 난 내 삶의 진행 방식에 만족할 수 없어. 난 정말로 기쁘지도 않고 평화스럽지도 않아. 하지만 어떻게 해야 상황을 변화시킬 수 있는지 정말 모르겠어. 다만 현실적으로 내 삶을 있는 그대로 인정해야만 한다는 생각뿐이야.' 이러한 체념이야말로 우리가 능동적으로 영성 생활을 추구하지 못하게 막는 주범입니다.

바쁘게 바쁘게

우리의 일상 생활에서 가장 명백하게 드러나는 특징 가운데 하나는 바로 우리가 바쁘다는 사실입니다. 우리는 해야 할 일들, 만나야 할 사람들, 마쳐야 할 과제들, 써야 할 편지들, 걸어야 할 전화들, 지켜야 할 약속들로 꽉 찬 하루하루를 살아가고 있습니다. 우리의 삶은 종종 무엇을 너무 많이 집어넣어서 그만 솔기가 터져 버린 짐가방처럼 여겨지기도 합니다.

우리의 근심어린 삶의 저변에서 무엇인가가 진행되고 있습니다. 우리의 정신과 마음이 많은 것들로 꽉 차 있는 순간에도, 그리고 우리 자신과 다른 사람들 때문에 강요받고 있는 기대들에 부응하는 삶을 살아갈 수 있는 방법에 대해서 생각하고 있는 동안에도, 여전히 우리는 심각한 불만족을 느끼게 됩니다. 많은 일 때문에 바쁘고, 많은 일에 대해 걱정하는 순간에도, 우리는 진정한 만족감이나 평화스러움이나 편안함을 결코 맛볼 수가 없습니다. 이렇게 격렬한 불만족감이 바로 우리의 꽉 찬 삶의 기초가 되는 것입니다. 이러한 불만족의 경험에 대해서 조금만 더 생각해 보면, 상이한 감정들의 차이점을 분명히 인식할 수 있게 됩니다. 그 중에서도 가장 중요한 것은 지루함, 불쾌함, 그리고 우울함입니다.

지루함은 곧 고립되어 있다는 감정입니다. 우리는 여러 가지

일로 바쁜 와중에도, 우리가 하는 일들이 정말로 중요한가 하는
의심을 품게 되지요. 우리 시대의 위대한 역설이라고 한다면, 바
로 우리 대부분이 바쁜 와중에도 역시 지루함을 느끼고 있다는
사실입니다. 지루함은 종종 불쾌함과 밀접하게 연결이 됩니다.
우리는 바쁜 와중에도, 그리고 우리의 분주함이 어떤 사람에게
무슨 의미를 줄 수 있는지에 대해서 의심하는 순간에도, 자신이
이용당하거나 조롱당하거나 착취당하고 있다는 느낌을 갖기가
쉽습니다. 이 얼어붙은 분노는 우리의 사회에 매우 치명적인 영
향을 미치는 불쾌감이 되는 것입니다.

하지만 우리의 불만족감을 가장 약화시키는 감정은 역시 우울
함입니다. 자신의 존재가 전적으로 무의미하다고 여겨질 뿐만
아니라, 더 나아가서는 차라리 자신이 존재하지 않는 것이 더 나
을지도 모른다고 생각되기 시작할 때, 그럴 때 우리는 쉽사리 엄
청난 자괴감에 빠져들게 되지요. '내 삶이 과연 가치가 있는 것
일까?' 많은 사람에게서 그 업적과 성공 때문에 갈채를 받은 사
람들이, 종종 매우 불만족스러워 한다거나, 심지어는 자살까지
하는 것도 그리 놀라운 일이 아닙니다. 지루함과 불쾌함과 우울
함은 모두 고립되어 있다는 감정의 표출입니다. 이것들은 우리
에게 삶이란 끊어진 연결 고리라고 속삭입니다. 그리고 이것들
은 우리에게 어디에도 소속되어 있지 못하다는 감정을 안겨 줍
니다.

사람들 간의 상호 관계에서 이 고립되어 있다는 감정은 곧 외
로움으로 경험이 됩니다. 외롭다고 느껴질 때, 우리는 자신이 여
러 사람에게 둘러싸여 있는 고립된 개인이기는 하지만, 결코 어

떤 후원 공동체나 양육 공동체의 진정한 일부는 아니라고 스스로를 속이게 된답니다. 말할 것도 없이, 외로움은 우리 시대에 가장 만연되어 있는 질병 가운데 하나임이 틀림없습니다. 외로움은 은둔 생활뿐만 아니라 가정 생활, 이웃 생활, 학교 생활, 군대 생활, 직장 생활에까지도 지대한 영향을 미칩니다. 그리고 외로움은 노인들뿐만 아니라 어린이들, 십대 청소년들, 성인들에게까지도 고통을 안겨다 줍니다.

외로움은 교도소뿐만 아니라 개인의 가정과 사무실, 학교, 병원, 그리고 군대에까지도 침투합니다. 심지어는 도시의 거리를 걷고 있는 사람들 간의 약하디 약한 상호 관계 속에서도 외로움을 발견할 수가 있습니다. 이렇게 온통 퍼져 있는 외로움 때문에 많은 사람들이 이렇게 울부짖게 되지요 : '정말로 나를 걱정하고 있는 사람이 있을까? 내 안의 외로움을 멀리 쫓아 버릴 만한 사람이 단 한 사람이라도 있을까? 내가 편안하게 느낄 수 있는 사람이 과연 존재할까?'

이렇게 가득 채워져 있기는 하지만 만족스럽지는 못한 상황, 매우 바쁘기는 하지만 연속적이지 못한 상황, 도처를 싸돌아 다니기는 하지만 결코 머물 집은 없는 상황에 대하여 예수님은 응답하십니다. 예수님은 염려로 가득 찬 우리의 생활 방식에 대하여, 세상의 일들로 그렇게 바쁘게 지내서는 안 된다고 말씀하시지 않습니다.

염려로 가득 찬 우리의 삶에 대한 예수님의 응답은 이와는 완전히 다릅니다. 예수님은 우리에게 중심점을 옮기고, 관심의 비중을 달리하고, 우선 순위를 바꾸라고 요청하십니다. 예수님은

우리가 '많은 일'로부터 '꼭 필요한 한 가지 일'로 옮겨 가기를
바라십니다. 우리가 깨달아야 할 중요한 사실은, 예수님은 결코
우리가 다원화된 세상을 떠나기를 원치 않으신다는 점입니다.
오히려 예수님은 우리가 이 다원화된 세상 속에 살면서, 모든 일
의 중심점 위에 굳건히 서 있기를 원하십니다. 예수님은 어떤 행
동의 변화나 관계의 변화나 속도의 변화를 말씀하시지 않습니
다.

예수님은 바로 마음의 변화에 대해서 이야기하시지요. 이러한
마음의 변화는 모든 것을 변화시킵니다. 심지어는 모든 것이 전
과 다름없이 그대로 남아 있는 것처럼 보일 때에도 말이죠. "너
희는 먼저 그분의 나라 … 를 구하라. 그리하면 이 모든 것을 너
희에게 더하시리라"는 말씀의 의미도 바로 이런 것입니다. 중요
한 것은 곧 우리의 마음이랍니다. 염려를 하고 있는 순간 우리의
마음은 잘못된 장소에 있는 것이지요. 예수님은 우리의 마음을,
다른 모든 것이 자리를 차지하고 있는 그 중심점으로 옮겨 놓으
라고 요청하십니다.

내 마음의 중심점

이 중심점이란 무엇을 가리키는 것일까요? 예수님은 그것을
나라, 곧 '하나님의 나라'라고 부르십니다. 21세기를 살아갈 우
리에게는 이 말이 별 의미를 갖지 못할 수도 있습니다. 우리의
일상 생활에서는 왕과 나라가 그리 중요한 역할을 담당하지 못
하니까요. 하지만 우리가 예수님의 말씀을 하나님의 성령 안에
서 사는 삶을 우리의 최우선 순위로 삼으라고 하는 긴박한 부르
심이라고 이해할 때에야 비로소 우리는 무엇이 문제인가를 더

잘 들여다 볼 수가 있게 되는 것입니다.

아버지의 나라를 구하는 마음은 동시에 영성 생활을 구하는 마음이기도 합니다. 그분의 나라를 우리의 마음에 둔다는 것은 곧 하나님의 성령께서 우리 내부와 우리 가운데에서 함께하시는 삶을 우리가 생각하고 말하고 실행하는 모든 것의 중심점이 되게 한다는 말입니다.

예수님의 삶이 무척 바빴다는 것은 거의 의심의 여지가 없습니다. 예수님은 제자들을 가르치고, 군중에게 설교를 하고, 아픈 사람들을 치유하고, 귀신들을 내쫓고, 적과 친구들의 질문에 대답하고, 이곳 저곳으로 옮겨 다니시느라 매우 바쁘게 지내셨습니다. 예수님은 너무도 많은 일에 연루되었기 때문에 잠시도 혼자 계실 수가 없었습니다. 예수님은 그렇게 바쁜 삶 속에서도 불평 한 마디 없이, 하나님의 뜻에 순종하셨습니다. 예수님의 순종은 사랑하는 성부의 말씀에 두려움 없이 완전히 귀 기울이는 것을 뜻합니다.

세상의 존재가 아니면서도 세상 속에 거하는 것은, 예수님이 우리에게 보여 주신 영성 생활의 핵심입니다. 영성 생활이란 사랑의 성령에 따라 우리가 전적으로 변화되는 삶을 뜻합니다. 하지만 동시에 그것은 모든 것이 예전 그대로 남아 있는 것처럼 보이는 삶이기도 하지요. 영성 생활을 한다는 것은 결코 가족을 떠난다거나 직업을 포기한다거나 행동 방식을 바꾸어야 한다는 뜻이 아닙니다 : 영성 생활을 한다는 것은 결코 사회적 활동이나 정치적 활동을 삼가야 한다든지 또는 문학이나 예술에 대한 관심을 버려야만 한다는 뜻도 아닙니다; 영성 생활을 한다는 것은 결코 엄격한 금욕주의의 형태나 장시간 동안의 기도를 요구하는 것이 아닙니다. 물론 우리의 영성 생활로부터 이러한 변화가 발생할 수는 있겠지요. 그리고 어떤 사람들의 경우에는 이처럼 전격적인 결단이 필요할 수도 있지요. 하지만 영성 생활이란 저마다 다르게 누릴 수 있는 것입니다.

새로운 것은 우리가 많은 일로부터 벗어나 하나님의 나라로 옮겨 갔다는 것입니다. 새로운 것은 우리가 세상의 강요로부터 자유를 얻고, 우리의 마음을 오직 한 가지 필수적인 일에만 쏟게 되었다는 것입니다. 새로운 것은 우리가 더 이상 많은 일, 많은 사람, 많은 사건을 끊임 없는 염려의 원인으로 경험하지 않고, 오히려 하나님께서 자신의 임재를 우리에게 알려 주시기 위해 사용하는 여러 가지 다양한 방법으로 경험하기 시작했다는 것입니다.

가난, 고통, 투쟁, 괴로움, 몸부림, 심지어는 내면의 어두움까지도 여전히 계속해서 우리 경험의 일부로 남아 있을 것입니다. 그것들은 하나님께서 우리를 깨끗하게 해 주시기 위하여 사용하는 방법일 수도 있습니다. 하지만 더 이상 지루하거나 원망스럽거나 우울하거나 외로운 삶은 없을 것입니다. 그것은 이제 우리는 우리에게 일어나는 모든 일이 성부의 집으로 가기 위한 여정의 일부라는 사실을 잘 알고 있기 때문이지요.

제자는 훈련을 통해서

여기에서 우리는 영성 생활의 훈련이라는 문제에 직면하게 됩니다. 훈련이 없는 영성 생활이란 있을 수 없습니다. 훈련은 제자직의 다른 한 쪽 면입니다. '제자(disciple)'라는 말과 '훈련(discipline)'이라는 말은 그 어원에서도 일치합니다. 영성 훈련의 실천은 우리를 하나님의 조용하고 온화한 음성에 더욱더 민감해지도록 만들어 줍니다. 엘리야는 강한 바람이나 지진이나 불 속에서 하나님을 만난 것이 아니라, 오히려 세미한 음성 가운데에서 하나님을 만났습니다(열왕기상 19장 9~13절을 읽어 보세요). 영성 훈련의 실천을 통해서 우리는 그렇게 작은 음성에 주의를 기울일 수 있게 되며, 그 음성을 들었을 때 기꺼이 응답할 수 있게 됩니다.

사실 '고독'이 없이는 영성 생활을 할 수가 없습니다. 고독은 하나님을 위한 시간과 장소에서 시작됩니다. 만일 우리가 하나님께서 존재하신다는 것뿐만 아니라 하나님께서 우리의 삶 속에 능동적으로 참여 ― 치유와 교육과 인도 ― 하신다는 것까지 진심으로 믿는다면, 우리의 연속적인 관심을 하나님께 기울일 수 있을 만한 시간과 장소를 따로 마련해 두어야만 합니다. 예수님은 이렇게 말씀하십니다 : "골방에 들어가서 문을 닫고 은밀한 곳에 계신 십부께 기도하여라."(마태복음 6장 6절)

우리의 삶을 고독하게 만드는 것은 가장 필요하면서도 가장 따르기 힘든 훈련법에 속합니다. 우리는 진정한 고독에 대한 깊은 열정을 갖고 있으면서도, 막상 그렇게 고독한 장소와 시간에 부딪히게 될 때에는 어느 정도 두려움을 겪지요. 대화를 나눌 사람도 없고, 읽을 책도 없고, 쳐다볼 텔레비전도 없고, 전화도 없는 상태에서 홀로 있게 될 때, 우리 내부에서는 곧바로 내면적인 혼란이 시작됩니다. 이러한 혼란은 우리를 심한 근심과 혼동에 빠트리기 때문에, 우리는 다시 바빠질 날만을 손꼽아 기다리게 됩니다. 따라서 골방에 들어가 문을 닫는다는 것은 우리가 즉각적으로 우리 내부의 모든 의심과 불안과 두려움과 나쁜 기억과 풀리지 않는 갈등과 분노의 감정과 충동적인 욕구 들을 차단시켜 버린다는 의미가 결코 아닙니다. 오히려 우리는 외부의 혼란들을 제거해 버리는 순간, 우리 내부의 혼란이 총력을 기울여 우리에게 닥쳐오는 것을 종종 봅니다. 때때로 우리는 내부의 소란으로부터 스스로를 보호하기 위한 방편으로 외부의 혼란을 사용합니다. 그렇기 때문에 우리가 홀로 있을 수 있는 시간이 거의 없다고 해도 그리 놀라운 일은 아니지요. 우리 내부의 갈등과 직면하는 일은 우리가 견뎌 내기에 너무나 고통스러운 일일 수 있답니다.

그렇기 때문에 고독의 훈련이 훨씬 더 중요해지는 것입니다. 고독은 가득 채워진 삶에 대한 자연스런 반응이 아닙니다. 홀로 있을 수 없는 데에는 매우 많은 원인이 있습니다. 그러므로 우리는 어느 정도 고독을 조심스럽게 계획하는 데에서 출발해야 합니다.

고독 가운데 우리는 이미 우리에게 보내진 성령을 만납니다. 우리가 고독 가운데 직면하는 고통과 투쟁은 모두 희망으로 향하는 길이 됩니다. 그것은 우리의 희망은 괴로움이 모두 지나가 버린 뒤에 생겨날 어떤 것에 토대를 둔 것이 아니라, 오히려 이 괴로움의 한가운데 임재하시는 하나님의 치유의 성령에 토대를 둔 것이기 때문입니다. 고독의 훈련을 통해서 우리는 점차적으로 우리 삶 가운데 계시는 이 희망의 하나님과 접촉하게 되며, 또한 새 하늘과 새 땅에 속하는 즐거움과 평화의 시작을 당장이라도 맛볼 수가 있게 됩니다.

비록 고독의 훈련이 우리더러 시간과 장소를 따로 마련해 두라고 요구하기는 하지만, 그래도 결국 가장 중요한 것은 바로 우리의 마음이 하나님께서 거하실 수 있는 조용한 방과 같아진다는 것입니다. 우리가 어디를 가든지, 무엇을 하든지 말이죠. 군대나 학교나 직장도 예외일 수는 없습니다. 그렇게 되면 우리는 바쁘고 활동적인 생활 한가운데서도 하나님을 느낄 수 있을 것입니다.

그러나 고독의 훈련만으로는 부족합니다. 고독의 훈련은 '공동체' 훈련과 긴밀하게 연결되어 있습니다. 공동체 훈련이란 곧 모두 다함께 진정한 순종을 실천할 수 있도록 사람들 사이에 자유로운 빈 공간을 창출해 내려는 노력입니다. 공동체 훈련을 통하여 우리는 두려움과 외로움 속에서 서로에게만 집착하려 드는 상태를 극복할 수 있으며, 나아가 해방을 주시는 하나님의 음성에 귀 기울일 수 있는 자유로운 장소를 깨끗하게 치워둘 수가 있답니다.

공동체가 하나의 훈련법이라고 하면 이상하게 들릴 수도 있겠지만, 훈련을 거치지 않은 공동체는 결코 우리에게 새로운 생명을 부여해 주고 우리의 삶을 충만하게 채워 주는 그러한 공간이 될 수 없습니다. 훈련을 거치지 않은 공동체는 그저 안전하고 편안하고 배타적인 장소를 뜻할 뿐인 '부드러운' 단어에 그치고 말 것입니다.

우정이나 결혼 생활, 가정 생활, 신앙 생활, 학창 생활, 군생활 그 밖의 모든 공동체 형태는 고독에 인사하는 고독이며, 영혼에 말을 거는 영혼인 동시에, 가슴을 부르는 가슴인 것입니다. 삶을 다같이 공유하고 또한 하나님의 성령의 재창조 능력이 명백하게 드러날 수 있는 치유의 장소를 기쁜 마음으로 제공하는 것은 하나님의 부르심을 감사하며 받아들이는 행위입니다. 그러므로 다 함께 모여 사는 삶은 그 어떤 형태라도 우리 한가운데 계시는 진정한 하나님의 임재를 서로에게 드러내 주는 방법이 될 수 있습니다.

마지막으로 우리는 공동체 역시 고독과 마찬가지로 순전히 마음의 특성을 지니고 있다는 사실을 염두에 두어야 할 것입니다. 한 장소에 다함께 모이지 않는 한 결코 공동체가 무엇인지를 알 수 없을 것이라고 하는 말이 맞을 수도 있겠지만, 공동체라고 해서 반드시 육체적으로 함께 모이는 것을 의미하지는 않습니다. 우리는 육체적으로 홀로 있는 동안에도 공동체 안에서 잘 살아나갈 수 있습니다. 그러므로 공동체 훈련은 성령이 인도하시는 곳이라면 어디든지, 심지어는 가지 말아야 할 곳까지도 따라갈 수 있도록 우리에게 자유를 부여해 줍니다. 이것이야말로 진정한 성령 강림 경험이지요.

고독의 훈련을 통해서 우리는 우리의 가장 내면적인 존재 속에 하나님을 위한 공간이 자리하고 있음을 발견할 수 있습니다. 그리고 공동체 훈련을 통해서 우리는 다함께 사는 우리의 삶 속에도 하나님을 위한 장소가 있음을 발견할 수 있습니다. 이 두 가지 훈련법은 결국 동일한 것입니다. 그것은 우리 안에 있는 장소나 우리들 사이에 있는 장소나 결국은 똑같은 장소이기 때문입니다.

우리는 염려로 가득 찬 세상에서 살고 있습니다. 우리는 수많은 일에 종사하고 또 수많은 문제에 몰두해 있는 바로 그 순간에도 여전히 지루해 하고 원망스러워하고 우울해 하고 극도로 외로워하는 자신을 발견합니다. 하나님의 성자 예수 그리스도는 바로 이러한 세상 한가운데 임하셔서 우리에게 새로운 삶, 성령의 삶을 선사하십니다. 우리는 이 새로운 삶을 열망하고 있지만, 또 한편으로는 그것이 이제까지의 우리 삶과 너무도 판이하게 다르기 때문에, 그것을 열망하는 것조차도 매우 비현실적인 일로 여겨진다는 점을 잘 알고 있습니다.

그러면 어떻게 해야 우리가 분열로부터 일치로, 많은 일로부터 한 가지 꼭 필요한 일로, 우리의 분리된 삶으로부터 성령 안에서 하나된 삶으로 옮겨갈 수 있을까요? 여기에는 힘겨운 싸움이 요구되지요. 여기엔 매우 특별하고 잘 계획된 몇 가지 단계가 요구됩니다. 이 싸움은 우리가 우리의 수많은 관심거리 바로 한가운데서 하나님의 음성을 들을 수 있는 시간, 그런 시간을 하나님의 품 안에서 하루에 몇 분씩 가지도록 요구합니다. 그리고 이 싸움은 우리가 다른 사람들을 두려움 속에서 집착할 수 있는 그런 대상이 아니라, 하나님을 위한 새로운 공간을 함께 창조할 수 있는 그런 동료로 간주함으로써, 전혀 새로운 방식으로 다른 사람들과 함께할 수 있도록 끊임없이 노력할 것을 요구합니다. 이렇게 잘 계획된 단계들, 곧 영성훈련들은 '여러분의 마음을 그분의 나라에 두는' 구체적인 방법이며, 이로써 우리는 우리의 염려들이 갖고 있는 힘을 서서히 제거하고, 나아가 끊임없는 기도를 향해 전진할 수 있게 되는 것이지요.

만물을 새롭게

헨리 나웬이 쓴 〈만물을 새롭게, Making All Things New〉라는 책에는 영성 생활에 대한 깊이 있는 통찰이 들어 있습니다. 여기에서 원서의 내용을 개괄적으로 살피며, 우리가 그의 영성 생활 이해에 힘입어 우리의 삶을 재조명해 본 것은 참으로 가치있는 일일 것입니다.

때로는 영성 생활을 시작하기가 무척 힘이 들 수도 있습니다. 그것은 우리를 염려하게 만드는 힘이 너무 세기 때문이기도 하고, 하나님의 성령의 임재가 거의 눈에 띄지 않기 때문이기도 합니다. 그러나 우리가 만일 우리의 훈련법들을 신뢰한다면, 우리는 새로운 굶주림에 대해서 알게 될 것입니다. 이 새로운 굶주림은 곧 하나님의 임재의 첫번째 표식입니다. 이러한 하나님의 임재에 계속 주의를 기울일 때, 우리는 더욱더 깊숙이 그 나라로 인도될 것입니다. 그리고 놀랍게도 그 곳에서 우리는 만물이 새롭게 되었음을 발견하게 될 것입니다. 그리고 우리도 토마스 머튼과 같이 머지않아 이런 고백을 하게 될 것입니다.

"그리스도인이 그리스도와 연합되는 것은 … 그리스도께서 직접

내 안에 생명의 근원이요, 원리가 되시는 신비한 연합이다 … 예수
님이 직접 내게 성령을 주심으로써, 그분은 내 안에서 신적으로 호
흡하신다."

20. 도 도도도 도토리 나무

- 인생 행로의 치유

오선지에 팔분 음표를 하나하나 그려 넣는 모습을 떠올려 봅니다. 때론 힘있게, 때론 가볍게, 때론 고요하게, 때론 장엄하게, 마음의 노래가락이 하나씩 둘씩 오선지에 그려집니다. 창조의 기쁨과 흥분, 아름다움의 전율과 감동! 도레미파솔라시, 오선지 위에 그려지는 음악 예술의 7음계는 우리의 인생 행로(行路)를 그대로 비추어 주는 듯합니다. 그런데 재미있는 것은, 유치원에 다니는 우리 집 큰아이가 요즘 새롭게 흥얼대는 노래가 바로 '도레미송'이라는 것입니다. 밤늦은 시간, 사랑스런 아이의 잠든 모습을 가만히 들여다보고 있노라면, 단계마다 아름다운 영혼의 울림 속에서 절묘한 선율을 자아내는 우리네 인생의 음계가 귓가에 아련히 들려 옵니다.

도·도도도·도토리 나무
레·레레레·레몬의 빛깔
미·미미미·미끄럼 타기
파·파파파·파랑새 날개

솔·솔솔솔·솔방울 줍기
라·라라라·라일락 꽃잎
시·시시시·시냇물 소리
도시라솔파미레·도미솔도

인생의 계절

곳곳에 목련꽃이 입을 딱 벌리고 하품을 늘어지게 하면서 그 자태를 뽐내고 있습니다. 온 천지를 뒤덮은 개나리와 진달래는 가히 봄의 향연(饗宴)이 무르익었음을 가리켜 줍니다. 우리 사는 이 땅에 춘하추동(春夏秋冬) 사 계절이 있다는 것이 어찌나 감사한지요. 봄이면 씨를 뿌리고, 여름에는 성장하며, 가을에는 추수하고, 겨울에는 안식을 누리는 이 자연의 계절이야말로, 우리 인생의 비유가 아닐는지요.

스위스의 의사요, 심리학자인 폴 투르니에가 〈인생의 사계절〉이라는 책을 썼지요. 우리네 인생에도 계절이 있습니다. 푸른 꿈을 꾸며 인생의 비전을 설계하는 봄과, 쏟아지는 뙤약볕 아래서 열정적으로 그 꿈의 성취를 위하여 달려가는 여름, 성장과 성숙의 경지에 이르러 봄에 뿌린 희망이라는 씨앗의 열매들을 정성스레 추수하는 인생의 가을, 그리고 인생의 황혼기에 들어서서 걸어온 발자취를 확인하며 쉼을 누리는 겨울이 분명 존재하지요. 그런데 놀라운 것은 이 계절의 감각이 나이에 상관 없이 받아들이는 이에 따라 다양하게 나타난다는 것입니다. 희망을 잃은 젊은이에게서 쓸쓸한 겨울을, 절망을 딛고 일어선 노인에게서 새봄의 풋풋함을 얼마든지 엿볼 수 있다는 말이지요. 군대 같은 공동체에 들어온 이들에게서도 마찬가지입니다. 모두가 여름을 살아야 마땅한데도, 간혹 한겨울의 추위를 타는 이들이 있는 것이 안타깝습니다.

자연의 계절은 오고 갑니다. 봄이 가면 여름이 오고, 여름이 가면 가을, 가을이 가면 겨울이 또 옵니다. 물론 겨울의 끝자락에는 다시금 봄의 교향악이 울려 퍼지는 것을 들을 수 있고요. 박근원 박사에 따르면, 자연의 비밀, 그리고 인생의 비밀은 이 계절이 오고 감에 따라 다시 살 수 있다고 하는 갱생의 약속에 있습니다. 여러분에게도 이 약속이 주어져 있습니다. 여러분이 지금 어떤 형편에 있든지 상관 없습니다. 봄 여름을 살고 있든지, 비록 슬픈 인생의 가을을 맞아 엄동설한의 공포에 싸여 있다고 할지라도, 여러분은 모두 '봄의 약속'을 지니고 살아가는 것입니다. 여러분이 믿는 부활 신앙이 그것입니다. 여러분이 예수 그리스도의 삶에 동참한다는 것은 그분의 부활에 동참한다는 뜻이지요. 예수 그리스도 안에서 여러분의 삶은 새로운 차원을 가지게 됩니다. 예수 그리스도 안에서 사는 순간이 영생과 연결되고 있습니다.

에릭 에릭슨은 삶의 발달 단계를 여덟 단계로 구분하고 있습니다. 그런데 하워드 클라인벨은 〈성장 상담〉이라는 책에서 그것을 더 늘려 열네 단계로 설명하고 있습니다—1단계 : 영아기(출생부터 15개월까지), 2단계 : 초기 유아기(15개월에서 3살까지), 3단계 : 학령 이전 시기(3살에서 6살까지), 4단계 : 초등학교 시기(6살에서 청소년기 이전까지), 5단계 : 청소년 초기(사춘기 초기부터 15살 내지 16살까지), 6단계 : 청소년 말기(16살부터 21살까지), 7단계 : 청장년기 초기(결혼 이전 및 자녀를 갖기 이전의 신

혼기), 8단계 : 청장년기 중기(학령기 이전의 자녀를 둔 시기), 9
단계 : 청장년기 말기(초등학교에 다니는 자녀를 둔 시기), 10단
계 : 중년 초기(5·6단계에 속한 청소년 자녀를 둔 시기), 11단
계 : 중년기 말기(자녀들을 모두 결혼시킨 은퇴 이전의 시기), 12
단계 : 은퇴기, 13단계 : 배우자의 죽음으로 홀로된 시기, 14단
계 : 죽음을 앞둔 시기.

게일 쉬이는 〈통과 의례〉에서 이렇게 말합니다.

"삶의 각 단계를 기꺼이 헤쳐 나아가려는 의지는 인생을 풍요롭
게 살아가려는 의지이다. 만약 우리가 성장하지 않는다면, 우리는
결코 살아가고 있는 것이 아니다. 성장하려면 안정을 일시적으로 포
기해야 한다. 곧 그것은 익숙하지만 제약이 많은 생활 양식을 포기
하는 것이다. 발걸음을 새롭게 내디딜 수 있는 용기가 있어야만 각
단계에서 만족스럽게 전진할 수 있으며, 풍요로움을 제공해 줄 신선
한 해답들을 발견할 수 있게 된다. 삶의 모든 계절에 생기를 불어넣
어 주는 힘이 우리 안에 내재되어 있다."

곧 인생의 발달 단계에서 그 때마다 이루어야 할 과제가 있고,
그 과제는 일시적인 혼돈과 고통이 따른다 하더라도 반드시 묻
고 해결하고 통과해야 할 관문이라는 말입니다. 그래야 전인 성
장(全人成長)을 이룰 수 있지요. 그 발달 과제를 이루지 못하면,
몸은 자라도 인격은 정체되는 역기능 현상 곧 성인 아이의 증상
이 나타나는 것입니다. 우리는 그렇다면 어떻게 우리의 인생을
수놓아야 할까요? 인생의 계절을 어떻게 받아들이고, 그 시기마
다 어떻게 가장 의미 있는 삶을 살 수 있을까요? 이제 여러분이

269

걸어가야 할 인생의 행로를 한 번 조용히 작성해 보세요.

먼저, '내 인생의 목표'를 2분 동안 적으세요. 추상적인 것이든지, 평범한 것이든지, 하찮은 것이든지 상관없습니다. 개인적인 것, 가족에 관한 것, 직업에 관한 것, 사회나 지역 사회와 연관된 것, 그리고 영적인 목표를 포함시켜도 좋습니다. 모두 적은 후에는, 그것을 2분간 훑어 보고 덧붙이거나 바꿀 것이 있다면 마저 마무리하세요.

둘째로, '앞으로 3년'을 어떻게 보내고 싶은지 적으세요. 2분간 답하고 2분간 훑어 보세요. 이 질문에 대한 답은 처음 질문보다 더 정확해야 합니다.

셋째로, 이번에는 조금 다른 시각을 갖고, '만일 내가 3개월밖에 살 수 없다면 어떻게 살 것인가'에 대하여 써 보세요. 이 질문을 하는 목적은 여러분이 이제껏 하지 않았던 것이나 지금 생각하고 있는 것 가운데서 가장 중요한 것이 무엇인지를 발견하게 하려는 것입니다. 다시 2분간 기록하세요.

넷째로, 앞의 세 질문에 대하여 적은 목표들 가운데서 여러분에게 가장 중요하다고 여겨지는 목표 세 가지를 적으세요. 쓴 것들과 비교해 보세요. 여러 목표를 꿰뚫는 어떤 주제가 있습니까? 대부분의 목표가 개인적이거나 사회적인 것 등 하나의 범주에 들어갈 만한 것입니까? 또 위 대답 모두에 나타난 목표가 있습니까? 가장 소중한 것으로 선택된 목표는 다른 목표들과 어떻게 다릅니까?

아들러에 따르면, 인간은 현실적으로 실현 불가능한 가공적인 목표(만일 …이라면)를 지니고 있으며, 이 목표들은 자신이나 세계에 대한 주관적이고 허구적인 오류로 이루어져 있습니다. 비록 이것들이 객관성이 결여되어 있으나, 오히려 개인에게는 그 어떤 것보다도 더 큰 힘을 발휘하지요. 위에서 말한 삶의 목표 분석이 아들러가 말한 무의식적인 삶의 목표를 충분히 밝히지는 못하지만, 여러분의 목표와 일상적인 행동 간의 관계를 보여 주는 효과적인 방법이 될 수 있지요. 이것을 6개월에 한 번씩 반복하면, 어떤 변화가 있는지를 보여 줄 수 있을 것입니다.

충분히 좋은 엄마

지구촌의 모든 학자들이 공감하는 것처럼, 무엇보다 중요한 것은 젖먹이 시절에 충분히 좋은 엄마(good-enough mother)를 경험하는 것입니다. 심리학자인 에릭 에릭슨에 따르면, 유아는 생후 이 년간의 환경 여하에 따라 이 세상을 신뢰할 수 있는가 없는가 하는 것이 결정됩니다. 여기서 아이가 처한 환경의 일차적인 대상은 어머니와 아버지이지요.

태어난 지 얼마 안 된 아이의 정신은 백지와 같습니다. 어려서부터 부모가 "참으로 귀엽구나"라고 말해 주면서 자녀를 키운다면, 자녀는 그 새하얀 곳에 스스로 자신이 귀엽다는 이미지를 그리며 성장할 수 있습니다. 그러나 "정말 멍청하구나"라는 말로 키운다면, 그것이 그대로 뇌 속에 그려져 스스로 멍청하다는 의식을 갖고 성장해 가는 것입니다. 부정적인 언어는 강하게 유아의 마음 속에 침투해서, 한 마디의 '멍청하다'라는 말로 열 번 말한 '귀엽구나'를 말소시켜 버리지요.

비판 속에서 자라는 아이
비난하는 걸 배우고
적대감 속에서 자라는 아이
싸우는 걸 배우며
두려움 속에서 자라는 아이
걱정부터 배운다.
또 기이한 행동을 하는 부모 속에서 자라는 아이
부끄러움을 배우고
질투 속에서 자라는 아이
시기심을 배우며
수치심 속에서 자라는 아이
죄책감부터 배운다.

그러나 참을성 있는 부모 밑에서 자라는 아이
인내심을 배우고
격려 속에서 자라는 아이
자신감을 배우며 칭찬 속에서 자라는 아이
감사하는 법을 배운다.

또 무엇이든지 허용되는 분위기 속에서 자라는 아이
세상을 사랑하는 법을 배우고
자신이 받아들여지는 환경 속에서 자라는 아이
스스로를 좋아하는 법을 배우며
인정을 받으며 자라는 아이
분명한 삶의 목표를 배운다.

또 나누는 걸 보며 자라는 아이
자비로운 마음을 배우고
정직함과 공정함 속에서 자라는 아이
진리와 정의가 무엇인가를 배우며
다정한 분위기 속에서 자라는 아이
세상이 살아갈 만한 멋진 곳임을 배운다.

그리고 평화로움 속에서 자라는 아이
마음의 평화를 배울 것이다.
당신의 아이들은 지금 어떤 환경 속에서 자라고 있는가?

오늘은 어린이날(?)

내일은 어린이날입니다. 벌써부터 아이들이 흥분에 들떠 있습니다. 어린이를 사랑하신 소파 방정환 선생님의 말씀 한 마디 한 마디가 새롭습니다. 세상에 어린이날이 특별히 정해져 있는 나라가 얼마나 될까요? 서구 사람들과 대화를 하다 보면, 그들은 우리 나라에 왜 어린이날이 따로 정해져 있는지 이해를 못합니다. 그들에게는 일 년 365일이 다 어린이날이라는 것이지요. 아이들에 대한 사랑 표현이 어찌 하루로 그칠 수 있겠느냐는 것입니다. 절제와 여백, 은근함과 속뜻 그윽함이라는 한국인의 미(美)를 서구인들이 쉽사리 이해할 수 없듯이, 우리만의 속내를 그들이 냉큼 알아 차릴 리가 없습니다. 그만큼 문화가 다르다고나 할까요.

언젠가 텔레비전에서 〈아물지 않은 영훈이의 상처〉를 방영한

적이 있습니다. 친아버지와 계모 밑에서 자행된 아동 학대의 끔찍한 현장이었습니다. 누나는 며칠을 굶다가 사탕을 훔쳤다는 이유로 맞아서 죽었고, 동생 영훈이는 얼마나 맞았던지 온몸이 멍들고 찢기고 할퀴고 패여서 만신창이가 되어 있었습니다. 인간으로서, 그것도 친아버지가 그럴 수는 없는 것이었습니다. 말이 안 나왔습니다. 어떻게 일곱살짜리 자식을 뜨거운 다리미로 지질 수가 있습니까? 계모 앞의 겁먹은 아이 영훈이, 평생 악몽에 시달릴 그 어린 영혼의 상처를 생각하면 치가 떨립니다.

세상에 사랑받지 못할 아이는 아무도 없습니다. 다만 사랑할 줄 모르는 부모가 있을 뿐입니다. 부부의 안정된 삶은 자녀들에게 긍정적인 삶의 그림을 그리게 합니다. 서로 다르다는 것을 인정하면 마음이 편합니다. 자녀도 실수할 권리가 있지요. 한 마디의 말을 들어 주는 것이 백 마디의 말로 타이르는 것보다 중요합니다. 자녀에게 보이는 무조건적인 관심은 부모의 빈 가슴을 채우려는 것입니다. 자녀의 행동은 부모의 거울입니다. 부모의 믿음이 자녀의 독립심을 기릅니다. 이웃과의 정다운 생활은 자녀의 사회성을 키웁니다. 자녀는 변화시켜야 할 대상이 아니고 이해해야 할 대상입니다. 자녀는 강요하는 대로가 아니라 격려하는 대로 변해 갑니다. 자녀를 있는 그대로 보려면 부모의 기대를 내려 놓으세요. 자녀에게 좋은 부모 역할의 하나는 용납할 줄 아는 것이지요. 부모 자신의 성장과 변화를 위한 노력은 자녀를 위한 가장 좋은 교육 자세입니다. 자녀는 자신이 가정이라는 울타리 안에서 이해와 사랑을 받고 있다고 느낄 때 생명의 활기를 얻습니다.

아이들이 유치원에 다닐 정도가 되면, 부모 이외에 친구나 선생님과 어떤 관계를 맺느냐에 따라 영향을 받습니다. 선생님 흉내를 내기도 하고, 친구들과 나누는 대화에 따라 큰 변화가 생기기도 하지요. 초등학교 아이들이 태연스레 내뱉는 잔혹한 언어에 놀라기도 합니다. 이상한 별명이 붙기도 하고, 코가 크다느니 귀가 작다느니 하며 웃음거리가 되기도 합니다. 그 때에는 모두 함께 웃고 있어도, 내심으로는 상처 입는 어린이가 많습니다.

또한 이 시기부터는 "참 귀엽구나"라며 키워 준 부모도 "왜 그렇게 멍청하니? 아둔한 놈! 그러면 훌륭한 사람이 못돼!" 하며 여러 가지 꾸짖는 말을 하기 시작합니다. 어떤 부모는 "너 그러다가 도둑이 되겠구나!" 또는 "이 놈이 에미 죽일 놈이네!"하며 자녀의 미래를 단정짓듯이 말하기도 합니다. 확실히 아이가 무엇인가 물건을 훔친 일이 있으면, 그것은 반드시 고치지 않으면 안 됩니다. 그러나 아이의 선자리에서 보았을 때, 전능자 같은 부모에게서 너는 도둑이 된다거나 너는 부모를 죽일 놈이라는 말을 들었다면, 그 아이가 자신의 자아상을 어떻게 형성해 가겠습니까? 그러나 안타깝게도 거의 대부분의 아이들이 실제로 이런 말을 듣거나 이런 취급을 받으면서 자라고 있으니 어쩌면 좋습니까? 맥아더의 기도는 모든 부모의 기도가 되고 있습니다.

주님, 이런 자녀를 주십시오.
약할 때 스스로를 분별할 수 있는 힘과
두려워질 때 자신을 잃지 않는 대담성을 가지고
정직한 패배에 부끄러워하지 아니하며
승리에 겸손하고 온유한 자녀를 저에게 주십시오.

노력없이 대가를 바라지 않게 하시고
주님을 섬기며 주님을 아는 것이
지혜의 근본임을 깨닫게 해 주십시오.

비오니 그를
쉬운 안락의 길로 인도하지 마시고
고난과 역경에 대해
분투 항거할 줄 알도록 해 주십시오.

그리하여
폭풍우 속에서도 용감히 싸울 줄 알고
패자를 불쌍히 여길 줄 알도록 하여 주십시오.
마음을 깨끗이 하고 목표가 고상하며
남을 정복하려고 하기 전에
먼저 자기 자신을 다스릴 줄 알고
미래에 도전하면서
과거를 잊지 않는 자녀를 저에게 주십시오.

그리고 나서
이에 더하여 비오니
유머를 알게 하시고
항상 진지하되 자기 자신을 너무 중히 여기지 말며
겸손한 마음을 갖게 하여 주십시오.

또한,

참으로 위대한 것은 소박하다는 것과
진실로 현명한 것은 솔직하다는 것
그리고 참된 힘은 온유함이라는 것을
명심하도록 하여 주십시오.

그리하여 아비된 저로서도
"내 인생을 결코 헛되이 살지 않았노라."고
나즉이 고백할 수 있도록 도와 주십시오.

파도가 폭풍을 만났을 때

〈해리가 샐리를 만났을 때〉라는 영화가 있습니다. 해리와 샐리는 운명적인 만남을 통하여 서로를 이해할 수 있기까지, 때로는 고통도 오해도 외로움도 견뎌 내야만 했습니다. 우리 인생에서도 사춘기, 십대, 청소년기, 청년기라고 일컬어지는 시기는 이처럼 광풍이 몰아치는 험한 바다와 같습니다. 아직까지 청소년기와 청년기를 혼용해서 부르는 것이 일반적이지만, 좀더 구체적으로 나누어 보는 것도 좋을 것입니다. 아무튼 이 때는, 인생의 계절로 보면, 꽃봉오리와 같은 시기입니다. 심리학자 홀이나 설리반은 청소년·청년기를 어린이와 성인 사이에 과도기적으로 위치한 '질풍노도의 시기'로 보았고, 에릭슨은 아동기와 성인기 사이의 '심리적 유예 기간'이라고 보았지요. 인생의 전환기, 인생의 격동기, 제2의 탄생기라고도 하지요. 실제적으로 인생의 첫발을 내딛는 시기이면서, 동시에 아동기 성년기로 넘어가는 전환기인 것입니다. 그래서 이 시기를 인생의 위기(危機)라고 보는 것이지요.

　더욱이 현대의 청소년들은 급변하는 사회 속에 거의 무방비 상태로 내던져져 있다고 보아야 합니다. 청소년 시기는 급속한 신체 발달과 인지 발달, 사회성과 정서 발달, 영성과 도덕성의 발달, 자아 정체감과 성 역할의 발달이 이루어지는 때입니다. 이것은 소년과 소녀들이 솜털을 벗어던지고 성숙한 남자와 여자로 탈바꿈하는 과정입니다:호르몬 계통의 급격한 변화, 사회적·심리적 변화, 감정의 소용돌이, 이것저것 요구가 많은 외부 세계와의 싸움, 이성 문제, 친구 관계, 부모 의존과 독립 사이의 갈등, 입시에 대한 중압감…. 이 모든 변화가 한 번에 그리고 빠르게 일어나기 때문에 청소년들은 더욱 극심한 혼란을 겪지요. 여기에다 혹 가정의 복잡한 문제라도 겹치면 위기는 배가 되곤 합니다.

　위기를 겪는 젊은이들의 아우성 소리가 곳곳에서 들려 옵니다. 감수성이 예민하고, 쉽게 동요하며 흥분하는 그들은 자기 내부에서 일어나는 갈등 때문에, 주위 사람들에게 지나친 반항과 난폭한 행위를 드러냅니다. 반항적인 자신의 행동이 쓸모없는 행위임을 스스로 알면서도, 반항하지 않을 수 없는 것이지요. 타인들과의 관계에서 심리적인 거리를 두고, 자꾸 자신들을 고립시키려는 경향도 있습니다. 이와 같은 격동기를 잘 통과하기 위해서는 주위 사람들의 세밀한 관심과 도움을 필요로 합니다.

　위니캇이라는 심리치료자는 청소년 비행이란 아이가 부모 사랑을 받았다가 잃어 버린 결과 나타나는 반사회적 행동이라고 말합니다. 도둑질이라는 것도 도둑 맞은 부모 사랑을 되찾겠다는 몸짓이라는 것이지요. 부드럽고 따스하며, 수용해 주고 이해해 주는 어머니의 품을 잃어 버린 결과, 내 것 내놓으라는 호소

를 청소년기에 그런 식으로 하고 있는 것입니다. 또 아이들에게
는 공격성을 표현하려는 욕구가 있는데 거기에 대하여 즉각적인
보복을 하지 않으면서도 결코 밀리지 않는 튼튼한 울타리 곧
'아니다(NO!)'라고 말할 수 있는 한계가 필요합니다. 그런데 그
러한 아버지의 울타리를 잃어 버림으로써, 청소년기에 왜곡되게
나타나는 것이 폭력이라는 것입니다. 통합되지 못한 자기 공격
성과 인격이 그렇게 드러나는 것이지요.

이 시기의 젊은이들이 위기에 적응할 때 나타나는 반응이 있
습니다. 첫째는, 정신 질환이나 노이로제나 히스테리 같은 신경
증적 반응이지요. "이러다가 미쳐 버릴 것 같다." "무슨 일이 일
어날 것만 같다." 둘째는, 비행 집단에 가입하여 범행을 저지르
는 것입니다. 그런 식으로라도 해서 자기 정체성을 확인해 보고
싶어하는 것이지요. "에라, 모르겠다. 될 대로 되어 버려라." 셋
째는, 신앙이나 예술, 학문이나 사상 같은 것에 관심을 보이는
것이지요. 소속감이나 의미 탐구를 통한 정체성 확인 작업이라
고 할 수 있습니다. 가장 보편적이고 건전한 모습이라고 볼 수
있습니다.

이 때에 젊은이들이 학교에서, 직장에서, 그리고 군대라는 특
수한 공동체에서 저마다 힘찬 발걸음을 내딛고 있는데, 그들이
전인적으로 성장하여 자신의 참가치를 발견하도록 돕는 일이 중
요하지요. 젊은이들은 하나같이 자신의 정체성을 묻고 있습니다.
'나는 누구인가, 나는 어디를 향해 가고 있는가, 이 황금시기에
내가 여기서 무엇을 하고 있나'를 묻는 것입니다. 삶의 의미와
목표를 확인하려는 고통스런 질문입니다. 이 답답함, 그리고 불
안감이 압도해 오기 때문에, 젊은이들은 이중 삼중의 고통을 당

하는 것입니다. 학교나 직장이나 군생활의 어려움에 못지않게, 이 인생의 계절에 만나는 계절풍을 잘 견디고 잘 헤쳐가야 합니다. 이 문제를 반드시 풀어야 인생의 성장을 추구할 수 있습니다.

위기는 인간에게 고통을 안겨다 주지만, 또 다른 삶의 기회가 되기도 합니다. 놀랍게도, 사람은 위기에 처했을 때 성숙에 대한 가능성이 어느 때보다도 높아진다고 합니다. 젊은 청소년·청년들은 거의 모두가 위기 심리를 지니고 살아가는데, 이 시기에 자신이 신뢰하는 사람을 만나 아픔을 의논할 수만 있다면, 밝은 미래가 약속된다고 할 수 있지요.

그래서 무엇보다도 먼저, 청소년·청년의 문제를 긍정적으로 이해하는 것이 중요합니다. 문제가 있다면, 그것은 하나의 과정이지요. 다시 정상으로 돌아올 것입니다. 불안해 하지 말고, 여유있게 기다려 줄 수 있어야 합니다. 그들의 짜증과 분노, 외로움과 고민을 참고 담아 줄 수 있는 그릇이 필요합니다. 말한마디, 행동 하나로 그들에게 상처 입히기보다, 공감과 치유가 있는 생명의 장을 마련해 주는 것이 좋지 않을까요?

"누구에게나 한 번쯤은 '청춘 시절'이 있었을 것이다. 나에게도 그런 시절이 있긴 있었다. 아마도 그 시절이 한 인간의 삶을 결정하는 중요한 시기일 터이다. 그러나 나는, 약간 엇나간 편에 속했었다. 스물에서 스물다섯 사이. 나는 약도 없는 만성적 우울에 빠져 있었고, 무엇보다 무력했다. 아무 것도 하지 않으면서, 아무 것도 보려 하지 않으면서, 그 귀한 시간들을 흘려 보냈다. 스물여섯 살에, 나는 비로소 내가 해야 할 일을 찾게 되었다. 내가 유독 나이에 민감한 것은 아마도 그 연유 때문이리라. 앞날만큼은 다시 그 때의 전철을 밟지 않겠다는, 내 생을 책임지겠다는 스스로의 다짐과 채찍질 같은 것.

뜨거운 코코아를 마시다가 문득 밀란 쿤데라가 했던 말이 떠올랐다. '나이를 먹는다는 것은 무엇인가? 그것은 인간에게 그의 황금 시대가 서서히 막을 내리는 것을 의미한다. 가을이 다가오면 은행나무를 온통 푸르게 장식했던 잎들이 떨어진다. 그 잎들은 이미 오래 전에 황금빛으로 변했다. 은행나무는 비록 앙상한 나뭇가지를 드러내고 있지만 황금빛으로 밑동을 장식한다. 황금 시대의 결실을 거두는 것이다. 젊은 날의 삶이 그대로 사라지는 것은 아니다. 인생의 황혼기 옆에서 편안하게 머무르고 있는 것이다.'

물론 이런 사색적인 단상(斷想)에 공감하지는 못한다. 다만 나는 최소한의 위로를 받고 싶은 심사였는지도 모르겠다. 훗날 내 밑동도 저러한 황금색으로 장식되어 있을까, 하는 어설픈 바람."

영적인 흐름에 순응하기

소설가 조경란은 〈리빙센스〉라는 월간지에서 나이 먹는다는 것의 의미를 이렇게 토로하고 있습니다. 그런데 더 가슴에 와닿는 글이 있었는데, 그것이 탤런트 김윤경의 중년앓이였습니다.

"40대 중반이 되면 여자는 소외감을 느껴요. 매사에 자신감도 없어져요. 남들은 왜 그러냐고 하지만 그건 자신만이 느낄 수 있는 부분이에요. 문득 인생이 서글퍼지죠. 눈 깜짝할 새에 내가 여기까지 왔구나. 기억도 잘 나지 않는 사건들, 그저 열심히 살았을 뿐인데, 내가 벌써 이 지경이 되었나 … 자기 자신과의 갈등이 고통스러워요.

어느 날인가 생각했어요. 내가 살아 있다는 것 자체가 행복이다. 남들은 나를 부러워하는데 나 자신한테 뭐 그리 불만을 느낄 게 있나. 잘나지도 못한 게 까불며 살지 말고 감사하며 살자. 그렇게 생각하니 세상에 그리 짜증낼 일이 없더군요. 그래서 저는 날마다 웃으며 살아요. 사람들은 가끔 뭐가 그리 항상 좋으냐고 물을 때가 있죠.

어른들 표현에 이빨 다 빠졌다는 말이 있죠. 그게 나이 먹었다는 얘긴데, 나이 들면 둥글둥글 살아간다는 의미 아니겠어요. 세상을 살다 보면 사는 게 별 거 아니란 걸 깨닫게 되죠. 살다가 좋은 사람들을 만날 수 있다면 큰 행복이구요. 일이 하나 주어지면 고맙고 행복하고…. 작은 것들에 대한 소중함과 행복을 깨달으며 살아요. 해 놓은 건 별로 없는데 할 일은 많고, 그러나 황금기는 지났고, 그래서 마음은 조급하고…. 나이 들면 사소한 것에도 삐친다는 말을 벌써 이해할 수 있을 것 같아요. 친구들이 그래요. 넌 혼자 생활해서 그렇게 빨리 왔다구요. 그러면 전 웃으며 말하죠. 인생이란 게 다 그런 거라우.”

“어머니, 우리는 왜 이렇게 빚이 많아요?” 할아버지 때부터 시작된 빚을 평생토록 갚아 오면서도 여태 헤어나지 못한 채 숨 한 번 제대로 못 쉬는 어머니. 아마 내가 결혼을 앞두고 괜한 푸념을 늘어 놓았던 것 같습니다. 그런데 그게 어머니에게는 엄청난 타격이 되어 버렸지요. “자식이 에미 마음을 그렇게 모르나!” 어머니는 전화통만 붙잡으면 우는 것입니다. 갱년기, 품 안의 자식들이 하나씩 하나씩 곁을 떠나고, 외딴 산골의 텅빈 과수원을

혼자 지키고 있으려니, 갑자기 외로움과 그리움이, 그리고 후회
만이 남더라는 어머니의 말씀에 나의 가슴도 무너지는 것 같았
지요.

사십 대 문턱에 들어서면
바라볼 시간이 많지 않다는 것도 안다.
아니, 와 있는 인연들을 조심스레 접어 두고
보 속의 거울을 닦아야 한다.

씨뿌리는 이십 대도
가꾸는 삼십 대도 아주 빠르게 흘러
거두는 사십 대 이랑에 들어서면
가야 할 길이 멀지 않다는 것을 안다.
선택할 끈이 길지 않다는 것도 안다.
방황하던 시절이나
지루하던 고비도 눈물겹게 끌어안고
인생의 지도를 마감해야 한다.

쭉정이든 알곡이든
지 몸에서 스스로 추수하는 사십 대
사십대 들녘에 들어서면
땅바닥에 침을 퉤, 뱉아도
그것이 외로움이라는 것을 안다.

다시는 매달리지 않는 날이 와도

그것이 슬픔이라는 것을 안다.

고정희의 시 〈사십 대〉가 예사롭지 않습니다. 세월이 흘러감에 따라 젊은 시절의 싱그러움은 퇴색해 가고, 가족을 부양하고 자녀를 양육하며 노년기의 부모를 봉양하고 직장이나 교회 및 사회에 대한 의무를 수행하느라 정신이 없는 것이 중년기입니다. 중년기에 접어들면서부터 남편과 아내는 저마다 자신의 모습을 돌이켜보고 지금 어디에 와 있는지, 또 어디로 가고 있는지에 대한 질문으로 고통과 회의와 혼란의 감정을 겪게 되지요. 지나간 세월을 아쉬워하면서 초라하게 변해 버린 자신의 모습을 발견하고 심각한 충격을 받기도 합니다.

중년기의 사람들은 지금까지 중요하게 여겨왔던 많은 것들을 갑자기 상실해 버린 것 같은 허망한 느낌을 갖게 되는데, 자신의 가치 체계가 흔들리는 불안을 느끼며, 이 불안 때문에 사소한 일에도 지나치다 싶을 정도의 반응을 보이는 경향이 있습니다. 우리 사회는 건강, 정력, 매력, 그리고 젊음을 가장 중요하게 생각합니다. 그러기 때문에 오십 대에 들어선 사람들은 이미 자신들에게 좋은 시절은 다 지나갔다는 생각을 자주 하지요. 그 증거가 너무 뚜렷하기 때문에 이러한 사실을 쉽게 부인할 수도 없습니다. 얼마 전만 해도 거뜬히 즐길 수 있었던 격렬한 운동 경기들이 갑자기 너무 힘들어져서 더 이상 엄두가 안 날 때, 또 전에는 멀쩡했던 몸이 여기저기 아프기 시작할 때, 그리고 계단이나 언덕이 훨씬 가파르고 높게 느껴질 때 인생의 무상함을 느끼는 것입니다.

사십이 지나면 눈가의 주름, 희끗희끗하게 바래는 머리카락,

굵어지는 허리가 걱정이 되어 거울을 자주 들여다보게 됩니다. 이리저리 빗질을 해서 흰 머리칼을 감춰 보기도 하고, 다이어트를 해 보기도 하고, 유행하는 옷을 입어 보기도 하고, 성형 수술로 주름살을 지워 보기도 하지만, 무심한 세월의 흔적을 지울 길이 없습니다. '정신·신체 건강 염려증(hypercondria)'이라는 말이 있는데, 이것도 중년을 보내는 표징이라 할 수 있지요.

존경과 선망의 눈으로 우러러보던 아이들이 이제는 동정과 멸시의 눈으로 내려다보며 뭐든 엄마 아빠보다 잘할 수 있다는 듯 으시댑니다. 어렸을 적 아빠와 같이 갔던 목욕탕도, 온 가족이 함께 즐겼던 영화 구경도, 이제 아이들에게는 거의 관심 밖의 일입니다. IMF 시대, 명퇴와 실직의 공포로 가장의 위치가 흔들거리고, 치명적인 질병들이 많이 정복되기는 했지만 여전히 이름 모를 신종 현대병에 시달려야 하며, 갱년기 성 기능의 장애, 은퇴 후에 보내야 할 지루하고 긴 휴가, 겁 없이 치솟는 물가, 지저분한 양로원 등, 멀게만 보이던 육십 고개가 어느 새 바로 눈앞에 다가와 있는 것입니다.

뚜렷한 이유도 없이 가슴에 구멍이 뻥 뚫린 것 같은 느낌. 실존적 진공 상태. 젊음의 상실. 과거와 미래에 대한 끊임없는 질문. '나는 누구인가?' '네가 왜 그 일을 했을까?' '이것이 내 삶의 전부인가?' '나는 이제 어디로 가는 것일까?' 실패감, 죄책감, 우울증의 깊은 수렁.

이 중년기를 어떻게 이해하고 치유해야 할까요? 어떻게 이 텅 빈 구멍을 채울 수 있을까요? 융에 따르면, 중년기가 되면 지금까지 외부로 향했던 생명 에너지의 흐름이 내면으로 바뀌게 됩니다. 이것은 무의식의 세계에서 자연스럽게 진행되지요. 이런 생명 에너지의 방향 전환은 그 목표를 의미 있는 삶과 영적인 삶에 두게 합니다. 그래서 융은 인간이 나이 40이 되면, 모든 문제가 영적인 것과 관련이 있다고 간파하고 있지요. 중년기에 접어들었으면서도 자기 생(生)의 나침반이 어디로 놓여 있는지조차 깨닫지 못하는 사람은 지금까지 살아온 대로 외적인 방향에서 생의 욕망을 채워 보려 하는데, 그것은 인생의 창조 순리를 거스르는 것이 됩니다.

중년기에 삶의 나침반은 궁극적으로 창조주 하나님을 향하여 놓여 있다고 보아야 합니다. 따라서 나침반이 지시하는 방향으로 가지 않으면, 영혼과 정신과 육체는 병들게 됩니다. 융은 지금까지 자기 마음 속에서 지주 노릇을 하던 자기(self)의 기능 상실이 중년기 환자를 만든다고 했는데, 이 자기는 곧 그리스도교적인 의미에서 영을 뜻하지요. 따라서 자기의 기능을 상실한 환자에게 자기를 다시 찾아 주어, 그 기능을 회복하면 중년기 위기에서 비롯된 모든 병도 치료될 수 있습니다.

또한 중년기는 생의 의미를 발견하는 시기입니다. 빅터 프랭클이 말하듯이, 인간은 의미를 발견할 때 건강해지고, 의미를 상실하는 순간 곧 병들게 되어 있습니다. 신앙을 통하여 하나님을 만남으로써 궁극적인 의미도 찾아야 하고, 사랑과 노동과 고통에 직면하여 상황적인 의미도 추구할 수 있어야 합니다. 다른 이웃과의 깊은 만남, 예술 활동, 자연과의 만남, 교회 공동체의 활성화를 통하여 사랑의 의미를 충족해야 하지요. 또 정신과 육체의 노동을 통하여 의미를 맛보는 것도 중요합니다. 또 언제 찾아올지 모르는 죽음을 준비함으로써, 회피하기보다는 친숙해질 수 있어야 합니다. '나는 이제 죽어도 좋다'라고 고백함으로써 죽음을 수용할 수 있을 때, 영육간에 건강한 삶을 살 수 있을 것입니다. 로핑크의 말처럼, 〈죽음이 마지막 말은 아니다〉라는 것을 우리는 잘 알고 있기 때문입니다.

'아내가 연속극 보고 있는데, 감히 스포츠 보겠다고 채널 돌리는 남자', '밤늦게 들어오는 아내에게, 감히 어디 갔다 이제 오느냐고 묻는 남자', 〈간 큰 남자 시리즈〉라는 우스개 소리가 우리 사회를 온통 풍미했던 시절이 있었지요. 그 말에서 우리는 허물어져 가는 남성상, 현대 가정에서 가장 소외되고 있는 아버지의 지위, 가정에서 설 자리도 없고 자기 자신과 자기 필요를 정의할 수도 없게 된 중년기 남성의 문제를 볼 수 있었습니다.

성경에 나오는 사울의 이야기처럼, 중년기는 객관적 안목을 잃고, 자기 생각에 빠져 혼자 섭섭해 하고 혼자 생각을 키워 가지요. 사울은 왕권 유지에 급급하여 심한 불안과 불만을 내비쳤고, 자신의 분노를 제대로 삭이거나 소화하지 못해 이상 행동을 일삼았습니다. 무력감과 우울증과 정신 이상, 내적 분노와 혼란이 그를 괴롭혔습니다.

나이를 먹는다는 것이 괴롭습니다. 29~30살까지 5~10년 걸린다는 말이 그것이지요. 아줌마라는 소리가 싫습니다. 새옷에 짙은 화장을 하고 다이어트다 주름살 제거다 정력제다 하는 것에 눈을 돌려 봅니다. 나는 여태까지 뭘 했나, 나보다 못한 이들도 다들 그렇게 잘 되는데 나는 뭐냐, 화가 치솟습니다. 괜히 짜증과 신경질이 납니다. 그 통에 아이들은 영문도 모른 채 당하면서, 엄마 아빠가 날 싫어 하나보다 착각을 하고 가출하기도 합니다. 딱 한 번만, 젊음을 재현해 보고픈 욕망에 바람을 피우기도

하고, 이혼으로 가정이 깨어지기도 합니다. 몸부림치고 발버둥쳐 보지만 끝내 어쩔 수 없는 중년의 자신, 결국 그 모든 헛된 노력을 포기하면서 자기 나이에 절망하지요. 사람이 독약을 먹고는 살아도 나이를 먹고는 못 산다는 말을 절감합니다. 그리고 나서야 비로소 중년을 수용하게 되지요. 일단 수용하면 자신의 미래세계에 대한 무한한 가능성이 보입니다. 나이가 겁나지 않습니다. 언제나 최선을 다하기 때문이지요.

중년을 앓는다고 말합니다. 그 중년앓이에서 중요한 것은 결국 수용입니다. 40은 불혹이라지만, 유혹의 나이이기도 합니다. 나는 그렇지 않다고 교만해서는 안 됩니다. 이제는 자녀 중심이 아닌 부부 중심의 삶의 패턴을 개발하면서, 규칙적인 운동으로 건강을 관리하고, 자신의 성장을 위해 새로운 것들을 배워야 할 것입니다. 꽃꽂이, 영어회화, 컴퓨터, 수영, 골프, 상담 등을 배워서, 작은 봉사로 사회에 기여할 수 있지요.

가장 중요한 것은 하나님과의 관계입니다. 중년기는 하나님을 찾아야 할 때입니다. 중년기는 신심이 가장 깊어지는 때입니다. 용기를 갖고 청년을 연습하세요. 그 때 더욱 푸르고 아름다운 중년의 나를 만날 수 있게 될 것입니다.

고향에서 온 편지

요즘 주말밤 텔레비전을 보면, 그 시끄럽던 십대들의 괴성이 사라지고 온 가족이 즐길 수 있는 신선한 코너들이 생겨나는데, 참 바람직한 현상인 것 같습니다. 특히 〈서세원의 좋은 세상 만들기〉 가운데서 시골의 할아버지 할머니를 중심으로 펼쳐지는 '고향에서 온 편지'는 너무 유쾌하면서도 감동적이어서 그 어떤 코미디나 연속극보다도 더 가슴 따뜻하게 다가옵니다. 그러나 간혹 가출한 부모 때문에, 또는 어려운 요즘 아버지의 사업 실패로 시골 할머니 집에 와 있는 아이들의 애절한 호소를 들으면 왜 그렇게 눈물이 나는지요. 그런데 거기 나오는 할머니 한 분이 지나가는 얘기로 한 마디 던지신 말씀이 가슴에 박혔습니다. 사회자의 "오래오래 사세요"라는 인사에, "오래 살믄 뭐혀, 살만치 살았는디, 인자 죽어야제. 젊은 것들이 찾아오지도 않고, 손주들 하는 말도 못 알아 듣것고…".

　여섯 살 때
　우리는 집짓기를 갖고 놀았다.

　열네 살이 되었을 때
　우리는 패쌈을 하고 놀았고

　스무 살이 되었을 때
　우리는 사랑의 열병을 앓았다.

　그리고 서른 살이 되었을 때
　아이들을 가졌고

　서른다섯 살이 되었을 때
　우리는 히틀러와 무솔리니를 만나야 했다.

　마흔 살이 되었을 때

잿더미 속에서 C레이숀을 구걸해야 했고

쉰 살이 되었을 때
우리는 곧 잘살 수가 있었다.

그리고 육십이 되었을 때는
담석증을 앓아야 했고

칠십이 된 이제
우리는 우리를 더 이상 우리라고 부를 수가 없게 되었다.

귀세페도, 카플로도, 그리고 나의 아내도 이미 세상을 뜬 것이
니….

1975년도 노벨 문학상을 수상한 에우제니오 몬탈레의 시 '되
돌아 본 인생'입니다. 현대 사회에서 65세를 전후로 인생의 홍역
을 앓고 있는 이들이 있습니다. 기약 없는 죽음의 공포, 신체적
인 변화, 역할의 상실, 관계의 상실, 존엄성의 상실, 그리고 가슴
을 파고드는 소외와 고독. 바로 노인들의 이야기입니다. 그러나
인생의 후반기는 결코 하향길이 아닙니다. 융이나 에릭슨에 따
르면, 이 때야말로 새로운 인격의 통합을 이루는 절정의 시기입
니다. 노년은 자기 자신의 내적 세계를 발견하는 기회라고 융은
말합니다. 프루이저는 노년을 상향도 하향도 아닌 인생 발전을
향한 전진의 시기로 봅니다. 인간이 늙어 가는 것을 상실이나 하
향이나 쇠퇴로 보는 현대 사회의 시각과 다소 차이가 있음을 알

수 있습니다.

모든 사람은 늙습니다. 그리고 그 노년의 아픔은 클 수밖에 없습니다. 하지만 그 아픔 속에서도 새로운 기쁨을 만들어 낼 수 있는 능력이 깃들어 있는 때가 노년기입니다. 노년이 되어서도 젊었을 때와 똑같은 힘이나 업적을 수행하여 만족할 만한 인정을 받을 수는 없습니다. 이 시기에는 젊은 시절과는 다른 만족을 추구해야 하지요. 지혜롭기만 하다면 얼마든지 노년을 즐길 수 있습니다.

무엇보다도 먼저, 노년기에 접어든 사람이나 막 노년기에 들어서는 사람들은 죽음을 현실로 받아들일 수 있어야 합니다. 정태기 교수에 따르면, 사람은 죽음에 직면하여 몇 가지 유형을 보이는데, 그것이 '안 죽어' 형, '왜 죽어' 형, 간청형, 절망형, 승리형 들입니다. 엘리자베스 퀴블러 로스는 암 선고를 받은 사람이 죽기까지 나타내는 심리적 발전 과정을 부인, 분노, 타협, 우울, 용납 등 다섯 단계로 분석하기도 했습니다. 결국 여기서 중요한 것은, 죽음을 용납하면서 그것을 두려움의 대상이 아닌 함께 걸어가는 동반자로 여기는 것이지요.

또 노년기는 인생을 바쳐서 일해 온 직업에서 은퇴하는 시기이므로, 심리적 긴장 때문에 불안과 짜증과 이유를 알 수 없는 분노가 생기는 때입니다. 마음으로부터 들어 주고 받아 줄 수 있는 분위기가 필요합니다. 노인을 노인으로 만드는 것은 그가 의미를 느낄 수 있는 역할이 없기 때문입니다. 노년의 즐거움은 누군가에게 자신을 줄 수 있을 때 얻어지는 것이지요. 그래서 보봐르 여사는 "늙는다는 것이 인생의 가장 안타깝고 슬픈 일이 되지 않기 위한 한 가지 방법은, 인생에 대한 의미를 부여할 수 있는 목적을 추구하는 길밖에 없다."고 말하는 것이 아닐까요? 추억을 되새기는 일, 사랑을 하고 사랑을 받을 수 있는 인간 관계를 형성하는 일, 운동을 계속하는 일 등도 노인 성장에 중요한 요소입니다. 결국, 현대 사회는 진정으로 위로하며 붙들어 주는 신뢰 관계 속에서, 공감적 이해와 긍정적 존중, 주의 깊은 청취를 함으로써, 노인도 돕고 자신도 돕는 아름다운 공동체가 되어야 할 것입니다.

모든 것은 가정에서부터 출발한다

참 좋은 책을 읽었습니다. 〈가정은 모든 것이 출발하는 곳이다, Home is where everything starts〉라는 제목이었는데, 오늘 이 시대의 문제가 어디에 있는지 그리고 그 해답은 또 어디에 있는지를 분명히 알게 해 주는 내용이었습니다. 여러분도 이전에 한 방송국에서 방영하여 한창 인기 있었던 텔리비전 사극 〈용의 눈물〉에서 방원과 세자 양녕과의 관계를 보았지요? 왕이어도 못하는 것이 있습니다. 자식 때문에 임금도 눈물을 쏟습니다. 피로 얼룩진 역사를 인정하지 못하는 아들 앞에서, 방원은 스스로가 모든 것을 얻었다 생각했지만 사실은 얻은 것이 아무것도 없음을 절감합니다. 그것은 중전과 방원과의 관계에서도 매한가지입니다. 모든 것의 출발점인 가정에서부터 삐그덕거리고 있기 때문입니다.

"나는 다혜에게 위대한 피아니스트가 되기를 원치 않는다. 예술가의 길은 힘들고, 더구나 여자로서의 예술가는 불행과 고난의 길이라서, 나는 행여 장난처럼 나중에 다혜가 아빠의 흉내를 내서, 고등학교 문예 낭독회 때, '노오란 은행잎이 폐병에 걸린 오누이의 기침 소리처럼 떨어지도다.'라는 감상시를 읽는 문학 소녀가 된다면 다리 몽둥이를 부러뜨리겠다고 공언하고 다니곤 했었다. 나는 그저 다혜가 감수성이 풍부한 여인으로서 예쁘고 매력적인 미인이 되어 평범한 가정 주부가 되기를 바랄 뿐이지, 여류 명사가 되어 주기를 원치 않는다."

최인호가 〈가족〉이라는 소설에서 내비치는 마음의 언저리입니다. 인생은 결국 부모도 마음대로 할 수 없고; 친구나 스승도 그 궁극적인 책임을 질 수 없는 것입니다. 결국 우리 스스로가 한 걸음 한 걸음 용감하게 내딛어야 할 것입니다.

인생 행로에는 분명 출발점이 있고 도착지가 있습니다. 인생 행로는 그 목표가 건강해야 합니다. 병든 목표를 향하여 인생 열차를 달리다 보면, 때론 삶의 의미 문제로 암초에 부딪히게 됩니다. 앞에서 이미 허무주의의 문제를 다룬 적도 있지만, 우리 인생의 행로는 확실히 목표가 튼튼해야 하고, 그러기 위해서는 출발부터 잘해야 합니다.

그러면 우리의 인생 행로의 출발점은 어디겠습니까? 우리는 건강한 인격이 형성되고 자라는 구체적인 장소, 곧 가정이라는 울타리에 특별한 관심을 갖지 않을 수 없습니다. 건강한 인생의 행로, 다시 말하여 사랑이 있고 희망이 넘치는 생명 문화 운동은 가정에서부터 시작되어야 합니다. 오늘 우리가 하나님께 영광을 돌리고 인류에 봉사할 수 있는 최대 영역이 있다면, 가족 이기주의를 뛰어넘어 우리 모두가 건강한 신앙적 가정을 이루도록 봉사하는 영역일 것입니다. 이 일은 결코 작은 일이 아닙니다. 인류의 미래가 달려 있는 중요한 일이지요. 결국, 모든 것은 가정에서부터 시작하기 때문입니다.

여러분은 지금 어디를 향해 가고 있습니까?

나는 요즘 맡은 일과 관련하여 기차를 많이 이용하고 있습니다. 목포로, 부산으로, 대구로, 포항으로, 동해로, 연천으로, 젊은 이들이 있는 곳이면 어디든 달려가고픈 마음입니다.

기차를 타면 참 생각이 많아집니다. 창밖에 펼쳐지는 자연 경관을 보며, 그 동안 하늘 한 번 제대로 볼 여유가 없이 뭐가 그리 바빴는지 반성도 해 봅니다. "이랴, 자랴!" 소를 몰며 논을 가는 아버지, 뭐가 그렇게 재밌는지 냇가에서 물장구를 치고 있는 동네 꼬마녀석들, 저쪽 비탈진 산허리에서 머리에 수건을 두른 채 나란히 밭을 매는 어머니들의 목가적인 풍경이 눈에 들어오면, 왠지 가슴이 뭉클하고 눈시울이 붉혀지기도 하고 열심히 살아야겠다는 다짐도 해 보지요. 기차가 어두운 터널을 통과할 때면, 고달팠던 지난 날이 새삼 떠오르고, 그 때에도 나와 함께 하셨던 주님에게 감사를 드리는 일도 참 행복하지요.

그런데 전국을 돌다가 서울로 돌아오는 길이면, 으레 생각하는 게 있습니다. 그것은 서울역 가까이에 이르렀을 때 들려오는 새마을호 안내 방송에서 비롯되었지요.

여러분은 지금 어디를 향해 가십니까?
여러분의 목적지는 어디입니까?

처음에는 무심코 듣다가, 어느 날부터인가 그것이 참 의미가 깊은 말이라고 여겨졌습니다. 길면 팔십, 짧으면 칠십이라는 이 인생길에서, 나는 지금 어디를 향해 가고 있는가? 나의 인생 행로에서 과연 목적지는 어디인가? 그 한 마디 한 마디가 예사롭지 않았습니다. 그것은 젊은 날 인생의 한복판에서 영혼의 그림자를 안고 삶의 고투를 벌이고 있는 여러분에게도 절실하게 와닿는 이야기가 아닐까요? 이 문제를 풀어야만 궁극적으로 삶의 의미를 가지고 확신에 찬 걸음을 내딛을 수 있지 않을까요? 그 기차의 안내 방송이 지금 여러분 위에 메아리치고 있습니다.

여러분, 여러분의 인생에도 방향이 있습니다.
여러분은 지금 어디를 향해 가고 있습니까?
여러분의 인생 행로에서 그 목적지는 어디입니까?

지난 날의 그림자와 춤을 추라

상처 입은 치유자라는 말이 있지요. 상처를 입어 본 사람만이 상처받은 이웃들을 온전히 이해하고 공감하며 치유의 길로 이끌 수 있다는 뜻입니다. 과부 사정 홀아비가 안다는 우리 속담도 그런 뜻이 아니겠습니까? 여러분도 이 책을 읽으며, 여러 가지 공감했던 부분을 상처 입은 또 다른 이웃을 돕는 일에 선용했으면 합니다.

누군가의 독백처럼, 인생의 아름다움은 옹이 진 나무의 옹골참과 상처를 진액으로 감싸고 감싸안은 진주 조개의 아픔 같은 것인지도 모릅니다. 인생은 후회와 고통 속에 여물어 갑니다. 인간에게 가장 큰 고통은 자신의 상처입니다. 사실 이 책 속에는 나의 개인적인 이야기나 나의 가정에 대한 이야기도 적지 않게 포함되어 있습니다. 처음에는 망설였지만, 여러분에게 구체적인 도움을 드리기 위하여 내 마음의 그림자들을 내보인 것입니다. 한 사람이라도 이 글을 읽고 자신의 그림자를 올바르게 이해하고 치료할 수 있다면, 상처 입은 치유자로서 그 기쁨은 더할 나

위가 없다고 생각합니다.

여기에서는 스무 가지로 압축을 했지만, 그 밖에도 우리 마음의 그림자를 더 많이 발견해 낼 수 있습니다. 수치심, 공격심, 의심, 미움, 질시, 실패, 불만, 죽음, 억압된 분노 등 이루 다 헤아릴 수 없지요. 성경은 이런 인간 영혼의 갖가지 상처와 그 그림자를 쓴뿌리라고 말하고 있습니다. 이 쓴뿌리를 기도와 말씀 속에서 올바로 이해하고 성령의 능력으로 깨끗이 치유를 받아야 합니다.

먼저 나부터 치유를 받고, 성장과 변화를 일으켜야 합니다. 나의 변화는 가장 가까운 사람과의 관계 변화를 가져옵니다. 친구, 동료, 형제, 아내, 남편, 자녀, 그리고 부모가 변화할 것입니다. 그것은 나아가 온 가정의 변화를 불러오고, 직장과 교회와 사회의 변화를 연쇄적으로 낳게 할 것입니다. 이것이 치유의 능력이요, 이러한 공동체가 바로 치유의 공동체가 아니겠습니까?

많은 욕심을 내지 맙시다. 바로 옆에 있는 형제와 자매들에게 내가 느끼고 내가 경험한 치유의 기쁜 소식을 전합시다. 우리 안에 하나님께서 역사하실 수 있는 치유의 공간을 만들어 갑시다. 이 일을 위하여 서로 돕는 이들이 되었으면 합니다. 좀더 자세한 도움이나 치료를 받으려는 이들은 아래의 주소로 연락 주세요.

우편번호 441-340
경기도 수원시 권선구 구운동 선경아파트 1동 706호
한국교회와 가정을 연구하는 모임

정성껏 치유에 관한 안내도 해 드리고, 필요에 따라서는 전문

적인 치료 기관에 위탁도 해 드릴 수 있을 것입니다. 결코 이 일
은 혼자만의 힘으로 될 수는 없습니다. 하나님의 뜻 가운데서 소
명을 같이 나누려는 이들의 응답 또한 기다립니다.

　마음의 그림자를 치유하려는 생명의 기운이 한반도에 몰려옵
니다. 이것은 전인 건강과 거듭남을 통하여 살아 있다는 생생한
느낌을 회복하려는 영혼의 절규들입니다. 그 울부짖음을 통하여
우리가 발견하는 것은, 하나님께서 친히 개입하시는 강력한 손
길입니다. 그래서 그것이 가리키는 것은 다름아닌 우리 모두의
성-장-예-감이지요.

신현복●지은이

목사. 한국교회와 가정을 연구하는 모임 대표.
한신대 · 한신대대학원을 졸업하고 한국실천신학박사원
박사과정을 밟고 있다. 한국전문화목회연구원 · 한국심리치료연구소
김영애가족치료연구소 등에서 연구활동을 했으며, 특히
박근원 박사의 지도로 〈새로운 예배자료〉(전5권, 진흥)와
〈예배자료21〉(전5권,대한기독교서회)을 비롯한
여러 가지 연구프로젝트에 함께 했다. 지은책으로 〈건빵〉,
〈목마른 사슴의 노래〉,옮긴책으로 〈희망의 목회상담〉 (레스터),
〈삶의 의미를 찾아서〉(토마스H.네일러 외),〈영혼의 친구 365〉
(로버트 스트랜드) 등이 있다.

내 마음의 그림자

초판1쇄발행 1999년 3월 10일
초판2쇄발행 1999년 5월 5일

지은이 신현복
펴낸이 길청자
펴낸곳 도서출판 아침
등록 제7호 (1999.1.7)

기획 열린마당
제작 삼덕미디어

주문처(총판) 생명의 샘/서울 · 송파구삼전동65
전화 419-1451
팩스 419-1452

ISBN 89-88764-01-3   33230